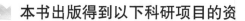 **本书出版得到以下科研项目的资**

U0124340

国家自然科学基金重点项目（U1601218）
"构建服务'一带一路'的粤港澳区域联动机制及发展研究"

国家发展和改革委员会西部开发司"一带一路"建设 2016 年专项课题
"港澳如何发挥优势参与'一带一路'建设问题研究"

广东参与"一带一路"建设

蓝皮书

（2013—2018）

主　编　毛艳华

副主编　荣健欣　邹嘉龄　李艳秀

SPM
南方出版传媒
广东人民出版社
·广州·

图书在版编目（CIP）数据

广东参与"一带一路"建设蓝皮书（2013—2018）/ 毛艳华主编；荣健欣，邹嘉龄，李艳秀副主编. —广州：广东人民出版社，2018.11

ISBN 978-7-218-12699-9

Ⅰ.①广… Ⅱ.①毛… ②荣… ③邹… ④李… Ⅲ.①"一带一路"—区域经济合作—经济发展—研究报告—广东—2013-2018 Ⅳ.① F127.65

中国版本图书馆 CIP 数据核字（2018）第 240221 号

Guangdong Canyu "Yidaiyilu" Jianshe Lanpishu（2013—2018）

广 东 参 与 "一 带 一 路" 建 设 蓝 皮 书 （2013—2018）

主　编　毛艳华

副主编　荣健欣　邹嘉龄　李艳秀

出 版 人：肖风华

责任编辑：王　宁　林　冕　古海阳　向路安
封面设计：奔流文化
责任技编：周　杰　周星奎

出版发行：广东人民出版社
地　　址：广州市大沙头四马路 10 号（邮政编码：510102）
电　　话：（020）83798714（总编室）
传　　真：（020）83780199
网　　址：http://www.gdpph.com
印　　刷：广州市人杰彩印厂
开　　本：787 毫米 ×1092 毫米　1/16
印　　张：18.75　　插　页：1　　字　数：270 千
版　　次：2018 年 11 月第 1 版　2018 年 11 月第 1 次印刷
定　　价：68.00 元

如发现印装质量问题，影响阅读，请与出版社（020-83040176）联系调换。
售书热线：020-83780685

摘　要

　　2013年秋，国家主席习近平提出与世界各国共建"一带一路"的宏伟倡议，得到国际社会的高度关注和有关国家的积极响应。共建"一带一路"倡议顺应了国际金融危机爆发后全球开放合作、全球治理变革和全球共同发展的新形势与新需要。五年来，理念已转化为行动，愿景已变为现实，共建"一带一路"的基本制度框架已经形成，"一带一路"国际合作的保障机制体系逐步完善，"一带一路"重大建设项目已经落地，共建"一带一路"正在成为我国参与全球开放合作、改善全球经济治理体系、促进全球共同发展繁荣、推动构建人类命运共同体的中国方案。

　　广东处于改革开放的前沿，围绕国家赋予的战略枢纽、经贸合作中心和重要引擎的定位，广东积极参与"一带一路"国际合作，务实推动"五通"重点领域建设，创新对外开放模式，拓展对外开放空间，推动形成全面开放新格局，在"一带一路"建设的各个领域都取得了显著成绩。本蓝皮书以"广东参与'一带一路'建设"为研究主题，首次对"一带一路"倡议提出五年来广东参与"一带一路"建设在各个领域取得的重要成绩和存在的主要问题进行系统的总结研究，提出了推动广东参与"一带一路"建设高质量发展的思路和措施。

　　本蓝皮书包括十章内容，从全球化理论和全球化视野阐述了"一带一路"倡议提出的时代背景和深刻内涵，综合运用多学科理论和研究方法，探讨了广东参与"一带一路"建设的优势和定位，深化了对"一带一路"建设中发挥政府创新政策的推动作用的认识，回答了广东如何打造"一带一路"战略枢纽、经贸合作中心和重要引擎等问题，分析了"一带一路"建设中加强金融支持、深化人文交流和扩大其他重点领域合作的重要性。蓝皮书还强调新时代粤港澳携手参与"一带一路"建设的重要意义，提出了加快建设"一带一路"重要引擎和支撑区域的路径与措施。

"一带一路"建设重视发挥市场机制的作用，但也强调政府推动和政策保障作用，以避免以往全球化过程中出现的大量"市场失灵"问题。广东作为全国各省市区中第一个制订参与"一带一路"实施方案的省份，在"一带一路"政策保障体系建设中走在全国前列。本蓝皮书系统总结了国家、广东省和省内主要城市的"一带一路"相关政策，以及政策的衔接和政策如何促进广东参与"一带一路"建设。本蓝皮书认为，随着"一带一路"国际合作的稳步推进，广东省"一带一路"支持政策需要进一步优化和调整，要明确各地市的定位，加强与周边省份的互联互通，积极参与建设"数字丝绸之路"，重视参与"一带一路"建设的政策创新。

设施联通是"一带一路"国际合作的基础，也是"一带一路"建设的优先领域。本蓝皮书着重研究了广东省在中欧班列发展、航运枢纽发展和航空枢纽建设中所取得的成就。"一带一路"倡议提出五年来，广东中欧、中亚班列实现每周4列的常态化运营，通达亚、欧9个国家13个城市；挂靠广东港口的国际集装箱班轮航线达350条，通达全球100多个国家和地区的200多个港口；2017年广东省出港直飞"一带一路"沿线国家的航线共有84条，占全国出港直飞"一带一路"沿线国家的12.8%。本蓝皮书建议，广东省应立足自身区位优势和交通条件，加强中欧班列枢纽体系构建，共建粤港澳大湾区国际一流港口群，强化广州白云国际机场在"一带一路"建设中的航空枢纽地位，并协调和规划解决国际航权资源紧张问题，着力构筑联通内外、便捷高效的交通基础设施网络，建成面向"一带一路"的重要枢纽。

广东是经贸大省和经济强省。"一带一路"倡议提出五年来，广东加快贸易投资便利化改革，扩大与"一带一路"沿线国家的经贸投资合作，积极探索"走出去"新模式，不断构建与拓展"一带一路"区域价值链。2017年，广东与"一带一路"沿线国家的进出口达到2219.9亿美元，占中国与"一带一路"沿线国家进出口总额的24.4%，排名全国第一；截至2017年年底，"一带一路"沿线国家在广东累计设立项目8770个，实际利用外资金额151.2亿美元；2014—2017年广东对沿线国家实际投资分别为17.2亿、24.9亿、41.1亿和2.95亿美元；广东规划在建的境外经贸合作区达到16个，大部分位于"一带一路"沿线国家和地区，初步形成了"走出去"内外联动效应。本蓝皮书认为，围绕打造"一带一路"经贸合作中心，广东要继续深化与"一带一路"沿线国家的贸易投资便利化合作，消除贸易投资通道和制度的障碍，同时加强对"一带一路"沿线国家的投资环境和区位优势的研究分析，发挥各类市场主体的积极性，支持企业"走出去"布局区域价值链，与沿线区域共享经济发展成果。

在构建以"一带一路"为重点的全面开放新格局中，携手港澳参与"一带一路"建设是广东的重要优势和特色。本蓝皮书认为，"一带一路"建设五年来，粤港澳三地达成了携手参与"一带一路"建设的政治共识，建立了携手参与"一带一路"建设的制度安排，深化粤港澳合作的体制机制创新也取得了新进展。同时，粤港澳合作参与"一带一路"建设在沿线市场开发、湾区要素便捷流动、合作意向落地和政策措施对接等方面仍然面临一些重要的问题和挑战。因此，本蓝皮书提出，以粤港澳大湾区建设为契机，加速湾区贸易投资便利化，加快完善携手"一带一路"建设的制度化机制，加强粤港澳三地在"一带一路"具体政策推进中的合作对接，把粤港澳大湾区建设成为"一带一路"的重要引擎和支撑区域。

广东一直是中国改革开放的试验田、先行区。本蓝皮书强调，要以纪念改革开放40年为新的起点，践行新发展理念，进一步提升广东参与"一带一路"建设的国际合作深度，加快推进基础设施互联互通，不断深化经贸投资合作，积极促进资金融通，进一步提升对外合作园区和项目建设的精细化水平，深化形式多样的人文交流合作，加强共建"一带一路"与粤港澳大湾区建设对接，强化广东企业"走出去"的服务与保障，支持建立和完善"一带一路"风险评估与应对机制，全面提升广东参与"一带一路"建设的质量和成效，努力在形成全面开放新格局进程中走在全国前列，发挥好"两个示范窗口"的作用。

Abstract

In the autumn of 2013, President Xi Jinping proposed the initiative of jointly building the Silk Road Economic Belt and the 21st-Century Maritime Silk Road (hereinafter referred to as the Belt and Road Initiative), which has attracted attention from all over the world and positive response from the countries concerned. The Belt and Road Initiative embraced the need for global cooperation, global governance reform and inclusive development in the aftermath of the international financial crisis. Five years on, the visions of the Belt and Road Initiative is becoming a reality, the institutional framework for jointly building the Belt and Road has been formed, the guarantee mechanism system for Belt and Road Initiative international cooperation has been gradually improved, and a number of major construction projects of Belt and Road Initiative has been launched. The Belt and Road Initiative is China's approach to participating in global cooperation, improving global economic governance, promoting inclusive development, and building a community with a shared future for humanity.

Guangdong has been on the forefront of reform and opening-up in China. As the national strategic hub, trade center and economic engine in China, Guangdong actively participates in Belt and Road Initiative international cooperation, pragmatically promotes the construction of the key areas of Five-Pronged Approach in Belt and Road Initiative, creates new models of opening up, expands new space for opening up, builds a new pattern of all-around opening-up and has made significant achievements in all areas of the Belt and Road Initiative. The Blue Paper focuses on

"Guangdong's participation in the construction of Belt and Road Initiative" for the first time, systematically studying and summarizing the significant achievements and major problems in Guangdong's participation in the Belt and Road Initiative construction for the past five years. Meanwhile, the Blue Paper proposed suggestions for enhancing the quality of Guangdong's participation in the Belt and Road Initiative.

The Blue Paper is composed by ten chapters. It expounds the background and profound connotation of Belt and Road Initiative from the perspective of globalization. It comprehensively applies multidisciplinary theories and methodologies to explore the advantages and the position of Guangdong's participation in Belt and Road Initiative. It has furthered the understanding of the role of government's innovation policy in the construction of Belt and Road Initiative and has answered the question that how Guangdong could become Belt and Road Initiative strategic hub, trade cooperation center and economic engine. And it analyzs the significance of strengthening financial support, enhancing the cultural exchanges and expanding cooperation in other key areas. The Blue Paper also emphasizes the importance of Guangdong, Hong Kong and Macao to participate in the Belt and Road Initiative in the new era and proposes paths and measures to accelerate the construction of Belt and Road Initiative.

The Belt and Road construction not only attaches great importance to the role of the market mechanism, but also emphasizes the role of government support to avoid "market failures" that have occurred in the globalization. As the first province in China to develop implementation plan to further the Belt and Road Initiative, Guangdong is at the forefront of the construction of Belt and Road Initiative policy guarantee systems. The Blue Paper has systematically summarized the related policies for Belt and Road Initiative at the national level, at the level of Guangdong province and by major cities in Guangdong. This book also summarized the policy convergences and how policies promote Guangdong's participation in the Belt and Road Initiative construction. With the steady advancement of international cooperation, the Blue Paper believes that the supporting policies of Guangdong province need to be further optimized and adjusted. It is necessary to clarify the positioning of cities and regions in Guangdong, strengthen interconnection with neighboring provinces, and actively participate in the construction of digital silk road of the 21st century. Meanwhile, Guangdong should attach significance to policy innovation.

The facility connectivity is the foundation and priority in the Belt and Road Initiative. The Blue Paper focuses on the achievements of Guangdong province in the development of China-European trains, the development of shipping hubs and the construction of aviation hubs. Since the Belt and Road Initiative has been proposed, China-Europe (Guangdong) freight trains and China-Asia (Guangdong) freight trains have maintained four shipments per week, reaching 13 cities in 9 countries of Asia and Europe. Besides, there are 350 international container line services are linked to the Guangdong Port, connecting with over 200 ports in over 100 countries and regions. In 2017, there were 84 direct flights from Guangdong province towards Belt and Road Initiative countries, which accounted for 12.8% of the direct flights in China to Belt and Road countries. The Blue Paper suggests that Guangdong province, based on its location advantages and traffic conditions, should strengthen the construction of the China-European freight trains' hub system and jointly develop a world-class port group in Guangdong-Hong Kong-Macao Greater Bay Area. In the Belt and Road Initiative construction, Guangdong province should strengthen the positioning of Guangzhou Baiyun International Airport as the aviation hub, and coordinate and plan to solve the problem of international air rights resources. Besides, Guangdong should make efforts to build a convenient and efficient transportation infrastructure network to connect inside and outside China, and to establish itself as an important hub for the Belt and Road Initiative.

Guangdong province is currently at the leading position on both economic scale and economic growth in China. Since Belt and Road Initiative has been proposed, Guangdong has accelerated the reform of trade and investment facilitation, expanded economic and trade investment cooperation with countries along the Belt and Road. Guangdong province also actively explored a new model of "going out", and continuously constructed and expanded the Belt and Road regional value chain. In 2017, the import and export volume of Guangdong with the Belt and Road countries reached $ 221.99 billion, accounting for 24.4% of the total import and export volume of China with the Belt and Road countries, ranking the first in China. At the end of 2017, countries along the Belt and Road have established 8,770 projects in Guangdong, which contributed $ 15.12 billion to the actual use of foreign investment for Guangdong. During 2014–2017, Guangdong's actual investment towards the countries along the Belt and Road was $ 1.72billion, $ 2.49billion, $ 4.11billion and $ 0.295 billion, respectively. The number of overseas economic and trade cooperation zones under construction of Guangdong has reached 16, and most of them are located in countries and regions along the Belt and Road, which initially formed a "going out" internal and external linkage effect. The Blue Paper believes that Guangdong, in order to establish Belt and Road economic and trade cooperation center, should further facilitate the trade and investment with Belt and Road countries, eliminate barriers to trade and investment, and strengthen the research and analysis on environmental and location advantages of Belt and Road countries, give full play to the enthusiasm of various market players, encourage and support enterprises to "go out" to develop regional value chains, and share prosperity with the regions along the Belt and Road.

In the construction of a new comprehensive opening-up pattern focusing on the Belt and Road Initiative, Guangdong should participate in the construction of

Belt and Road Initiative together with Hong Kong and Macau, which is an important advantage and unique characteristic of Guangdong. The Blue Paper observes that since the construction of Belt and Road Initiative, Guangdong, Hong Kong and Macao have reached a political consensus to work hand in hand in the construction of the Belt and Road, established an institutional arrangement to jointly participate in the Belt and Road Initiative. New progress has also been made to further innovate institutional mechanism in the cooperation among Guangdong, Hong Kong and Macao. At the same time, there are still some important issues and challenges for the cooperation in the aspects of the market expansion along the Belt and Road, facilitating the flow of productive factors, the identifying of cooperation intensions, and reaching consensus on new policy initiatives. Therefore, the Blue Paper proposes to take advantage of the Guangdong-Hong Kong-Macao Greater Bay Area to accelerate the facilitation of trade and investment in the Bay Area, to accelerate the improvement of the institutionalized mechanism for the construction of the Belt and Road Initiative, and to strengthen cooperation in the advancement of Belt and Road Initiative related policies. Moreover, Guangdong, Hong Kong and Macao should jointly promote the Bay Area into an important engine and support area for the Belt and Road.

Guangdong has always been the experimental field and pioneer of China's reform and opening-up. The Blue Paper emphasizes that Guangdong should commemorate the 40 years of reform and opening-up and regard this as a new starting point, practice new development ideas, further enhance the depth of international cooperation of Guangdong's participation in the Belt and Road Initiative, accelerate the interconnection of infrastructure, and continuously deepen economic and trade investment cooperation. Guangdong province need to promote financing, further enhance the level of refinement of foreign cooperative parks and project construction, deepen various forms of cultural exchanges and cooperation, strengthen the construction of Belt and Road Initiative and the construction of Guangdong-Hong Kong-Macao Greater Bay Area, and strengthen the "going out" service of Guangdong enterprises. Besides, Guangdong province should support, establish and improve the risk assessment and emergency mechanism of Belt and Road Initiative, comprehensively enhance the quality and effectiveness of Guangdong's participation in the Belt and Road construction, and strive to be at the forefront in China's new round of reform and opening-up, thus providing a good demonstration for the rest of China.

目　录

Contents

总　论

深度参与"一带一路"国际合作

2013年秋，国家主席习近平提出与世界各国共建"一带一路"的宏伟倡议，得到国际社会的高度关注和有关国家的积极响应。共建"一带一路"倡议顺应了国际金融危机爆发后全球开放合作、全球治理变革和全球共同发展的新形势与新需要。五年来，理念已转化为行动，愿景已变为现实，共建"一带一路"的基本制度框架已经形成，"一带一路"国际合作的保障机制体系逐步完善，"一带一路"重大建设项目已经落地，共建"一带一路"正在成为我国参与全球开放合作、改善全球经济治理体系、促进全球共同发展繁荣、推动构建人类命运共同体的中国方案。广东处于改革开放的前沿，围绕国家赋予的战略枢纽、经贸合作中心和重要引擎定位，广东参与"一带一路"国际合作坚持共商、共建、共享的基本原则，务实推动"五通"重点领域建设，创新对外开放模式，拓展对外开放空间，推动形成全面开放新格局，在"一带一路"建设的各个领域都取得了显著成绩。根据国家信息中心发布的《"一带一路"大数据报告》，在各省市参与度指数排名中，广东已连续两年位居全国第一。以纪念广东改革开放40年为新的起点，践行新发展理念，进一步提升广东参与"一带一路"建设的国际合作深度，加快推进基础设施互联互通，不断深化经贸投资合作，积极促进资金融通，进一步提升对外合作园区和项目建设的精细化水平，深化形式多样的人文交流合作，加强共建"一带一路"与粤港澳大湾区建设对接，强化广东企业"走出去"的服务与保障，支持建立和完善"一带一路"风险评估与应对机制，全面提升广东参与"一带一路"建设的质量和成效，努力在形成全面开放新格局进程中走在全国前列，发挥好"两个示范窗口"的作用。

第一节　"一带一路"倡议的时代背景和发展内涵

2013年9月和10月，国家主席习近平先后提出共建"丝绸之路经济带"和"21世纪海上丝绸之路"倡议。共建"一带一路"倡议顺应了国际金融危机爆发后全球开放合作、全球治理变革和全球共同发展的新形势与新需要，体现了中国作为最大的发展中国家和全球第二大经济体，对推动国际经济治理体系朝着公平、公正、合理方向发展的责任担当，是促进全球和平合作和共同发展的中国方案。

一、金融危机后全球开放合作面临挑战与主动应对

2008年全球金融危机爆发以来，发达经济体恢复缓慢，新自由主义全球化议程下发达国家去工业化、收入分配恶化等后果逐渐浮现，反全球化思潮开始兴起，保护主义抬头，全球贸易冲突加剧，多边机制受到冲击，全球经济面临着巨大的不确定性，全球开放合作面临重大挑战。

1. 新自由主义全球化议程导致的负面效应逐渐显现

20世纪80年代，以中国通过改革开放加入全球分工为标志性事件，全球价值链大幅重构，中国、印度等新兴市场国家全面参与国际经济竞争与合作。这一轮全球化促使劳动力、资本、技术等要素得以在全球范围内优化整合配置，促进了效率的增长和财富的增加。特别是带动了中印等新兴市场经济体的经济发展，但也出现了发达经济体的产业空心化、贫富差距拉大等一系列问题。文献资料统计显示，美国制造业占GDP的比重已从1957年的27%下降到2009年的11.2%，制造业的就业人数也从1998年的1760万减少到2010

年的1150万。1980年美国收入最高的10%的群体获得了国民总收入的35%；2010年这一群体则囊括了国民总收入的45%以上。另一方面，美国家庭实际收入的中间值自1990年以来几乎没有变化。同时，缺乏有效管控的全球化也导致一些国家的宏观经济风险，例如欧元一体化导致了2010年欧债危机，2008年美国金融危机导致初级产品价格下降和原料出口国经济困难等。新自由主义全球化议程的负面效应削弱了全球化的民意基础，为全球化制造了政治风险。

2. 贸易作为全球经济增长引擎的地位受到挑战

过去几十年，世界贸易的增长一直快于全球GDP的增长，贸易成为世界经济增长的引擎。但2012年以来，货物和服务贸易增长受全球金融危机余波的影响，一直在3%左右徘徊，不及前30年增长率的一半。世界贸易增长勉强跟上世界GDP增长，贸易放缓范围广泛。IMF研究称，"国际贸易这一推动全球化的发动机目前看来已经耗尽了前进所需的能量，全球经济很难再找回2008年金融危机以前那样火热的贸易增长时期"，"以国际贸易高达两位数增长为特征之一的'超级全球化'时代已经结束"。全球贸易增速的放缓，既是全球化遭遇逆流的反映，也由于全球化作为带动全球经济增长角色的失灵从而进一步削减了全球化受到的支持。

3. 全球化是一个客观的历史过程

如习近平总书记2017年在达沃斯论坛发表演讲时所言："历史地看，经济全球化是社会生产力发展的客观要求和科技进步的必然结果。"全球化一旦启动，由于能全方位改善资源有效配置，促进技术创新和进步，其发展势头就不可逆转。在世界第一经济体乃至发达经济体普遍存在反全球化思潮和行动的今天，要遏制全球化的暂时退潮，探索更包容的全球化方案，继续让全球化造福全球人民，就需要有负责任的大国站出来力挽狂澜，以实际行动高举全球化大旗，引领全球化的下一轮进展。改革开放以来，作为全球化积极参与者的中国，从一个人均GDP不到500美元的低收入国家，发展为人均GDP超过8000美元的中等收入国家，经济总量跃居全球第二。全球金融危机爆发后，中国对全球经济增长的贡献率长期高达三分之一，是全球经济第一引擎，嵌入全球价值链分工的中国经济还带动了全球特别是广大发展中国家的经济增长。中国毫无疑问是引领新一轮全球化当之无愧的国家。

"一带一路"倡议的提出，顺应了全球开放合作的新要求，是中国版的全球化方案。与前一轮新自由主义全球化议程不同，"一带一路"倡议既注重吸收之前全球化便利要素流动，促进资源有效配置的成功经验，强调全方位推进"一带一路"沿线国家的贸易投资便利化；也吸取之前的全球化方案扩大收入差距、引起宏观波动等教训，不强行指定开放节奏，不排斥任何特定经济体，在"一带一路"倡议的实施中坚持公平包容，打造平衡普惠的发展模式，带动全球化朝普惠包容的方向转型，进一步巩固全球化的政治基础。"一带一路"倡议的共商共建共享、互联互通、合作共赢是推进新一轮全球化的重要理念和路径。

"一带一路"倡议的提出，也顺应了中国自身加快构建对外开放新格局，实现对外开放主要对象和区域结构转型的需要。1978年以来，我国的对外开放重点在东南沿海，对外开放的重点对象，除了港澳台等"超级联系人"，往往以美、日、西欧等发达经济体为主。在这一开放格局下，广东、福建、江苏、浙江、上海等沿海省市成为"领头羊"和最早的受益者，而广大的中西部地区始终扮演着"追随者"的角色。对发达经济体的经贸合作虽然有助于我国经济增长，在当前却面临发达经济体贸易保护主义的冲击以及发达经济体原有市场规模的局限性。为应对对外经贸对象和对外开放区域两者的"双结构失衡"，"一带一路"倡议能够大幅提升我国贸易投资自由化、便利化水平，推动我国开放空间从沿海、沿江向内陆、沿边延伸，形成陆海内外联动、东西双向互济的开放新格局，从而更好地适应区域协调发展战略的实施，以及对外开放新格局的构建。

二、加快完善全球经济治理体系和改革思路

二战结束以来，以美国为首的主要发达工业化国家先后主导建立了世界

银行、关贸总协定、国际货币基金组织等多边机构，构建了完整的全球经济治理体系，成为上一轮全球化的重要制度保障。随着经济全球化的演进，这一全球经济治理体系基本保持完整，但已难以完全适应时代的需求。

1. 现有全球经济治理体系未充分反映发展中国家逐渐兴起的现状

长期以来，七国集团在全球经济治理中发挥主导作用，同时，世界银行、世贸组织、IMF等全球多边经济治理机构也反映着发达国家的意志。例如，美国在IMF有高达84%的投票权重，足以否决任何提议。如果说这一全球经济治理格局大致是二战后资本主义世界经济实力格局的客观反映，那么进入新世纪以来，随着中国等新兴市场国家在全球经济中的比重及对世界经济增长的贡献迅速提高，原有的全球经济治理体系已不能反映世界经济格局的变化。此外，IMF和世界银行推行"华盛顿共识"和"结构调整方案"带来的巨大负面效应，突显了现有全球经济治理体系已无法有效维护广大发展中国家的利益。2008年金融危机爆发进一步暴露出发达国家宏观经济政策的深层困境以及全球经济治理的弊端。国际上要求改革全球经济治理体系、增加发展中国家代表性和话语权的呼声不断上升。另外，现有的全球治理多边机构，特别是亚开行、世行等传统开发援助机构也无法满足广大发展中经济体的发展援助需求。例如，在过去的50年中，亚开行主要依靠政府融资来支援基础设施开发，完全无从满足亚洲每年1.7万亿美元的基础设施融资需求。

2. 现有国际经济治理体系不符合全球经贸合作模式的变迁

现有的贸易投资规则是全球化货物贸易快速发展的产业。进入新世纪以来，国际贸易投资内涵发生了巨大变化，世界服务贸易的年均出口规模从1万亿美元增加到2万亿美元，大约用了10年时间，而从2万亿美元增加到3万亿美元，则只用了4年时间。从2000年到2015年，世界服务贸易总额占世界贸易总额的比重从18.8%增长到22.2%。服务全球化对现有规范货物贸易为主的WTO经贸规则提出了改革的诉求。随着WTO谈判的进展，世界关税持续削减，投资准入领域逐渐放开，关税壁垒大幅下降，非关税壁垒代替关税壁垒成为主要保护手段，尤其是各类境内规制歧视（也称"关境之后"壁垒）逐步成为主要的投资壁垒。产业补贴、竞争中立、数字贸易、技术转让、可持续发展等WTO原有规则覆盖不足的领域，日益成为新一轮全球贸易投资规则议程的焦点。

3. 全球经济治理体系日趋破碎化

自WTO多哈回合谈判陷入僵局之后，以美国为代表的发达经济体寻求以TPP和TTIP为代表的区域经贸协定替代WTO为代表的多边经济治理体系。美国政府还消极抵制WTO大法官遴选程序，导致WTO争端解决机制部分陷入瘫痪。区域经贸协议虽然有助于在局部推进全球化议程，但相比于多边经贸协议，新一代区域经贸协议标准过高且有很强的排他性，不适合广大发展中经济体的实际情况。例如，TPP在知识产权、竞争中立、劳工保护等议题设立了发展中国家难以达到的过高的标准，并设立了远高于一般区域贸易协定的原产地规则，体现了极强的排他性。由于其极强的排他性，发达国家主导的区域经贸协议谈判议程将导致全球经济治理体系的全面破碎化。

"一带一路"倡议提供了推动全球经济治理体系转型的可行方案。首先，"一带一路"倡议顺应了广大发展中国家改革全球经济治理机制的诉求。"一带一路"相关议程着眼于为全球经济治理输出公共产品，联手培育新的经济增长点和竞争优势，很好地体现了发展中国家的利益。同时以开放多元的特征推进区域合作的进程，有可能成为最终推动全球贸易投资自由化的一个新途径。其次，"一带一路"倡议顺应了全球经贸合作模式的变迁。通过强化基础设施互联互通和产业投资合作平台建设，实施eWTP等方案实现"一带一路"沿线国家之间贸易投资标准、规则、法规的对接，将极大提升"一带一路"沿线国家贸易投资便利化水平。最后，"一带一路"倡议不冲击现有的全球多边经济治理体系，而是对现有全球经济治理规则的良好补充和完善。"一带一路"倡议的相关内容表明，中国是在不改变现有国际规则的情况下，通过发挥自身优势，搞增量改革，充分利用现有的国际规则，在现行国际经济秩序下共同促进全球经济的持续稳定发展。

"一带一路"倡议也有助于中国参与全球经济治理。长期以来，中国坚定支持多边贸易体制，推动多哈回合谈判，在G8会议中发出发展中国家声音，在全球经济治理体系中发挥重要作用。同时，中国也致力于推动区域经济一体化，推进自由贸易区建设，在区域全面经济伙伴关系协定谈判中发挥建设性和积极性作用。"一带一路"倡议是中国主动参与国际经济合作的重大战略构想，标志着中国逐步迈入主动引领全球经济合作和推动全球经济治理变革的新时期。"一带一路"倡议可以通过对接中国的自由贸易区战略，结合"五通"实践，有望将中国版的全球化方案落到实处，构建适合"一带一路"广大发展中经济体的经贸规则，从而增强中国应对全球经贸规则变迁的能力，增强中国在全球经济治理以及新一代贸易投资规则制定中的话语权。

三、促进全球共同发展繁荣的中国方案

当今世界，经济全球化、区域一体化激发出强大的生产潜力，科技进步极大地提高了生产和生活效率，人类在物质和精神财富的创造方面达到了前所未有的高度。与此同时，随着经济社会的快速发展，各国之间的利益纽带不断密切，共同面临的挑战也日益增多。

1. 广大发展中国家面临短期经济波动加剧的风险

2008年金融危机之后，世界经济恢复乏力，传统增长引擎对经济的拉动作用减弱。特别是发达经济体为维系自身经济增长采用"以邻为壑"的经济政策，增加了广大发展中国家的短期宏观经济风险。例如，最近十年，美国先是大举量化宽松，制造全球流动性过热；最近几年，美国又退出量化宽松，不断加息，吸引热钱回流美国，增大发展中国家国际收支风险。对传统发达经济体增长引擎的依赖，以及对国际收支通用货币的依赖，导致广大发展中国家受制于发达国家的经济波动风险，并暴露于发达国家国内货币政策的负面冲击之下。

2. 广大发展中国家面临长期增长乏力的困境

缺乏有效管控的经济全球化是广大发展中国家陷入"贫困陷阱"和"中等收入陷阱"的重要原因。众多发展中国家尚未开启现代化的大门却已陷入发展停滞的窘境。根据相关研究，众多发展中经济体面临"低收入陷阱"和"中等收入陷阱"。90%的低收入经济体经历20年的增长仍无法摆脱低收入国家地位；50%左右的中等收入经济体长期无法成为高收入经济体。广大发展中国家仍然面临基础设施缺乏、劳动力素质不高、营商环境较差等发展瓶颈，难以实现长期、快速、可持续的经济增长。

3. 广大发展中经济体面临融入全球价值链的挑战

过去几十年，发展中国家实现长期经济增长的捷径是利用自身的廉价要素禀赋，嵌入全球价值链，积极参与国际竞争与合作。然而，全球贸易增长的趋缓导致众多发展中国家难以参与全球分工；而发达经济体进入后工业化社会，对廉价轻工业制成品需求减少，收入分配差距和各类社会问题也导致自身市场的不确定性；人工智能、制造业机器人等先进技术创新的涌现，也为发展中国家依靠传统的比较优势通过融入全球价值链实现经济发展蒙上阴影。

"一带一路"倡议的提出，有助于促进广大发展中国家参与全球价值链分工，促进经济发展，实现共同繁荣。首先，"一带一路"倡议有助于降低广大发展中国家对少数发达经济体的依赖，减少因发达经济体国内经济政策调整导致的发展中国家宏观经济波动。中国积极推进"一带一路"建设，有助于"一带一路"国家实现经济伙伴的多元化，减少对特定国家的过度依赖。依托"一带一路"推进的人民币国际化议程，还有助于广大发展中国家降低国际收支风险。其次，"一带一路"倡议有助于推广中国改革开放的成功经验，消除广大发展中国家长期经济发展的瓶颈。改革开放40年来，中国在基建、产业园区、市场开放等各个领域都积累了成功经验。因此，"一带一路"基础设施互联互通、产能合作和开放合作，有助于中国经验的分享，结合各自的比较优势实现共同发展。最后，"一带一路"倡议有助于广大发展中国家融入全球价值链。通过国际经贸合作，特别是国际产能合作，可以构建包含中国和广大发展中国家互利共赢的全球价值，共同打造开放、包容、均衡、普惠的新型合作发展架构。

"一带一路"倡议也有助于实现中国与"一带一路"沿线国家的共同繁荣。中国经济已由高速增长阶段转向高质量发展阶段，推动"一带一路"国际合作，主动构建区域价值链，促进国际要素流动和国际产业转移，有助于增强中国经济创新力和企业竞争力。"一带一路"倡议作为中国版的全球化倡议，切合中国经济发展模式转变、现代化经济体系构建、创新能力开放合作和实施区域协调发展战略的需求，是中国通过国际合作实现互利共赢的必由之路。

第二节　"一带一路"倡议五年来取得的成效

"一带一路"倡议是国际合作的新平台。五年来，构建了"一带一路"国际合作的基本制度框架，完善了"一带一路"国际合作的保障机制，推动了一批重大项目在沿线国家落地，促进了贸易投资合作与区域价值链建设，共建"一带一路"正在向落地生根、持久发展的阶段迈进。

一、构建了"一带一路"国际合作的基本制度框架

通过国家领导人之间的互访，举办"一带一路"国际合作高峰论坛，签署国家间"一带一路"合作协议以及制订共建"一带一路"国家战略对接详细规划等方式，不断增进了解，凝聚共识，形成关于共建"一带一路"的一整套制度框架，即由"一体"、"二性"、"三共"、"四互"、"五通"等具体内容构成的制度框架。再加上其他相关方面的内容，基本上形成了"一带一路"国际合作的制度框架体系。

1. "一体"

即构建人类命运共同体，这是共建"一带一路"的最终目标。习近平总书记于2017年初在联合国日内瓦总部发表题为《共同构建人类命运共同体》的演讲，同年5月在"一带一路"国际合作高峰论坛开幕式的演讲，以及在党的十九大上所作的报告都深刻界定了"人类命运共同体"的概念，包括致力构建一个"持久和平、普遍安全、共同繁荣、开放包容、清洁美丽"的世界，开拓"和平之路、繁荣之路、开放之路、创新之路、文明之路"，推动经济全球化朝着更加开放、包容、普惠、平衡、共赢的方向发展。这也是解决目前世界出现的发展失衡、治理困境、数字鸿沟、公平赤字等国际共性问题的中国方案，标志着中国在"一带一路"建设中始终做世界和平的建设者、全球发展的贡献者、国际秩序的维护者。

2. "二性"

即开放性、包容性，这是共建"一带一路"的两个最核心特性。共建"一带一路"是开放包容的进程，不是要关起门来搞小圈子或者"中国俱乐部"。所谓开放性，既包括了贸易、投资、金融、信息、技术等与经济发展直接相关的各方面的开放，也包括了文化、教育、医疗卫生等方面的开放，最终是不同文明和不同民族在开放中发展，在融合中共存。所谓包容性，主要指的是在广泛参与的基础上，取得的成果应该为所有人群共享，包括贫困阶层的人们和贫穷的国家都能从共建"一带一路"中获得实际利益。

3. "三共"

即共商、共建、共享，这是共建"一带一路"的基本原则。习近平总书记反复强调"一带一路"应该坚持共商、共建、共享原则。这很好地体现了互信、互利、平等、协商、尊重多样文明、谋求共同发展的"上海精神"，体现了"一带一路"倡议作为中国版全球化方案开放包容的特性。截至2018年5月，中国已与88个国家和国际组织签署了103份共建"一带一路"倡议合作文件。各国共商共建共享，共同打造全球经济治理新体系；聚焦发展、合作共赢，共同打造"一带一路"繁荣之路。面向中东，中国提出共建"一带一路"的"1+2+3"合作格局；面向拉美，中方倡议共同构建"1+3+6"合作新框架；面向中东欧，"一带一路"倡议推动"16+1"合作达到新高度。美国《赫芬顿邮报》预测，"一带一路"建设有望把超过60%的世界人口引向前所未有的凝聚和繁荣。

4. "四互"

即互相合作、互相开放、互学互鉴、互利共赢，这是共建"一带一路"的基本精神，也就是习近平总书记着重强调的"以和平合作、开放包容、互学互鉴、互利共赢为核心的丝路精神"。其内涵包括，通过和平的方式共同建设陆上和海上丝绸之路；不同文明、宗教、种族之间求同存异，共同发展；来自不同文化、知识背景中的不同民族和人民相互交流，相互学习，相互借鉴；最终的结果是从相互的交流与合作中，共同收获成功的果实，促进共同的发展。历史和现实都证明了，只要坚持合作共赢的基本思路，就能很好地处理不同国家、民族、人民之间的关系，实现互利共赢。

5. "五通"

即政策沟通、设施联通、贸易畅通、资金融通、民心相通，这是共建"一带一路"的主要内容。在国家发展改革委、外交部和商务部三部委于2015年3月发布的《推动共建丝绸之路经济带和21世纪海上丝绸之路的愿景与行动》中，明确"五通"为"政策沟通、设施联通、贸易畅通、资金融通、民心相通"五个方面的"合作重点"内容。贴合"一带一路"倡议作为中国版全球化方案全方位增进中国与"一带一路"国家各层次交流的宗旨，也符合中国与"一带一路"国家开展合作的比较优势。

二、完善了"一带一路"国际合作的保障机制体系

"一带一路"建设是一个宏大的系统性工程，包括资金融通、民心相通、安全措施、法律服务等是"一带一路"建设的重要支撑和保障。"一带一路"倡议提出五年来，中国与相关参与各方和国际组织共同构筑保障机制，为参与各方开展经贸合作交流和企业跨境投资提供保障支撑。

1. 资金保障

为了促进"一带一路"建设，中国或中国企业联合相关国家新创立了3个国际金融机构，即亚洲基础设施投资银行（亚投行）、金砖国家新开发银行和丝路国际银行。国家开发银行牵头成立了上合组织银联体、中国—东盟银联体、中国—中东欧银联体、中阿银联体、金砖国家银行合作机制等多边金融合作机制，不断扩大"一带一路"金融合作"朋友圈"。中国还专门为"一带一路"建设设立了一系列的基金，包括丝路基金、人民币海外基金、中哈产能合作基金、中非发展基金、"澜湄合作"专项基金、中国—东盟投资合作基金、中国—欧亚经济合作基金、"21世纪海上丝路"产业基金、亚联投海外基金、中俄地区合作发展投资基金、联合融资基金等。许多中国地方或企业也设立了"一带一路"产业投资基金。

到2018年6月底，丝路基金已签约21个项目，承诺投资金额超过78亿美元，项目主要分布在俄蒙中亚、南亚、东南亚、西亚北非及欧洲等地区，投资领域涉及电力开发、能源资源、港口航运、交通运输、石油化工、通信网络、工业制造、金融合作等多个领域。截至2017年年底，国开行在"一带一路"建设参与国家累计发放贷款超过1800亿美元，余额超过1100亿美元，重点支持了基础设施互联互通、产能合作、能源资源、社会民生等领域。

中资银行加快在"一带一路"沿线国家进行布局发展。截至2018年6月，我国在7个沿线国家建立了人民币清算安排，已有11家中资银行在27个沿线国家（主要为东南亚、西亚国家以及俄罗斯）设立了71个一级机构。"一带一路"建设五年来，国家开发银行已经在"一带一路"建设参与国家累计发放贷款超过1800亿美元；中国进出口银行为支持"一带一路"建设，也累计贷款超过了1200亿美元。此外，中国银行、国家开发银行和招商局港口控股有限公司等机构还专门发行了具有相当规模的"一带一路"专项债券（包括部分熊猫债），为"一带一路"建设融资。中国出口信用保险公司也为沿线近20个国家合作项目提供各种类型的保险服务，与白俄罗斯、格鲁吉亚等国签署合作协议。

2. 民心保障

共建"一带一路"必须使参与国家的民众有"获得感",这是"一带一路"建设的社会基础。通过促进"一带一路"沿线国家在人文、教育、科技、旅游等领域的交流,增进相关国家的相互了解和友谊,增强各国人民对共建"一带一路"的理解和支持,为共建"一带一路"取得好的效果奠定牢固的民心基础。共建"一带一路"五年来,中国与相关国家在文化、教育、科技、卫生、体育、旅游以及政党、民间等各方面的交流都得到了快速发展,与沿线相关国家签署了62个科技合作文件、67个文化交流合作文件,共同举办了20多次国家层面的文化年活动,促进了中国与沿线国家的民心相通。根据中国一带一路网发布的大数据结果显示,2013—2017年,国外媒体和网民对"一带一路"的关注趋势从16.5%上升到23.61%。

具体来看,在教育方面,中国着力实施"丝绸之路"留学推进计划、"丝绸之路"合作办学推进计划、"丝绸之路"师资培训推进计划等,"一带一路"沿线国家来华留学人数大幅增长,为共建"一带一路"提供人才支撑。2013年,有来自约200个国家的在华留学生总人数大约为35万;到2017年年底,仅来自"一带一路"沿线国家的留学生人数就到达了30多万,中国赴沿线国家的留学人数达到6万多人。在旅游方面,中国已与24个沿线国家实现公民免签或落地签,逐步向西亚北非、中东欧等地区扩大。2017年海外来华的游客总量约为4300万人次,其中约75%来自亚洲;预计到2020年,中国与"一带一路"沿线国家双向旅游人数将超过8500万人次。在文化交流方面,中国已与53个沿线国家建立734对友好城市关系,博览会、旅游节、电影节、论坛、联合考古等交流活动频繁。

3. 安全保障

共建"一带一路"五年来,逐步构建了多层次的安全保障与风险防控体系。第一,通过开展对外投资真实性合规性检查,防控非理性对外投资,有效控制企业"走出去"的投资风险和隐患。2017年四部委出台的《关于进一步引导和规范境外投资方向指导意见的通知》,明确"以'一带一路'建设为统领，深化境外投资体制机制改革，进一步引导和规范企业境外投资方向，促进企业合理有序开展境外投资活动，防范和应对境外投资风险，推动境外投资持续健康发展，实现与投资目的国互利共赢、共同发展"。第二，通过开展政策沟通，努力控制中国企业在"一带一路"国家的贸易投资风险。中外政策沟通在"一带一路"建设领域取得了突破性进展。在相互尊重、相互信任的基础上，中国积极推动与"一带一路"沿线国家和地区签署合作备忘录或合作规划，建立了较为完善的双边合作机制。同时，中方积极探索建立双边联合工作机制，进一步完善现有的联合委员会、混合委员会、协会委员会、指导委员会、管理委员会等双边机制，协调推动合作项目实施，保持良好政策沟通，控制企业"走出去"风险。最后，政府部门、政策性金融机构、民间智库等主体发布众多"一带一路"国家风险报告，完善安全风险评估、监测预警、应急处置，细化工作方案，调动企业、行业协会等多方力量投入"一带一路"安全保障工作。

4. 法律保障

促进相互投资是"一带一路"建设的重要内容，因此需要构建科学的法律保障体系，营造稳定的、可预见性的法治环境，确保"一带一路"建设的长期、稳定、健康发展。在"一带一路"推进过程中，对投资者利益的保护以及投资风险的防范，涉及国际法与国内法的相互配合、互相衔接。在国际法层面，"一带一路"法律保障体系包括中国与相关国家和地区签署的双边、区域性及多边贸易与投资条约、协定等国际法文件。2017年，中国新签署约50份"一带一路"框架下的合作协议，包括自贸协定、双边投资协定、税收协议等，占当前已签署的协议总数的近一半。新签协议涉及新增国际组织约20个，"一带一路"建设与国际多边组织对接明显加强；涉及新增沿线国家20余个，主要分布在中东欧、非洲及东南亚地区。参与"一带一路"建设的国家已基本实现中东欧地区全覆盖。

在国内法层面，"一带一路"法律保障体系包括两方面内容，即与"一带一路"密切相关的涉外经贸法律制度建设，以及中国与沿线国家的涉外民商事法律制度及司法运用。自2013年上海自贸试验区设立以来，通过在自贸试验区内各项深化改革或扩大开放的制度试验，中国已初步建立了以准入前国民待遇和负面清单制度在内的贸易投资法律体系。在涉外民商事领域，中国的司法机构一方面创新现有涉外民商事法律制度，通过审理涉"一带一路"建设相关案件，维护各类市场主体的合法权益，平等保护中外当事人的利益；另一方面大力开展"一带一路"沿线国家之间的司法合作，推动各国间的司法协助，解决司法管辖冲突、国际平行诉讼问题和司法判决、仲裁裁决的承认与执行问题。通过上述举措，形成了有利于"一带一路"建设的良好国内司法环境。特别是2015年7月，最高人民法院颁布实施《最高人民法院关于人民法院为"一带一路"建设提供司法服务和保障的若干意见》，紧密结合"一带一路"建设的特点和我国涉外商事海事审判工作实践，借鉴国际先进司法理念，在管辖权、司法互惠、适用国际条约和惯例、外国法查明、涉外仲裁裁决的司法审查等多方面做出了创新性规定，彰显了中国以包容、开放的态度推进"一带一路"法制化的决心和信心。

三、五年来重点领域的务实合作取得了重大成果

合作共建"一带一路"五年来，相关国家开展了互联互通、产能合作、贸易投资、科技创新等重点领域的务实合作，一批有影响力的标志性项目逐步落地，经贸投资合作为所在地政府带来了税收，创造了就业，为居民增加了收入。

1. 基础设施重点项目建设落地

基础设施建设的重点项目集中在六大经济走廊和"多国多港"的项目体系，具体包括铁路、公路、港口、电力、航空、信息通信等基础设施建设项目。重点项目建设形成了推进"一带一路"建设的示范效应，也促进了互联互通。

在重点基建项目方面，中老铁路、匈塞铁路、中俄高铁、印尼雅万高铁、巴基斯坦白沙瓦至卡拉奇高速公路、中巴喀喇昆仑公路二期升级改造、

比雷埃夫斯港、汉班托塔港、瓜达尔港等标志性项目建设取得进展。2017年，肯尼亚的蒙内铁路和尼日利亚的阿卡铁路通车运行，埃塞俄比亚亚的斯亚贝巴—吉布提铁路建成通车，成为非洲第一条跨国电气化铁路。还有哈萨克斯坦南北大通道TKU公路、白俄罗斯铁路电气化改造，以及中国企业在乌兹别克斯坦、塔吉克斯坦实施的铁路隧道等项目，将有效提升所在国运输能力。

在能源设施项目方面，中俄原油管道、中国—中亚天然气管道A/B/C线保持稳定运营，中国—中亚天然气管道D线和中俄天然气管道东线相继开工，中巴经济走廊确定的16项能源领域优先实施项目已有8项启动建设。中国企业积极参与"一带一路"沿线国家电力资源开发和电网建设改造，中兴能源巴基斯坦QA光伏发电项目建成后将成为全球规模最大的单体光伏发电项目，吉尔吉斯斯坦达特卡—克明输变电、老挝胡埃兰潘格雷河水电站、巴基斯坦卡洛特水电站等项目有助于缓解当地电力不足的矛盾。

在信息基础设施方面，中国在积极参与170多个国家信息通信基础设施建设的同时，还努力推进东非信息高速公路、亚太信息高速公路等多边合作倡议，力求缩小数字鸿沟，共享发展机遇。

交通、能源和信息等领域的重点项目建设推动了"一带一路"基础设施的互联互通，陆上、海上、天上、网上的联通正逐步从愿景变为现实。根据交通部发布的数据，"一带一路"倡议提出五年来，"一带一路"交通互联互通取得多项成果。我国已经和"一带一路"沿线16个国家和2个政府间国际组织签署了双边运输便利化协定。"中欧班列"累计开行数量突破10000列，运送货物近80万标箱，国内开行城市48个，到达欧洲14个国家42个城市，运输网络覆盖亚欧大陆的主要区域。签订的双边和区域海运协定总数达38个，覆盖沿线47个国家，海运互联互通指数保持全球第一。参与希腊比雷埃夫斯港、斯里兰卡汉班托塔港、巴基斯坦瓜达尔港等34个国家42个港口的建设经营。与沿线62个国家签订了双边政府间航空运输协定，与43个"一带一路"建设参与国家实现直航，每周直航航班达到4500个。

2. 贸易投资合作蓬勃发展

"一带一路"建设五年来，我国与沿线国家的贸易和投资合作不断扩大，形成了互利共赢的良好局面。中国与"一带一路"国家共同致力于推动贸易便利化，加速实施通关一体化，建设国际物流大通道，构筑立足周边、辐射"一带一路"、面向全球的高标准自由贸易区网络，促进了我国与"一带一路"相关国家的进出口贸易较快增长。2013—2017年，我国与"一带一路"国家的进出口总额累计超过69756.23亿美元。2017年，中国对"一带一路"国家的进出口总额达到14403.2亿美元，同比增长13.4%，高于中国整体外贸增速5.9个百分点，占中国进出口贸易总额的36.2%。其中，中国对"一带一路"国家出口7742.6亿美元，同比增长8.5%，占中国总出口额的34.1%；自"一带一路"国家进口6660.5亿美元，同比增长19.8%，占中国总进口额的39.0%，近五年来进口额增速首次超过出口。

在"一带一路"建设中，中国致力于构建"双向开放"的环境，推动投资便利化，加强双边投资保护协定和避免双重征税协定磋商，逐步消除各项贸易和投资壁垒，为区域内各国构建良好的营商环境。2013—2017年，我国对"一带一路"相关国家的直接投资超过600亿美元，占同期对外直接投资总额的12%。2017年，中国对"一带一路"沿线国家投资143.6亿美元，占同期中国对外投资总额的12%。尤其是在中企海外并购项目整体锐减五成、交易总额整体下降逾10%的情况下，对"一带一路"沿线国家并购投资额逆势增长32.5%。

3. 国际产能合作渐入佳境

开展国际产能和装备制造合作，扩大相互投资，是共建"一带一路"的另一优先合作方向。在达成共识的基础上，中国按照市场主导和互利共赢原则，与有关国家围绕原材料、装备制造、轻工业、清洁能源、绿色环保和高技术产业等领域，实施了一系列合作项目。其中，重要内容就是建设海外产业园区。中白工业园、泰中罗勇工业园、埃及苏伊士经贸合作区等境外园区建设成效显著，中国—老挝跨境经济合作区、中哈霍尔果斯国际边境合作中心等一大批合作园区也在加快建设。到2018年8月底，中国仅在沿线国家建设的境外经贸合作区就达82个，进入合作区的企业已近4000家，累计投资289亿美元，为当地创造了24.4万个就业岗位，为当地创造的税收20.1亿美元。

4. 科技创新合作稳步推进

"一带一路"建设本身就是一个创举，搞好"一带一路"建设也要向创新要动力，将"一带一路"建成创新之路。"一带一路"倡议提出五年来，科技部、发展改革委、外交部、商务部会同有关部门编制了《推进"一带一路"建设科技创新合作专项规划》，科技人文交流、共建联合实验室、科技园区合作、技术转移等四项行动顺利推进。中国政府与"一带一路"沿线国家签署了46项政府间科技合作协定，涵盖农业、生命科学、信息技术、生态环保、新能源、航天、科技政策与创新管理等领域。设立联合实验室、国际技术转移中心、科技园区等科技创新合作平台。建设中国—东盟海水养殖技术联合研究与推广中心、中国—南亚和中国—阿拉伯国家技术转移中心等一批合作实体，发挥科技对共建"一带一路"的提升和促进作用。

第三节　广东参与"一带一路"建设的优势与定位

改革开放以来，广东是中国大陆与"一带一路"国家经贸合作最活跃、人文交流最密切的省份之一，尤其是与海上丝绸之路沿线国家和地区有良好的合作基础。发挥自身独特优势，积极参与"一带一路"建设，将广东建设成为与沿线国家交流合作的战略枢纽、经贸合作中心和重要引擎。

一、广东参与"一带一路"建设的主要优势

广东是我国通往世界的南大门，交通枢纽的作用突出，与海上丝绸之路

沿线国家的合作具有不可替代的区位优势。广东是中国大陆与东盟、南亚经贸合作量最大的省份，在"一带一路"经贸往来中居于龙头地位。广东毗邻港澳，外向型经济高度发达，开放型经济体制日趋完善，在对外开放新格局中具有独特优势。

1. 地理区位优势

广东被称为中国的"南大门"，与越南、马来西亚、印度尼西亚、菲律宾等国隔海相望，是我国通往东南亚、大洋洲、中东和非洲等海上丝绸之路沿线国家海上往来距离最近的发达经济区域，完全可以建设成为21世纪海上丝路的枢纽平台。随着中国—东盟自贸区的深化发展，广东的区位优势更加凸显。广东又通过东莞石龙铁路国际物流中心以及规划建设中的广州北站综合交通枢纽与丝绸之路经济带沿线经济体的市场相连接。广东拥有国际级的海港群和空港群，航运和空运优势是"一带一路"建设的可靠依托。海港、空港高度密集，海港集装箱吞吐量、空港货运量和旅客输送量在全球长期名列前茅。广东优越的地理区位和高度发达的交通基础设施，有助于广东全方位参与同"一带一路"国家的贸易、投资和基建合作。

2. 贸易投资优势

广东是中国内地外向型经济发展程度最高的地区。2017年广东吸收的外商直接投资金额1383.5亿元，占全国比例超过1/6。同年广东货物进出口总额68155.9亿元，超过1万亿美元，占全国的1/4，是进出口贸易超过万亿美元的唯一省份。近年来，随着供给侧结构性改革不断深入，广东省贸易投资方式结构显著优化，加工贸易比重不断降低，一般贸易比重进一步提高；出口商品结构显著优化，机电产品和高新技术产品进口规模逐步扩大。外贸市场逐步多元化，对中国香港、美国等传统市场依赖程度持续下降，对"一带一路"新兴市场开拓力度不断增强。与"一带一路"的双边投资往来逐步增加。广东在国际贸易投资方面建立的良好基础，以及呈现的结构改善趋势，有助于广东企业积极开拓"一带一路"市场，增进贸易投资往来。

3. 产能合作优势

珠三角地区是全球重要的制造业基地，号称"世界工厂"，在全球产业体系中已形成较强的分工协作网络。在参与"一带一路"建设中，广东企业的优势集中在技术、品牌、全球化供应链、产品全球化、运营体系和国际化经营战略等六大方面。从广东粤电集团成功建设约旦油页岩电站项目、美的集团成功收购库卡机器人、东莞华坚在埃塞俄比亚建设鞋厂以及轻工业产业园等案例来看，广东参与"一带一路"产能合作的市场主体覆盖国有企业、民营股份制公司和民营中小企业；产能合作行业包括能源基础设施、先进制造业和传统轻工业；产能合作形式包括绿地投资、公司并购、项目承包和产业园区建设，因此，在参与"一带一路"产能合作中，广东企业的灵活性和市场化优势更有助于"一带一路"沿线国家的市场。

4. 贸易投资规则优势

广东是改革开放先行地，是国内市场化程度最高、对外开放水平最高的地区。改革开放以来，许多重要的投资贸易政策都在广东"先行先试"，广东在探索经济特区、产业园区、高新区、海关特殊监管区等经济功能区建设方面的经验，有助于在"一带一路"发展中国家推广，增进中国在全球经济治理中的话语权。尤其是近年来广东自贸试验区在加快政府职能转变、构建准入前"国民待遇+负面清单"的投资管理制度改革、商事登记制度改革、事中事后监管制度改革等领域的制度创新，有利于形成与国际通行规则相衔接的投资贸易规则体系，对接国际贸易投资新规则，促进与"一带一路"沿线国家的高标准贸易投资合作。广东自贸试验区与"一带一路"沿线国家在货物通关、商品检验检疫、质量标准、电子商务等领域的合作，有利于全方位提高"一带一路"沿线国家的贸易便利化水平。

5. 粤港澳合作优势

广东毗邻港澳，改革开放以来粤港澳经贸关系从合作走向融合，世界级城市群和新经济区域的雏形初现。随着粤港澳大湾区建设上升为国家战略，深化粤港澳紧密合作，携手港澳参与"一带一路"建设，有利于打造粤港澳大湾区成为"一带一路"建设的重要支撑区域。深化粤港澳合作，发挥香港在国际金融、高端服务、基础科研以及人文纽带等领域的优势，实现"拼船出海"，共同参与和助力"一带一路"建设。作为国际金融中心，香港的金融机构能结合广东实体经济优势，推动人民币跨境使用和人民币国际化，服务于"一带一路"的资金融通需求。香港专业服务业拥有较强的国际信誉和市场竞争力，能够满足"一带一路"基建、商务、投资对专业服务的需求，配合广东企业"走出去"开拓第三方市场。港澳拥有众多国际知名科研机构的，能够结合珠三角高度发达的产业创新能力，实现与"一带一路"国家的创新能力开放合作。澳门与葡语系国家联系紧密，粤港澳携手"一带一路"能够促进与葡语系国家的经贸合作。

6. 人文纽带优势

广东省具有独特的人文纽带优势，有利于促进与"一带一路"沿线的民心相通，传承和弘扬丝绸之路友好合作精神。东盟、南亚等国家的粤籍华侨占华侨总人数的 50% 以上，是建设"一带一路"的重要人文资源。广东多个地市具有宝贵的海丝资源，广州的南海神庙、阳江的"南海Ⅰ号"、湛江的徐闻古港等遗迹是珍贵的历史遗产，有利于携手港澳建立"一程多站"的海丝文化旅游。毗邻广东的香港和澳门是东西文化荟萃地，在促进广东通过粤港澳大湾区合作与更多"一带一路"沿线国家建立人文交流具有重要意义。在激烈的市场竞争中造就了广东企业家敏锐的市场触觉和把握机遇的能力，与"一带一路"建设重视市场机制作用一致。

二、广东参与"一带一路"建设定位分析

基于上述广东在参与"一带一路"建设中的区位条件、经贸基础、人文纽带等优势，《广东省参与"一带一路"建设实施方案》明确提出，将广东建设成为与沿线国家交流合作的战略枢纽、经贸合作中心和重要引擎。这是广东参与"一带一路"建设的三个主要角色定位。

1. 战略枢纽

将广东建设成为与沿线国家交流合作的战略枢纽，标志着广东要在与"一带一路"国家的政策沟通和基础设施互联互通方面发挥重要作用。在政策沟通方面，广东毗邻港澳，香港和澳门在"一国两制"下将长期实行与内地不同的社会制度。同时，香港和澳门司法独立，具有自由港和独立关税区地位。就粤港澳区域整体而言，该区域涵盖两种制度、连接两个市场，具有与国际接轨的法律体系和市场规则，又可辐射国内广阔市场。这种制度上的优势和高度开放优势便于开展公共外交，为"一带一路"沿线各经济体之间的政策沟通提供平台，服务国家参与全球治理，助推"一带一路"全球化方案。广东可以联合港澳，通过高峰论坛、民间会议、友城合作等形式，完善与沿线国家交流合作机制，加强与沿线国家的官方政策沟通与民间交流往来，构建多层次沟通协商机制。在基础设施互联互通方面，广东将充分发挥区位优势，深化港口、机场、高速公路、高速铁路和信息国际合作，建设东莞石龙、广州大田国际铁路货运物流中心，畅通与沿线国家的陆路大通道，打造国际航运枢纽和国际航空门户，面向沿线国家，构筑联通内外、便捷高效的海陆空综合运输大通道。

2. 经贸合作中心

贸易合作是"一带一路"建设的重点内容。将广东建设成为与沿线国家交流合作的经贸合作中心，就是要发挥好广东制造业强省、经贸大省的优势，与"一带一路"沿线国家经贸往来的良好基础，以及作为中国对外开放"南大门"的重要优势，积极开展对"一带一路"沿线国家的贸易投资合作。广东是经济大省和制造业强省，广东制造业国际化程度高，较早加入了全球产业分工体系，并且呈现出向价值链高端环节攀升的需求与压力。主动参与"一带一路"建设，加快构建区域价值链，形成内外联动的机制，有利于提升我国制造业的整体竞争力，并且形成以技术、品牌和服务为特征的对外贸易新优势。广东经济外向度高，长期以来与"一带一路"沿线国家尤其是东南亚、非洲等区域建立了密切的经贸关系。积极参与"一带一路"建设，通过经贸代表处网络，加强与驻外商务机构、商（协）会和经贸代表处的沟通合作；利用广交会、高交会等平台，推动与沿线国家的贸易合作；主动应对工业革命4.0和数字化转型的挑战，从传统的成品贸易逐步转向更为深刻的全球化生产。因此，广东定位于经贸合作中心的功能有助于"一带一路"经贸畅通。

3. 重要引擎

"一带一路"建设是一项宏大的系统工程，推动"一带一路"建设行稳致远需要持久的动力。广东参与"一带一路"建设，成为与沿线国家交流合作的重要引擎，既体现了在新时代加快形成全面开放新格局中广东的责任担当，也明确了广东在"一带一路"建设中的作为方向。广东是改革开放的先行地和示范区，要发挥广东毗邻港澳的独特优势，深化粤港澳紧密合作，打造世界一流粤港澳大湾区，共建国际金融贸易中心、科技创新中心、交通航运中心、文化交流中心，为推动"一带一路"建设提供重要支撑。要发挥广东开放型经济优势，高水平建设广东自由贸易试验区，探索构建与国际通行规则相衔接的高标准投资贸易体系，建设国际一流的营商环境，成为面向"一带一路"的双向投资合作平台。同时，增强广东与"一带一路"沿线国家在文化、科技、教育、医疗、体育等领域的交流合作，增进了解和友谊，形成互信融合、包容开放的社会基础。

第四节　广东参与"一带一路"建设的总体情况

围绕国家赋予的战略枢纽、经贸合作中心和重要引擎定位，广东参与"一带一路"国际合作坚持共商、共建、共享的基本原则，务实推动"五通"重点领域建设，创新对外开放模式，拓展对外开放空间，加快形成对外开放新格局。根据国家信息中心发布的《"一带一路"大数据报告》，在各省市参与度指数排名中，广东已连续三年位居全国第一。五年以来，广东省在"一带一路"建设的各个领域都取得了显著成绩。

一、对外交流渠道全方位拓展，"一带一路"政策沟通体系初步成型

按照国家总体外交部署，充分发挥广东地方优势，加强合作机制对接，搭建合作交流平台，主动对外沟通联系，逐步完善与"一带一路"沿线国家的对接交流合作机制。

1. 加强合作机制对接

广东于2015年率先发布《广东省参与建设"一带一路"的实施方案》，明确广东省参与"一带一路"建设的重点任务与发展定位；出台《广东省推进国际产能和装备制造合作实施方案》，推出广东国际产能合作路线图，推动优势企业"走出去"；继而制定《广东省拓展对"一带一路"沿线国家进出口贸易的若干意见》，加强与沿线国家的经贸合作。"一带一路"倡议提出五年来，广东省抓住发展机遇，积极响应国家政策，在经济、贸易、金融、投资等多个领域出台系列相应文件，主动参与"一带一路"国际合作，带动周边地区共同发展。

2. 搭建合作交流平台

广东已成功举办了五届"21世纪海上丝绸之路国际博览会"，以及海丝博览会主题论坛等国际性活动，推动了广东与沿线国家的政策沟通，增强了政治互信，进一步加强与中亚、南亚、西亚、北非、欧洲等沿线国家的交流合作，全面发掘与新兴市场国家潜在的互惠互利机会，拓宽合作范围和领域，在经济贸易、海关监管、港口航运、人文交流、海洋合作和旅游文化等领域全方位开放合作。

3. 高层交往引领务实合作

2015年至2017年年底，广东省省级领导共57批60人次出访"一带一路"沿线国家，并接待沿线国家来访团组465批次。另外，广东省已与190个地区

缔结友好关系，建立了4个省级友城交流机制，与4个国家的政府机构建立省部级对话协调机制，初步建立了广东省与"一带一路"沿线国家的政策沟通体系。

4. 全方位拓展交流渠道

广东省与315个友好组织和友好人士建立交流合作关系，共签署128份友好交流合作备忘录。省贸促会已在境外设立23个经贸代表处、12个境外广东商会、15个旅游合作推广中心。通过安排政策宣讲、考察调研、经贸交流会等多种方式，推进广东省与重点国家和地区的战略对接，逐步扩大了广东省推进"一带一路"合作的"朋友圈"。

二、以基础设施建设为载体，构建便捷高效的对外开放通道

基础设施联通是"一带一路"建设的重要领域。在"一带一路"建设中，广东省立足自身区位优势和交通条件，着力提升与"一带一路"国家和地区的港口、机场、铁路联通，构筑起联通内外、便捷高效的交通基础设施网络。

1. 港口国际竞争优势逐步提高

截至2017年年底，挂靠广东港口的国际集装箱班轮航线达350条，通达全球100多个国家和地区的200多个港口，缔结国际友好港口68对。其中，广州港的国际班轮航线由2013年的47条增加到2017年的100条，增幅为112.7%，表明"一带一路"倡议提出后加速推进了广州国际航运枢纽的建设。依托这些港口，广东全省港口货物吞吐量和集装箱货物吞吐量显著上升，2017年分别达到19.7亿吨和6300万标箱，其中集装箱货物吞吐量较2013年增长了25.9%，年均增长达5.9%。同时，广东省不断开拓"一带一路"沿线的港口建设。例如，招商局集团目前在全球投资建设了53个港口，分布于20个国家和地区，大多位于"一带一路"沿线国家的重要港口点。

2. 国际航空门户建设初见成效

"一带一路"建设五年来，广东省机场旅客和货物吞吐量稳步提升。其

中，民航客运量从2013年的9123.7万人次增长到2017年的12940.2万人次，累计增长41.8%，年均增长9.1%；民航货运量从2013年的226.8万吨增长到2017年的301.3万吨，累积增长32.9%，年均增长7.4%。广东省民航与沿线国家联系扮演着极为重要的作用。2017年广东新开直飞"一带一路"沿线国家航线24条，排名国内第一位。2017年广东省出港直飞"一带一路"沿线国家的航线达到84条，占到全国出港直飞"一带一路"国家的12.8%。2017年广东在"一带一路"沿线国家和地区执行航班近9.6万班次，承运旅客约1237万人，二者均为2016年的近两倍。南航航线网络目前已覆盖沿线41个国家和地区。枢纽机场通达能力不断增强，广州白云机场2017年旅客吞吐量达到6579万人次，晋升世界"六千万级机场俱乐部"行列。珠海、揭阳、湛江等支线机场国际业务正在加快拓展，日渐打造出珠三角地区与粤东西北地区协同发展的世界级机场群。航空网络的建设促进了广东与"一带一路"国家的经贸合作，五年来仅广州与白云机场航线网络覆盖的25个"一带一路"沿线国家进出口值，就从2013年的1441.8亿元增长至2017年的2213.1亿元，年均增长11.3%。

3. 中欧班列运营走上正轨

自2013年11月在东莞石龙首次开行中欧班列以来，省内已形成了东莞石龙、广州大朗、深圳盐田三大中欧班列节点。自2013年中亚中欧班列开通以来，广东省的中欧班列发展较为迅速，到2017年年底广东全省开行中欧、中亚货运班列227列，发送货值达77660万美元，同比增长111%。其中，广州大朗至俄罗斯莫斯科开行46列4141TEU（经满洲里出境）；东莞石龙至德国汉堡开行36列3164TEU（经满洲里出境）；深圳平湖南至德国杜伊斯堡开行22列1828TEU（经阿拉山口出境）。2018年上半年，广东中欧、中亚班列共发运78列，同比增长20%；发送集装箱7200标箱，同比增长22%；出口货值3.86亿美元，同比增长20.6%。同时，东莞石龙相继开通了"一带一路"水铁联运过境通道、水运外贸航线等，进一步创新了中欧班列模式，降低了企业的物流成本，推动了我国与中亚、东亚及俄罗斯的贸易往来。

三、以贸易便利化改革为抓手，促进与"一带一路"沿线国家双向贸易往来

贸易合作是"一带一路"建设的重点内容。广东作为外贸大省，以贸易便利化改革为抓手，多措并举深化与"一带一路"沿线国家贸易合作，扩大双向贸易和优化贸易结构。"一带一路"倡议提出后，广东与"一带一路"沿线国家贸易合作取得良好进展。

1. 贸易便利化水平大幅提高

依托广东自贸试验区的贸易便利化改革和制度创新成果的复制推广，大幅度提高了广东贸易便利化水平，推动"一带一路"建设贸易畅通。自2015年挂牌以来，广东自贸试验区对标WTO《贸易便利化协定》高标准条款，建设国际贸易"单一窗口"，大力推动智能化通关模式，先后有四批数十项贸易监管改革创新成果在全省复制推广。通过实施系列贸易便利化举措，海关通关时效提高了50%以上，货物转驳时间由2天缩短为3小时，中转货物报关期限从14天延长至3个月，极大地提升了口岸效率，降低了口岸通关成本。南沙片区通过创新海铁联运模式服务中欧班列，前海蛇口片区建立国际中转食品监管模式，横琴片区通过设立"一带一路"商标注册申请服务中心等案例突显了广东自贸试验区在推进"一带一路"贸易便利化合作中的探索。

2. 与"一带一路"国家的贸易往来大幅增长

自"一带一路"倡议提出后，广东与"一带一路"沿线国家贸易合作规模稳步提升。2013年至2017年，广东与"一带一路"沿线国家进出口值从1.11万亿元增长至1.5万亿元，年均增长率高达7.8%，占全省进出口总额比例从2013年的16.4%增长到2017年的22.1%。其中，从"一带一路"沿线国家的进口占广东进口总额比例从2013年的17.4%增长到2017年的20.7%；对"一带一路"沿线国家的出口占全省出口的比例从2013年的15.7%增长到2017年的22.9%。相比而言对"一带一路"沿线国家的出口规模扩大更为明显。2018年上半年，广东与"一带一路"沿线国家进出口7289.5亿元，增长1.7%，占

广东外贸进出口的22.5%。

3. 广东进出口贸易结构逐步优化

除面向"一带一路"的进出口贸易扩大带动的广东进出口市场结构更为多元化外，"一带一路"经贸合作也推动了广东对外贸易升级和外贸主体的多元化。2018年上半年，广东以一般贸易方式对"一带一路"沿线国家进出口4420亿元，增长10.3%，占比达60.6%，相比2013年提升4.7个百分点。从产品来看，出口机电产品3092亿元，增长0.7%，占比达68.8%；其中出口手机351.3亿元，增长45.7%。民营企业成为推动"一带一路"贸易畅通当之无愧的"主力军"。2018年上半年，广东民营企业对"一带一路"沿线国家进出口4320亿元，占比近60%。

四、主动塑造对外开放的优良环境，推动"一带一路"双向投资稳步增长

国际投资和产能合作是加快"一带一路"建设的重要路径。"一带一路"倡议提出五年来，广东主动塑造对外开放的优良环境，深化投资体制改革吸引外商投资，引导企业积极"走出去"开展境外投资经营，与"一带一路"国家的双向投资呈现稳步增长态势。

1. 深化外商投资管理体制改革

自贸试验区投资管理制度改革的示范效应极大地提升广东全省营商环境。广东自贸试验区负面清单从2015年的122条缩减至2018年的45条，清单外实施备案制，办理时间由10个工作日缩减到2个工作日；率先发布《广东省企业投资项目准入负面清单（禁止准入类）》，试点实行统一的市场准入负面清单制度；商事登记制度改革进一步深化，将企业登记注册与公安、发改、人社、食药监、检验检疫等部门的相关证照并联审批，实现了"二十证六章"联办；开展证照分离改革，实施"一门式、一网式"服务模式，并通过银行网点延伸商事登记窗口服务；开办企业所需平均时间缩短为3天，接近新加坡、中国香港等国家和地区水平。

2. 与"一带一路"沿线国家的双向直接投资稳步增长

由于香港自由港在中国内地的双向投资中一直扮演着投融资平台的角色，表观上看广东与"一带一路"国家的双向投资规模较小。但是，"一带一路"倡议提出五年来，广东与"一带一路"沿线国家的双向投资呈现稳步增长的态势。在吸引外商直接投资方面，截至2017年年底，"一带一路"沿线国家在广东累计设立项目8770个，合同外资金额251.4亿美元，实际利用外资金额151.2亿美元。在对外直接投资方面，2014—2017年广东对沿线国家实际投资分别为17.2亿、24.9亿、41.1亿和2.95亿美元，广东在"一带一路"沿线国家设立企业（机构）1005家。显示经过连续三年的高速增长，2017年广东对沿线国家的投资大幅下降，这一方面有市场调整的原因，另一方面也有遏止非理性投资的原因，以保障广东对沿线国家的投资更加理性和稳健。但2017年广东对拉美、欧盟和新兴市场国家实际投资比重分别增加5.69%、0.59%和4.48%。

3. 广东对外投资结构持续优化

一方面，投资目的地多元化。广东省企业对"一带一路"沿线国家的投资主要集中在东盟国家、印度和阿联酋等国，2017年对3个地区/国家的实际投资分别占对"一带一路"实际投资总额的75.25%、19.87%和0.82%。对"一带一路"其他地区的投资规模相对较小，但增速较快，特别是对俄罗斯、罗马尼亚、保加利亚和匈牙利等国家的投资增速较快。另一方面，投资行业结构不断优化。2017年广东省对外实际投资流向租赁和商务服务业26.0亿美元，占比29.8%；制造业11.7亿美元，占比13.4%；信息传输、软件和信息技术服务业11.5亿美元，占比13.2%；批发和零售业11.1亿美元，占比12.7%。其中，对信息传输、软件和信息技术服务业的投资额度同比快速增长76.29%。特别是对"一带一路"沿线国家的直接投资中，广东企业积极通过并购高端技术促进产业升级。例如，美的集团分别发起对德国智能机器人制造商库卡集团、意大利空调品牌克莱沃、日本东芝等高端制造业项目的并购成为技术获取型并购的著名案例。广东企业通过这种直接而有效的投资方式，加速资源优化配置，实现产业整合升级。

4. 对外投资主体地域高度集中

在投资主体方面，广东省"走出去"企业高度集中在珠三角地区的深圳、珠海和广州三地，三地企业对外投资比重常年超过全省对外直接投资总量的60%。2017年，深圳、广州、佛山直接投资额分列前三，分别为39.21%、17.69%和7.65%。虽然近年汕头、湛江、揭阳等市企业"走出去"步伐加快，但由于粤东西北地区产业基础薄弱，"走出去"企业尚未形成规模，对外投资规模占全省比重仍然偏小。

5. 以境外重点园区为平台促进产能合作

境外产业园已逐渐成为广东省开展国际产能合作的重要平台。目前，国家及省政府搭建平台推进的五大重点园区都在有序发展中。其中，中国（广东）光电科技产业园公司已在白俄罗斯完成注册手续，3家公司已签署入园协议，已有企业开始试产。中沙吉赞产业集聚区纳入国家重点推动的产能合作示范区，广州泛亚聚酯有限公司"石油化工化纤一体化"项目于2018年8月开工。广东—马六甲皇京港临海工业园由企业层面具体推进。深圳—海防经济合作区由深圳最大的产业园区投资运营商建设，已有3家高科技企业落户园区。埃塞俄比亚华坚工业园已完成园区20公顷的土地一级开发和10万平方米厂房建设，20家企业正式签约入园。五大园区建设有效促进了东道国就业和经济发展，助力广东省产业升级。

五、以健全多元化投融资体系为平台，优化对外开放的金融服务网络

资金融通是"一带一路"建设的重要支撑。"一带一路"倡议提出五年来，广东省积极提升金融支撑服务能力，引导各类金融机构为"走出去"企业提供多层次的投融资服务平台，不断完善广东对外开放的金融服务网络。

1. 政策性金融支持作用明显

2013—2017年，广东省政策性金融机构支持"一带一路"贸易、投资

和工程承包项目超过460亿美元，为相关项目提供融资超过100亿美元，覆盖"一带一路"沿线全部64个国家和地区。中国信保广东分公司、国家开发银行广东省分行和中国进出口银行广东省分行于2018年1月26日签署《战略合作协议》，共同搭建政策性金融服务平台，共同为广东企业"一带一路"建设提供专项融资支持。广东省政府还与政策性金融机构搭建政府、企业与金融机构三方对接联动平台，综合解决"走出去"企业海外的风险保障以及项目融资需求。

2. 积极拓展企业海外融资渠道

广东省积极运用国家拓宽企业海外融资渠道的政策机遇，大力支持企业境外发债，利用低成本资金促进发展。2016年广东省企业获批外债额度共28亿美元，2017年支持省内企业获国家批准54.4亿美元的外债发行额度，切实帮助企业降低资金成本和缓解运营压力。

3. 深化金融领域开放创新，利用跨境人民币使用降低结汇风险

"一带一路"倡议提出以来，广东省大力推广跨境人民币结算业务以减少企业与"一带一路"国家贸易投资合作的结汇风险，广东跨境人民币业务额约占到全国的1/4。特别是广东自贸试验区依托"NRA+"账户开展本外币账户管理创新试点，率先实现跨境人民币贷款、跨境双向人民币试点、跨境双向人民币资金池业务等多项跨境金融业务，有力支持了广东企业对"一带一路"沿线国家投融资。

六、以深化粤港澳合作为特色，借助湾区建设推进"一带一路"粤港澳合作

粤港澳合作是广东省对外开放的重大优势和特色。"一带一路"倡议提出五年来，粤港澳三地建立了基于相关政府间协议的磋商沟通机制、联络协调机制和实施机制，初步构建了粤港澳三地共同参与"一带一路"建设的政府间合作机制，广东省在携手港澳共建"一带一路"方面取得良好进展。

1. 初步形成粤港澳共同参与"一带一路"建设的府际合作框架

2016年9月粤港双方签署《粤港携手参与国家"一带一路"建设合作意向书》，2016年6月粤澳双方签署《粤澳携手参与国家"一带一路"建设合作意向书》，进一步确立粤港澳携手参与"一带一路"建设的政治共识。2017年7月1日，国家发改委以及广东省政府和香港、澳门特区政府共同签订了《深化粤港澳合作 推进大湾区建设框架协议》，提出"充分发挥港澳地区独特优势，深化与'一带一路'沿线国家在基础设施互联互通、经贸、金融、生态环保及人文交流领域的合作，携手打造推进'一带一路'建设的重要支撑区。支持粤港澳共同开展国际产能合作和联手'走出去'"。进一步明确了粤港澳三地携手参与"一带一路"建设的实施路径。

2. 建立了携手参与"一带一路"建设的制度安排

粤港澳三地建立了基于相关政府间协议的磋商沟通机制、联络协调机制和实施机制，初步构建了粤港澳三地共同参与"一带一路"建设的政府间合作机制。2018年8月，粤港澳大湾区领导小组正式成立，8月15日召开了"粤港澳大湾区建设领导小组全体会议"，中央和粤港澳三地高层领导共聚一堂，探讨湾区发展大局。会议提出粤港澳大湾区要"构筑丝绸之路经济带和21世纪海上丝绸之路对接融汇的重要支撑区"，确立了通过中央高层会议沟通磋商湾区三地合作参与"一带一路"建设的重要创举。作为合作参与"一带一路"建设的制度保障，粤港澳三地政府都成立了"一带一路"相关专责机构。例如，广东省在发改委设立了"一带一路"办公室，香港特区政府在商务及经贸发展局下设"一带一路"办公室，澳门特区政府设立由行政长官担任主席的"一带一路"建设工作委员会，从而增强了粤港澳三地在携手参与"一带一路"建设过程中的政策对接。

3. 深化粤港澳合作的体制机制创新取得了新进展

《深化粤港澳合作 推进大湾区建设框架协议》签署一年以来，粤港澳大湾区建设的蓝图正化为脚步坚实的行动。2018年9月23日广深港高铁正式开通，10月24日港珠澳大桥正式通车增强了湾区三地的基建互联；取消港澳居民内地就业许可证制度，推出港澳台居民居住证制度，以及微信钱包双向跨境支付功能的开拓，系列制度创新和政策措施在很大程度上促进了粤港澳大湾区要素更为便捷的流通，为粤港澳携手参与"一带一路"建设提供了保障。港澳特区纳入国家科技创新体系，港澳高校开通中央财政科技计划申请、落马洲河套地区规划建设"港深创新及科技园"、港澳青年内地创新创业平台建设，在科技合作领域的这些措施有利于粤港澳三地携手"一带一路"科技创新合作，共建粤港澳大湾区国际科技创新中心。广东自贸试验区作为粤港澳紧密合作示范区，突破粤港澳深度融合的体制机制障碍，建设一流营商环境高地，成为面向"一带一路"的门户枢纽。

七、以密切多层次交流为途径，强化"一带一路"人文交流

民心相通是"一带一路"建设的社会根基和长久保障。"一带一路"倡议提出五年来，广东省以增进互信、深化友谊、促进交流、推动合作为目的主动加强对外交流联系，进一步强化了对外开放的合作平台，逐步形成了较为丰富的对外人文交流机制。

1. "一带一路"友城不断扩大

截至2018年4月底，广东与"一带一路"沿线国家缔结66对友好城市，居全国第四位。广东友城已遍及全球五大洲61个国家，已累计缔结190个友好城市。"一带一路"倡议提出五年来，广东缔结的友城数量呈快速增长趋势，2013年新缔结友城数7个，2014年18个，2015年12个，2016年12个，2017年10个。广东的国际"朋友圈"在不断地稳步扩大，与友城在经贸、教育、文化交流、旅游等领域的合作也越来越坚实。

2. 侨务交流深入推进

围绕在"一带一路"建设中"发挥华人华侨作用"的要求，广东着力深化与沿线国家华侨华人的交流合作。邀请"一带一路"沿线华商企业参加"中国（深圳）华人华侨产业交易会"、"21世纪海上丝绸之路国际博览会"、粤东侨博会、中国（广东）—东盟华商交流会、世界客商大会等经贸

交流活动，达成了一大批合作项目。还举办"世界华商500强广东（广州）圆桌会"、"世界华侨华人企业家南沙自贸区圆桌会"、"侨商与广东自贸区建设座谈会"等活动，进一步凝聚了海外侨胞参与"一带一路"建设的共识和力量。

3. "一带一路"教育合作有序开展

根据教育部要求，结合广东省实际，制订《广东省推进共建"一带一路"教育行动三年计划（2018—2020）》。实施"丝绸之路"留学推进计划，设立"一带一路"留学生奖学金专项，每年向沿线国家提供1000个奖学金名额，到2020年，沿线国家在粤留学生力争超过9000人，广东成为沿线国家学生出国留学首选目的地之一。大力支持和鼓励广东高校增设"一带一路"国际合作急需的专业。广东高校还以海外孔子学院为纽带，积极开展汉语国际推广的各种活动，不断扩大广东高校在海外的影响力。目前广东共有7所高校在国外合作设立了18所孔子学院和1个孔子课堂，遍布亚、非、美、欧等各大洲，许多孔子学院所在国家也是"一带一路"沿线国家。

第五节　广东参与"一带一路"建设存在的主要问题

"一带一路"倡议提出五年来，广东参与"一带一路"建设取得了明显成效，但参与"一带一路"建设存在不平衡不充分的问题，在政策沟通、设施联通、贸易畅通、资金融通、民心相通等各个领域都还存在不同程度的体制机制障碍和薄弱环节，这是广东深度参与"一带一路"建设中亟须优化和解决的问题。

一、珠三角地区基础设施互联互通效果有待提升，粤东西北城市的对外开放通道建设明显滞后，广东全域开放格局还未形成

珠三角地区立足自身区位优势和交通条件，着力推进综合交通枢纽建设，不断深化与沿线国家和地区港口、机场的合作，但基础设施互联互通效果仍有待提升。粤东西北核心城市的对外开放通道建设明显滞后，粤东西北地区总体上还是对外开放的洼地。五年来，基础设施互联互通水平离《广东省参与建设"一带一路"的实施方案》中提出的"将广东打造成为内外联通、陆海交汇、安全高效、开放包容"的战略枢纽的目标还有距离。

1. 珠江口枢纽港之间竞争激烈

珠江口港口群实力强，港口间腹地相互交叉，服务"一带一路"建设，各市纷纷采取加快港口发展的战略举措，不仅枢纽港雄心壮志，相对较小的港口也都在积极谋求发展，必然带来港口间的竞争。首先，在珠江三角洲不到6万平方千米的范围内，除大大小小的河港外，集中了三个全国性的枢纽港，枢纽港空间距离小，腹地重叠交叉，同种货源之间产生激烈的竞争。其次，在经济增长和对外贸易的推动下，珠三角地区集装箱生成量增长迅速。广州、深圳和香港三个枢纽港基本都充分利用各种资源以发展集装箱运输业务，导致货种结构十分相似。再次，广州、深圳、香港港口航线的相同使货运人有更多的选择，加剧了港口之间的竞争。最后，东莞港、珠海港、惠州港、中山港等四个小港口同样存在重复建设的问题。因此，加强港口群分工协作是刻不容缓的任务。

2. 空域使用矛盾日益凸显

珠三角地区分布着广州白云机场、深圳宝安机场、珠海金湾机场、惠州平潭机场、佛山沙堤机场、广州岑村机场等军民航机场，空中交通十分拥挤。在现有空域条件下，广州白云机场年旅客吞吐量的极限约为6500万人次；深圳机场65%的进场航班要经过白云机场西侧，尤其是华北方向的进港航班，与白云机场的进离场航线交叉、重叠，直接影响深圳机场的运行效率

和容量。同时，由于港澳空管体制差异，随着地区飞行流量不断增加，空域紧张问题日渐突出。另外，受制于当前国际航权资源不足和境内外机场运输量饱和的影响，国际航线航班拓展难以达到客观需求；且远程国际航线运营成本较高，在开航初期市场培育阶段存在较大经营压力。因此，难以新增国际航线满足"一带一路"互联互通的需求。

3. 中欧班列竞争力不足

"一带一路"的中欧班列整体上处于市场培育期，广东中欧班列竞争力不足存在多方面的原因。第一，其他省份的不当竞争导致货源流失严重。根据综合计算，由于外省大力补贴的原因，每周约有200个集装箱从华南地区（广东）流向国内的其他中欧班列，这些货品的主要来源地集中在珠三角主要城市。第二，回程货源严重不足。由于从欧洲进口的商品主要集中于机械类生产资料和汽车等产品，进口量少、频率低，因此集中组织货源难度大。第三，中欧班列多部门工作协调机制尚未形成。广东省各相关部门对中欧班列的关注度虽高，但尚未形成有效的分工协作机制，省级层面统筹推进力度有待加强。省级层面推进中欧班列发展的总体思路和各部门具体工作内容不够明确，中欧班列运价、线路、运力等方面对外的统一协调沟通还需加强。

4. 粤东西北城市的对外开放通道建设明显滞后

全面开放新格局特别关心对外开放与区域发展协同。十九大报告强调"优化区域开放布局，加大西部开放力度"，"形成陆海内外联动、东西双向互济的开放格局"。因此，"一带一路"建设为广东珠三角地区与粤东西北地区更为协调的区域发展提供了重大机遇。但是，广东参与"一带一路"建设以来，粤东西北城市的对外开放通道建设明显滞后，粤东汕头港口、粤西湛江港口的建设运营未能发挥出"桥头堡"的作用。粤东西北地区整体上缺乏对外开放的平台与载体，参与"一带一路"建设的能力较弱。2017年，珠三角对外贸易额和吸引外商投资占比都在95%以上，总体上粤东西北地区还是广东全省对外开放的洼地。因此，如何发挥粤东西北广阔的开放空间腹地作用，是构建以"一带一路"为重点的广东对外开放新格局，破解广东区域发展不平衡弊端急需解决的难题。

二、布局区域价值链仍处于起步阶段,与建设"一带一路"经贸合作中心的高标准还有一定的距离

"一带一路"建设五年来,广东省与"一带一路"各区域根据比较优势建立起贸易合作关系,但广东布局区域价值链仍处于起步阶段,与《广东省参与建设"一带一路"的实施方案》中提出的"将广东建设成为与沿线国家交流合作的经贸合作中心"的高标准还有一定的距离。

1. 布局区域价值链仍处于起步阶段

"一带一路"倡议提出以来,广东多措并举深化与沿线国家的贸易合作,五年来实现了贸易规模稳步增长,但这种增长主要是靠出口拉动的。与倡议提出前的2010—2013年相比,倡议实施以来的2014—2017年间,年均出口规模增长了405.7亿美元,而年均进口规模仅增长了33.1亿美元,年均贸易顺差从2010—2013年的144.4亿美元大幅增长到2014—2017年的517亿美元。虽然这种贸易顺差由于双方经济结构、产业竞争力不同,是基于比较优势的合作产生的,但考虑到沿线国家政治、经济的复杂性,这极易造成敌对情绪和贸易摩擦。同时,这也说明广东企业布局区域价值链仍处于起步阶段。

2. 与"一带一路"沿线国家贸易合作的结构有待优化

经过五年的发展,广东省与"一带一路"各区域均根据比较优势建立起了贸易合作关系,但贸易合作大规模集中于东南亚地区,并且呈现出进一步向东南亚地区集聚的趋势。2017年与东南亚地区的贸易规模占与"一带一路"贸易规模总量的57.8%,较2013年增长0.6个百分点,而与本来贸易联系就比较薄弱的中亚和东北亚地区的合作规模进一步下降。在商品结构方面,广东省进出口产品高度集中在机电产品方面,其他产品规模均较小,并没有充分利用广东与各国的比较优势。

3. 与"一带一路"各区域合作的比较优势有待进一步挖掘

在"一带一路"各区域中,因与东南亚地区同处于发达国家布局的全球

价值链中，加之地理距离较近，广东省与东南亚地区的贸易关系十分紧密。但是，与其他区域，特别是中东欧、中亚和东北亚的贸易联系十分薄弱，而广东省与这些区域在经济上有很强的互补性。特别是随着广东省科技兴贸的推行和贸易转型，这些地区可为广东省经济转型提供广阔的市场和经济发展所需的资源、中间品等进口，广东省应积极拓展与这些地区的贸易联系。

三、"走出去"企业参与国际产能合作的能力偏低，海外产业园区建设缺乏系统性规划，与国内产业园区建设水平相比差距较大

对外投资已成为广东参与"一带一路"建设的重要方式，也是广东企业深度参与国际分工协作、优化资源配置的重要途径。当前，"走出去"企业参与国际产业合作的能力偏低，海外产业园区建设缺乏系统性规划，园区建设水平相比差距较大。

1. 境外投资项目的经营能力有待提升

从"走出去"企业的微观角度上看，由于当前世界经济形势复杂多变，贸易保护主义盛行，而且许多"一带一路"沿线国家整体经济发展水平较低，法治和基础设施建设不健全，存在政治安全风险隐患，使企业在境外投资经营中存在客观的风险和困难。总体而言，面对境外投资经营风险，广东企业的应对能力还参差不齐，持续经营能力有限，具体原因和问题表现则多种多样。例如，因为不熟悉投资当地国法律规定，造成对投资合法权益的有效保障不够；由于对投资当地国商业和社会经济形势分析不够，造成一定程度的非理性投资；由于在投资当地国难以获取适用的市场信息和专业服务，造成有关商业活动的配套支持不足；由于缺乏国际项目运作经验和具备国际化经营能力的专业人才，造成企业自身运营效率偏低等情况。

2. "走出去"企业的群体协作效应尚未形成

鉴于单个企业"走出去"进行境外投资经营需要面对较大的竞争和风险，本土企业"抱团"合力开拓海外市场，不但能降低独自承担的风险，还能推动实现全产业链输出，是"走出去"的有效路径。但比较起山东、浙江

等省组团式、平台式、园区式、全产业链式的"走出去"现象,当前广东企业仍以"单打独斗"为主,尚没有形成"抱团出海"的立体化境外投资局面,因此也就难以整合本地企业的整体资源,无法形成在境外相互协作、相互支持的规模经营效应。甚至由于缺乏沟通协调,部分行业的企业甚至会出现在海外项目竞标中"自相残杀"、恶性竞争等不良现象。

3. 境外投资服务体系有待健全

有效发挥广东各类境外投资服务机构的作用,增强对"走出去"企业的宏观指导和专业服务是政府在"一带一路"建设中为境外投资企业提供公共服务的重要体现。当前,国家和省以下的各级政府部门、行业组织虽然建有各类型的"走出去"服务平台,但由于条块分割、信息资源未能充分整合,其作用未能得到应有的发挥。许多企业反映,在境外投资经营过程中非常需要得到政策咨询、法律服务、风险评估等方面的专业服务,但从各类境外投资服务机构中获得的实际支持有限。因此,应当有效地整合各类境外投资服务机构资源,提升其为企业提供专业服务的能力,进一步优化健全广东境外投资服务体系。

4. "走出去"广东企业还未能输出"中国标准"

由于在大多数行业中的关键技术领域,广东乃至全国的产品技术标准还未完全被国际主流接受,当面对国内技术标准与国际标准的差异时,"走出去"企业往往需要花费大量成本、等待较长时间去解决国际产品认证、生产标准本地化等问题,一定程度上影响了在境外的投资贸易效率。

5. 海外园区建设水平偏低

园区经验"走出去"远远滞后于企业"走出去",总体上建设水平偏低。一是园区缺乏系列与整体规划,导致企业与当地政府和相关管理部门博弈、协商的成本增加,也给园区进一步升级扩张和可持续发展造成了一定阻碍。二是海外园区东道国软环境千差万别。由于投资所在国大都还处在工业化与对外开放的初级阶段,政治、安全格局多变,未成型的贸易与投资制度、频繁调整政策与法案、土地征收、基础设施等相关领域的保障缺失,加大了企业投资风险和不确定性。三是海外园区所在国政府行政效率偏低。东道国基础设施建设滞后，增加了园区的投资成本和生产企业的运输成本，加大了园区招商引资和企业招工的难度。四是园区开发企业面临融资难。产业园区建设先期投入较大，许多"一带一路"沿线国家融资渠道有限，企业在东道国当地融资压力较大。而国内的融资支持政策不足，"外保外贷"和"外保内贷"等服务跟不上。五是园区内产业链配套和投资服务配套不足。广东企业"走出去"未形成抱团出海的现象，广东企业参与"一带一路"建设以单打独斗形式为主。

四、营商环境有待进一步改善，利用外资水平有待提高，还未完全建立起与国际通行规则相衔接的贸易投资制度体系

广东是外向型经济大省，市场化、国际化的优势明显，近年来大力促进投资贸易便利化，加快建设法治化、国际化、便利化的营商环境。但总体上看广东还未完全建立起与国际通行规则相衔接的贸易投资制度体系。

1. 营商环境仍需进一步改善

近年来，随着国际经济形势变化、国内兄弟省份竞争加剧，广东在对外开放中的比较优势正在加速转化，原有的依靠给予地价税收优惠、要素价格优势的招商引资模式已越发难以为继。广东需要以新发展理念为指导，打造"一带一路"开放合作的营商环境高地，推动广东对外开放由成本优势向制度优势、规则优势转变，培育参与国际经济合作竞争新优势。但对比构建法治化、国际化、便利化营商环境的标准，广东当前面向外资的营商环境还有许多薄弱环节。比如，广东不少地区的外资项目行政审批程序冗长，外资企业办事难还时有发生；又如，内外资企业公平竞争制度和理念仍有待落实完善，部分应当放开的领域对外商投资仍有限制，特别是在政府采购和大型央企国企采购招投标中，外资和民营企业及产品不能得到平等公正待遇。

2. 贸易投资便利化改革相对滞后

全面开放新格局强调通过制度创新形成高水平的贸易投资自由化便利

化，培育国际经济合作和竞争新优势，实现由比较优势、成本优势向市场经济竞争优势、规则优势和营商环境整体优势的转变。近年来，广东依托自贸试验区推动贸易监管、投资管理和金融开放等领域制度创新，虽然取得了显著成效，但对标全球高水平的投资贸易便利化政策体系还有差距。在服务业开放方面，负面清单仍然偏长，许多现代服务部门仍未开放，形式与国际惯例不接轨。另外，外资安全审查制度还不完善，信用体系还没有完全建立起来。因为，影响了吸引高端服务业的外商投资。我国的货币自由兑换和资本项目开放还处于较低的水平，这也影响了跨国资本的投资意愿。

3. 外资来源地结构有待优化

积极利用外资是广东发展更高层次开放型经济的重要任务。当前广东吸引外资过度依赖港资，来自欧美发达国家的外资项目偏少。2017年，来自香港的实际外资1108.1亿元，占比高达80.1%，比2013年高约15个百分点；来自欧美发达经济体的投资虽然有所增加，但占比只有个位数百分点。尽管毗邻港澳是广东对外开放重要的地缘优势，但是外资来源过于集中于香港地区的现状反映了广东在吸引外资，乃至对外开放整体格局的不平衡，不利于广东利用外资促进经济发展。尤其是广东吸引欧美发达国家资本能力的不足，一定程度上限制了外资的质量和对广东经济发展的带动能力。

4. 粤东西北区域的营商环境整体滞后

由于营商环境水平滞后，粤东西北区域与珠三角区域相比在利用外资水平上仍有极大的差距。2017年，珠三角九市实际外资218.11亿美元，占全省总额的95.22%；粤东西北地区实际外资10.96亿美元，只占全省总额的4.78%。这反映出粤东西北地区由于在产业配套、人才供给、研发投入、营商环境等方面与珠三角存在明显差距，没有形成自身独特的政策牵引力，仅依靠土地和劳动力等廉价要素价格很难吸引外资项目，外商投资始终难成规模。粤东西北地区在吸引外资上的落后也极大地限制了广东利用外资水平在总量上的提升。

五、金融支撑服务的深度和广度有待拓展，难以满足"走出去"项目的融资需求，境外经营企业面临着较大的汇率风险

近年来，广东积极提升参与"一带一路"建设的金融支撑服务能力。但是，对比广东企业在境外投资面临融资需求大、汇率风险高、资金转移难等客观环境，现有的金融支撑水平尚难以满足企业的需求，成为制约企业在境外发展的一个重要瓶颈。

1. 商业性金融服务产品滞后于企业需求

由于"一带一路"境外投资项目普遍具有资金需求大、投资周期长、金融风险高的特点，"走出去"企业对外汇风险管理、海外供应链融资等复杂金融业务的需求日渐增长。但在现阶段，广东金融体系配套"一带一路"建设的金融资源及其供给能力还很有限，主要仍以贷款方式支持企业"走出去"，业务种类单一，产品同质化严重，且创新力度不足，缺乏对复杂金融业务的补充，导致金融服务与企业需求存在较大差距。

2. 金融机构自身国际化程度低

受服务模式及应对国际市场风险能力的制约，广东金融机构自身的国际化程度较低，相比花旗银行、汇丰银行等在全世界设有上百家分行并提供成熟优质的环球银行服务的领先金融机构，广东金融机构在金融理念、产品服务、网点设置等方面存在明显差距，开拓"一带一路"沿线国家金融市场业务面临较大的竞争压力。

3. "走出去"企业融资难现象突出

由于受到金融机构对境外项目评估能力的制约，许多"走出去"企业的境外投资项目资产往往难以作为其境外项目融资的担保物，而是需要基于企业在国内的资信和抵押物价值，部分项目甚至无法获得融资，这大大限制了企业在境外持续投资经营的能力。

4. 政策性金融机构的引导作用仍需提升

促进"一带一路"资金融通的关键在于通过有效的体制机制引导、动员

资金，构建共同付出、共同收益的利益共同体。政策性金融机构提供的资金具有导向性和社会效益型的特征，在支持企业走出去方面有比较完善的融资服务体系，包括贷款、保险、贸易融资、国际结算和投资基金等，可以在商业性资金难以充分支持时发挥弥补作用。但是，政策性金融供给对地方企业参与"一带一路"建设的效用总体上未能达到预期效果，其运作模式及操作程序仍有待完善，比如广东"丝路基金"作为广东首只定位"一带一路"建设的省级政策性基金，由于商业银行是其股东参与方，偏商业化的运作模式在一定程度上局限了基金作用的发挥。又如，广东企业"走出去"信用保险统保平台自2013年搭建起，至今已连续五年为广东"走出去"企业提供海外投资、海外工程承包和成套设备出口方面的风险保障和融资支持，但该平台在资金拨付方式、企业申报手续等方面还存在进一步完善的空间，仍需进一步提高企业利用平台的积极性。

5. 参与双边政府融资框架的意识有待增强

"一带一路"建设实施以来，已形成了多个由我国政府牵头、金融机构参与和海外政府签署的融资框架。从目前的情况看，较少广东项目被纳入双边政府融资框架中。广东应积极争取将广东项目纳入到双边政府融资框架中，帮助有关项目获得更优惠的融资条件和更高效的融资支持。

六、民心相通成效有待提高，需要不断创新交流方式与途径

近年来，广东积极深化与沿线国家在人文领域的交流合作，但交流合作以政府主导为主，民间参与的方式和内容相对薄弱，尤其是尚未能够充分调动海外华侨华人以及在粤外籍人士中的桥梁作用，没能充分发挥他们在各自社会中的高端人脉资源和社会优势，深入推进"一带一路"民心相通的成效尚不明显。

1. 交流合作偏官方主导为主

在对外人文交流中，往往过于重视政府的作用，其交流的内核政治性、政策性过重，形式比较呆板，内容不够灵活，同时导致活动受众有限，多重

活动参与群体重合度较高,造成一定的资源浪费。政府主导权意识较为强烈,对民间团体在人文交流中的重要作用认识不足,尤其是尚未能够充分调动海外华侨华人精英团队、成熟团队以及在粤外籍商会的桥梁作用,没能充分发挥他们在各自社会中的高端人脉资源和社会优势。非政府组织之间的交流活动很难实现无缝对接,基本上是各说各话,各做各事,交流合作范围比较有限。因此,发挥民间人文交流的优势,创新民间参与方式和内容,是下一步"民心相通"的重要抓手。

2. "以侨为桥"的作用还不明显

华人华侨是广东深化与沿线国家民心相通的重要资源和独特优势,进一步发挥"以侨为桥"的作用是"民心相通"工作的着力点。当前,虽然广东积极通过海外华人华侨为媒介加深与各国的人文交往,但是总体上看,广东与沿线国家的往来与人文交流层次较低,特别是精英间的交流活动开展的时间较短,网络的人脉资源还不足,尚未能够充分撬动海外华人华侨中的精英高端人群的作用,有质量、高层次的交流机制尚未完全建立。此外,"一带一路"侨务工作仍延续过去的思路,导致发生一些偏差,例如过度强调招商引资的"引进来"方向,忽略华侨华人在广东企业"走出去"中可发挥的"引桥作用";过度关注粤籍华侨华人,忽略改革开放以来在海外就业创业的外省籍华侨华人的潜能。

3. 国际宣传能力不强

民心相通的前提是增进了解,在参与"一带一路"建设过程中,国际传播能力的同步发展是促进民心相通的必备条件。但是,相对先进国家或地区而言,广东的国际宣传能力仍然存在宣传模式相对简单,宣传力量相对分散,宣传渠道相对单一,宣传实效性相对不强等短板。这就影响了广东国际形象推介,以及省情、社情的宣传推广。广东粤语特色、岭南文化、客家文化的包装与宣传也还有很大空间,吸引粤语系侨胞的效果不甚明显。

4. 在粤外籍人士对本地社会的归属感有待加强

当前,有大量的外籍人士居住在广东,是广东与相关国家民心相通重要而现实的桥梁资源。但总的来说，这些外籍人士对广东的融入感和归属感还不强，这也间接影响了广东在对外开放中的民心基础。

七、沟通协调实效有待增强，市级层面参与度偏低

近年来，围绕"一带一路"建设，广东一方面主动加强对外沟通联系，逐步完善与沿线国家的对接协调机制；另一方面，着力发挥毗邻港澳的有利地缘优势，积极与香港、澳门沟通联系，携手参与"一带一路"建设。同时，推动全省各地市成立领导小组或出台相应工作方案，积极参与"一带一路"建设。但是，广东对内对外的政策沟通与统筹协调实效仍有待增强。

1. 对外协调机制解决具体问题的效果有待增强

尽管在框架上广东已建立起覆盖面较广的对外协调联系机制。但面对企业"走出去"的具体问题时，广东与外方进行对接的能力仍然不足，部分驻外平台未能与所在国的职能部门或执行机构建立有效对接，有关政策和信息沟通缺乏及时性和针对性，各种协调机制未能充分地达到应有的沟通效果，在落实两地高层共识、跟进重点项目落地、解决企业实际困难时，未能提供及时有效的制度保障和支撑。

2. 因公出境手续的限制影响企业境外沟通工作

许多国有企业反映，因公出国审批手续严格、办理时间长、出境次数有限制等因素，一定程度上影响了赴境外开展沟通协调与考察项目的工作。

3. 携手港澳共同推进"一带一路"建设的联动效应不够突出

毗邻港澳是广东对外开放独特而有利的地缘优势。在参与"一带一路"建设中，粤港澳三地各有优势，广东制造业产能丰富，拥有众多具备跨国经营的市场主体，香港是国际金融、贸易、航运中心，生产性服务业发达，是全球重要的物流枢纽和运营控制中心，而澳门是中国—葡语系国家经贸合作平台。CEPA实施以来，虽然广东与香港、澳门的经贸合作交往日益增强，但由于服务要素在三地之间仍然不能够便捷流动，制约了三地优势互补性的发挥和产业深度融合。在推进"一带一路"建设中广东需要进一步突出与港

澳合作的特色，提升粤港澳深度合作模式。广东携手港澳参与"一带一路"建设，不仅可以将粤港澳大湾区打造成为"一带一路"建设的重要支撑区域，而且可以共同拓展发展空间，加快构建广东对外开放新格局。

4. 省市互动有待形成，市级层面参与度低

一方面，在2017年"一带一路"国际合作高峰论坛召开之前，"一带一路"建设还主要是顶层设计，属外事工作和对外经济合作，基本是中央主导和省级层面参与，因此省市互动较少；另一方面，地市资金短缺限制了其依据自身特色和优势参与"一带一路"项目建设的自主性，没有能力根据自身的特色开发"一带一路"相关发展项目，参与"一带一路"建设的积极性不高。

第六节　推动广东参与"一带一路"建设高质量发展

在保持健康良性发展势头的基础上，以纪念广东改革开放40年为新的起点，紧密围绕建设"一带一路"战略枢纽、经贸合作中心和重要引擎三大定位要求，进一步提升广东参与"一带一路"建设的国际合作深度，加快推进与沿线地区的基础设施互联互通，不断深化经贸投资合作，积极促进资金融通，进一步提升对外合作园区和项目建设的精细化水平，深化形式多样的人文交流合作，加强共建"一带一路"与粤港澳大湾区建设对接，强化广东企业"走出去"的服务与保障支持，建立和完善"一带一路"风险评估与应对机制，全面提升广东参与"一带一路"建设的质量和成效，努力在形成全面开放新格局的进程中走在全国前列，发挥好"两个示范窗口"的作用。

一、布局立体框架，建成面向"一带一路"的物流网络，形成全域开放格局

抓住交通基础设施的关键通道、关键节点和重点工程，布局立体框架，

着力构筑联通内外、便捷高效的综合大通道，建成面向"一带一路"的物流网络。充分发挥珠三角和粤东西北各自的比较优势，加强各区域之间的互动合作，全面提升广东开放型经济水平，加快形成全面开放新格局。

1. 统筹推进珠三角港口协调发展

加快整合港口资源，形成具有功能互补的港口、航运、物流设施和航运服务体系，进一步提升整体综合竞争力和服务能力，建设国际航运中心。统筹建设以深圳港、广州港为集装箱枢纽港，其他港口为喂给港的国际航运物流中心，形成具有功能互补的港口、航运、物流设施和航运服务体系，进一步提升整体综合竞争力和服务能力。深圳港在扩大远洋集装箱干线优势的基础上，积极发展集装箱内贸航线，提升港口国际服务功能，建设世界级集装箱枢纽强港。广州港在巩固华南地区重要的综合性港口和内贸集装箱第一大港地位的同时，大力发展国际集装箱航线，建设国际航运枢纽。同时，完善港口网络布局，加强珠海港、东莞港、惠州港、中山港、江门港等支线港口建设，有效承担喂给功能，形成城市港口集群效应。

2. 建设世界级机场群

打造"5+4"骨干机场体系，"5"是广州、深圳、珠海、珠三角新干线机场、惠州机场，"4"是潮汕、湛江、梅州、韶关机场。适当地增加支线机场的布点，形成以珠三角机场群为核心，粤东粤西机场为两翼，覆盖粤北的民用运输机场体系。与亚洲主要城市形成4小时航空交通圈，与全球主要城市形成12小时的航空交通圈，争取到2020年广东全省的民航旅客吞吐量超过1.5亿人次。围绕建设世界级机场群的目标，加快提升机场合作水平。一是推动珠三角地区军民航机场布局调整，有效缓解珠三角地区民航空域矛盾。二是开展珠三角地区空域规划研究，通过组织实施空域规划从根本上解决珠三角地区军民航空域紧张问题。三是建立民用运输机场协调运营机制，出台省机场集团、深圳机场集团、珠海机场集团整合的可行方案，推动广东全省民用运输机场实现统一管理，打造优势互补的民航运输网络。同时，抓住粤港澳大湾区建设的机遇，探讨整合后的省机场集团与港澳机场深化合作的机制。

3. 进一步提高中欧班列市场竞争力

一是鼓励企业就近出口。在尊重市场原则的基础上，制定广东出口货源和促进企业货源回流的政策措施，组织境内外专场大型企业中欧班列推介会，推介广东中欧班列集货、通关便利化等优势；推动地方政府出台扶持政策，支持本地物流企业对大型出口企业采取门对门、一站式服务，打造全程化物流服务链条，引导本省大型出口企业就近出口。二是加强回程班列建设。以国际产能和装备制造合作为契机，深化境内外物流公司的密切合作，推动中欧班列向我国在沿线国家建设的境外经贸合作区、有关国家工业园区、自由港区延伸，吸引更多货源通过中欧班列运输。三是继续拓展新开线路。支持班列运营企业拓展经二连浩特口岸出境新线路，缓解阿拉山口、满洲里过境压力，形成经满洲里至俄罗斯及欧洲的东部通道，经二连浩特至蒙古、俄罗斯及欧洲方向的中部通道和经阿拉山口、霍尔果斯至中亚、欧洲的西部通道，构建广东全方位国际物流大通道。

4. 建成面向“一带一路”的物流网络

以广州、深圳、珠海等大港口为枢纽，充分利用先行先试、自贸区等政策资源，加快配套财税支持，大力发展航运总部经济，吸引航运公司的地区总部乃至全球总部落户。发展航运金融、航运交易、航运经纪、航运信息与技术、航运总部经济、海事法律服务、现代物流与滨海休闲旅游业。将广州南沙、深圳前海、深圳蛇口建设成为现代航运服务资源要素集聚和配置平台，使珠三角沿海港口群成为亚太地区最开放的物流中心。加快编制粤港澳大湾区城际铁路建设规划，推进珠三角城际铁路网的建设，完善广东沿海经济带的城际轨道网。进一步完善“珠三角—泛珠三角”物流服务链通过公路、铁路、驳运和海运等多式联运方式，构建内陆省份连通世界、开展对外贸易的高效、便捷的物流网。加强与海上丝绸之路沿线各个国家的港口之间建立合作机制，谋求建立信息平台网络、物流平台、贸易便利平台等。统筹组织境外经贸产业合作区、海外仓、跨区综合物流和供应链管理基地建设，统筹实施沿线重点港口和支点城市为中心的商流、物流、资金流、信息流、人才流联通体系。

5. 推动粤东西北融入"一带一路"

加快汕头港、广澳港区、湛江港等粤东、粤西桥头堡建设，扩大国际远洋航线物流范围覆盖。加快推进深茂铁路、赣深客专、梅汕客专、广汕客专、广湛客专铁路项目的建设，打通连接珠三角与粤东西北的大通道。补齐高速公路短板，提升珠三角中心城市到粤东西北人口密集地区的通道标准，形成覆盖粤东西北、辐射周边省份、连接"一带一路"沿线的便捷交通网络。在粤东西北的海关特殊监管区域全面复制推广广东自贸试验区贸易便利化创新政策，提高进出货物通关效率，降低物流成本，推动粤东西北融入"一带一路"。高水平建设汕头华侨经济文化合作试验区和汕头海湾新区，打造粤东西北参与"一带一路"建设的新平台，共创粤东西北发展美好未来。

6. 提升地市参与"一带一路"建设的水平

促进各地市积极参与"一带一路"建设，适度下放"一带一路"建设相关平台展会、外事活动、侨务活动、双向投资、贸易往来等政策的审批权限。发挥省"一带一路"领导小组办公室的统筹协调，加强省一级各部门对地市政府"一带一路"工作的指导督导，协调推动广东有关部门、机构和相关地市的"一带一路"工作对接。

二、搭建境外产业合作平台载体，深化"一带一路"贸易投资便利化合作，全面提升"走出去"和国际产能合作水平，强化内外产业联动发展

抓住"一带一路"国际合作深化发展的机遇，促进境外投资持续健康发展，推进"一带一路"市场主体"走出去"，深化内外联动的产业升级机制，提升广东在全球价值链中的地位，为开放型经济持续发展提供动力。

1. 着力推动高标准境外园区建设

继续推动境外合作园区建设，引导更多广东"走出去"企业入园，完善

园区运营服务，为有意入园的企业提供投资国别信息、投资风险保障、金融支持、法律税务等"一站式"解决方案。鼓励上下游产业链企业共同"拼船出海"，切实提升入园企业的投资成效。对于境外经贸合作区建设，要按照国际惯例和商业化模式，鼓励欧美及日韩等发达经济体的机构和企业参与建设，境外经贸合作区要加大对欧美及日韩企业的招商引资力度。对于国际产能合作项目，也要积极吸引发达经济体作为第三方参与合作，从而全面提升境外园区产能合作的水平，促进产业升级。

2. 加强"一带一路"贸易投资便利化合作

通过积极参与"一带一路"沿线港口、产业园区建设和标准输出，强化广东与"一带一路"沿线的贸易投资便利化合作。加强境外合作园区的市场机制建设，输出广东产业园区和功能区的创新模式与管理经验。支持广东自贸试验区对接"一带一路"沿线国家和地区的自由贸易区，分享自贸试验区在贸易便利化、投资管理体制、政府职能转变等方面的改革经验和具体做法；鼓励沿线发展中国家和地区吸收借鉴广东的贸易投资信息化管理模式和相关信息化技术标准。发挥广东改革开放过程中在经济特区和产业园区建设方面的经验，实现从"产业输出"到"资本输出"再到"模式输出"的飞跃，助推国家为解决人类发展问题贡献中国智慧和中国方案。

3. 支持企业联盟发展运作

为推动广东企业"抱团出海"，进一步提升广东企业"走出去"规模水平及国际市场整体竞争力，建议参照目前已经建立的"广东省'走出去'能源基础设施产业联盟"等企业联盟的模式，以政府支持、行业商会协会组织、企业主导的方式，积极打造更多的区域性企业联盟平台，以此为载体引导聚集广东企业共同"走出去"。同时，积极发挥龙头企业引领作用，鼓励其带动关联配套的中小型企业共同"走出去"，实现产业链集聚发展。支持企业联盟在境外联合竞标，中标后按各企业需求和特长对项目进行拆分，避免省内"走出去"企业恶性竞争。

4. 促进"一带一路"内外联动发展

重视打造"一带一路"内外联动发展的跨国产业链。一方面，推动"走出去"的制造业企业提升品牌价值。在对境外投资贸易活动中，鼓励相关企业更加注重长远规划和品牌价值，推动企业从输出产品向输出技术、品牌和标准转变，提升广东企业对国际市场的拓展与辐射能力，促进广东企业向全球价值链高端攀升。另一方面，加大对境外实体投资的支持。对于赴境外设立研发中心、收购品牌、技术、销售渠道等高端资源促进广东产业转型升级的项目，建立能源资源基地以及促进国际产能合作的重大项目，积极向国家争取政策突破，在融资上给予项目适当倾斜，给予投资主体享受一定的资金扶持和税收减免政策。

三、打造面向"一带一路"的高水平营商环境，创新利用外资工作思路，培育国际经济合作竞争新优势

为应对全球跨国投资呈现的新趋势，我国经济发展进入新常态和广东加快产业结构调整的需要，以新发展理念为指导，打造"一带一路"开放合作的营商环境高地，创新利用外资工作思路，推动广东对外开放由比较优势、成本优势向制度优势、规则优势转变，加快培育广东国际经济合作和竞争新优势。

1. 打造高水平的营商环境

继续推进投资项目审批制度改革，进一步放宽企业投资准入，大幅度下放审批权限，推进并联审批，优化审批流程。加强与国际通行规则相衔接，着力构建法治化、国际化、便利化的营商环境，加快培育广东国际经济合作和竞争新优势。按照党的十九大报告提出的"凡是在我国境内注册的企业，都要一视同仁、平等对待"的精神，为外资企业营造公平竞争的市场环境，切实保护外商投资合法权益。在全省复制推广广东自贸试验区营商环境方面的制度创新经验，全面实行准入前"国民待遇+负面清单"管理制度，大幅度放宽市场准入，扩大服务业对外开放。进一步规范政府审批权责和标准，优化企业投资审批流程，大力提升投资贸易便利化水平。

2. 推进广东自贸试验区制度创新

推进广东自贸试验区在投资管理体制改革、新一代贸易投资规则试验、事中事后监管强化、跨境金融管理体制改革等方面的制度创新进程。发挥广东自贸试验区高水平对外开放门户枢纽作用，创新开放型经济体制机制，全面提升广东在全球经济治理中的制度性话语权。抓住粤港澳大湾区建设机遇，规划建设自由贸易港，探索高水平的投资贸易便利化政策体系，积累与高水平开放相适应的监管经验。推动港区联动，积极发挥自由贸易港和自贸试验区对外经贸合作平台的作用，增强对高端资源要素的吸附力和辐射力，成为集聚高端资源要素的"聚宝盆"和"新高地"。

3. 提升利用外资的质量与水平

创新利用外资工作思路，从制造业吸引外资向制造业服务业协同引进外资转变，从珠三角地区为主逐步向粤东西北地区拓展，从价值链低端向价值链中高端延伸，从要素成本优势向制度成本优势转变，从注重降低准入门槛向注重保障准入后公平转变，全面提升利用外资的质量与水平。瞄准欧美发达国家，加大引资引技引智力度，重点加强与欧美发达国家和地区的直接合作，着力提升欧美发达国家在广东的投资比重，完善广东利用外资来源地的结构。利用发达经济体企业的技术、管理优势和知识外溢效应，促进广东企业转型升级。

四、健全多元化融资体系，提高金融服务"一带一路"建设水平

发挥好各类金融机构作用，积极完善各类型金融资源对"一带一路"建设项目的资金支持力度。争取"先行先试"政策，要有力促进融资便利化，创新金融产品和服务提高金融服务"一带一路"建设水平。

1. 强化政策性金融机构的作用

不断健全政策性金融机构为企业参与"一带一路"建设提供政策指导、风险管理、咨询服务等支撑保障服务。推动其搭建与银行、租赁公司、投资基金等合作的金融资源整合平台，更好地为广东参与"一带一路"建设提供

金融支持。

2. 强化商业银行的融资支持力度

针对"一带一路"项目大多具有投入大、投资回收期长、风险大的特点，推动商业银行改变传统的信贷融资方式，通过贷款、项目融资、股权融资以及债券、信托、理财、掉期等多种方式支持境外项目融资，帮助企业降低汇率等风险。

3. 加强与国家"一带一路"金融政策对接

积极争取将更多的广东项目纳入双边政府融资框架中。同时，积极协助广东企业争取进出口银行援外优惠贷款和优惠出口买方信贷等政策性贷款，帮助企业获得更优化的融资条件和更高效的融资支持。

4. 鼓励民间资本以PPP模式来投资建设重大基础设施项目

PPP模式是政府与社会资本收益共享、风险共担的过程，强调政府、市场和社会之间的共赢。"一带一路"沿线国家PPP项目主要集中在机场、港口、码头等交通运输业，油气输送等油气业，水电站、清洁燃煤电站、光伏电站等电力业以及采矿业等领域。在"一带一路"项目数量和投资金额稳步增长过程中，应发挥PPP作为解决融资缺口和拓展产业链的市场化机制优势，成为广东企业深度参与"一带一路"建设、分享投资红利的新选择。

5. 重视多边金融合作机制

国际工程竞争历来都是投融资能力的竞争，特别是"一带一路"沿线投资量大、周期长的基础设施领域，支持企业借助国际化平台拓宽融资渠道，如亚洲基础设施开发银行、丝路基金、金砖国家开发银行以及上合组织开发银行等，积极争取世界银行、亚洲开发银行、欧洲复兴开发银行等现有的多边开发银行以及大财团的融资。此外，支持企业利用已有的多边协调机构或参与构建区域联合监管机制，与所在国政府合理分担风险，在经贸合作、投资洽谈、项目设计、行业标准等方面达成共识。

6. 大力发展跨境人民币业务

利用广东经贸大省和"走出去"市场主体数量众多的优势，争取国家对广东金融创新与开放政策支持，允许广东自贸试验区开展更多的金融创新，支持金融机构扩大跨境人民币业务，搭建跨境双向人民币资金池。加强广东金融机构与"一带一路"沿线国家金融机构跨境融资合作，满足广东企业海外投融资需求。推动"一带一路"货物贸易采用跨境人民币结算，有效减少汇兑损失。

五、以纪念广东改革开放40周年为契机，深化形式多样的人文交流合作，促进民心相通

广东是我国实行对外开放最早的省份，也是拥有海外华侨华人最多的省份。要以纪念广东改革开放40周年为契机，健全多层次的人文交流机制，围绕重点人群深化人文合作，增强广东参与"一带一路"的民意基础，发挥好"两个示范窗口"的作用。

1. 重点发挥华侨华人的桥梁作用

发挥侨乡优势资源，加强与海外侨胞、华商组织和民间团体的交流合作互动。继续打造"海外侨胞助推'一带一路'建设合作交流会"品牌，举办"'一带一路'华商广东行"、"华侨华人广东文化行"等活动。进一步扩大与沿线国家和地区华文媒体的联系与合作，支持沿线国家华文教育发展，实施华裔政要广东寻根工程，促进涉侨公共外交。鼓励各地市采用多种方式加强本地祖籍的海外华侨华人的联系。与其他省市加强侨务交流，促进广东与其他省籍海外华侨华人的联系。充分利用现有的全球华人网络，形成服务于"一带一路"建设的人才支撑。

2. 粤传媒当好丝路精神的"扩音器"

媒体在信息传播、增进互信、凝聚共识等方面发挥着不可替代的重要作用。通过解读政策、沟通信息、传播文化、促进友谊等方面的作用推动各国相互理解、相互尊重、相互信任，为"一带一路"建设夯实民意基础。广东媒体要发挥自身的独特优势，讲好"一带一路"故事，传播"一带一路"理念，助推广东参与"一带一路"建设。在"一带一路"报道中，广东媒体要

大力宣传丝路精神、广东文化特色、改革开放成绩，做丝路故事的讲述者、丝路文化的传播者和经贸合作的宣传者，共同促进沿线国家的人文交流、文明互鉴和共同发展。

3. 扩大"一带一路"友城"朋友圈"

完善借助高层互访推动重大合作项目的机制，发挥广东改革开放和经济实力的优势，统筹国际友城资源，扩大"一带一路"友城"朋友圈"。积极"走出去"，到"一带一路"沿线港口城市和枢纽城市宣传广东改革开放的成就与经验。通过举办省级友城联络人访粤等活动，务实协调推动广东有关部门、机构和相关地市与友城的对接合作。

4. 建设"一带一路"专业智库

要发挥智库专业化的优势，帮助政府提供政策咨询、政策研究、沟通各国的政策，了解各国的情况，沟通政府与企业之间的关系。加强与国外智库、国际组织和跨国公司的合作交流，在"一带一路"建设理念传播、政策解读、民意通达上发挥桥梁和纽带作用。建设智库国际合作平台和网络建设，着力打造推进"一带一路"建设对话交流合作的高端平台，建立常态化智库对话、人员交流与合作研究机制。积极参与"一带一路"建设理论体系和话语体系构建，持续促进各方增信释疑、扩大共识。全面提高"一带一路"建设决策咨询研究水平，切实为各方在规划对接、政策协调、机制设计上提供科学的决策咨询建议。

5. 提高外籍人士在粤的社会归属感

积极推动在粤外籍高管、非洲籍客商等重点人群的社会交往工作与人文交流活动，为在粤外籍人士营造良好的人文环境，提升其在粤归属感；对外国人子女入学、就医、出入境等加强便利服务，进一步提高广东国际化生活水准；积极探索"以外国人服务外国人"的工作新模式，加强与外国在粤商会沟通联系，建立专门的外国人志愿者团队，加强对外国人群体的涉外法律法规宣传工作，引导外国人积极主动融入广东文化氛围，建立"自我教育、自我管理、自我约束、自我提高"的互助模式。

六、加强共建"一带一路"与粤港澳大湾区建设对接，将粤港澳大湾区打造成为"一带一路"建设的重要支撑，携手港澳共同参与"一带一路"建设

"一带一路"建设有利于港澳融入国家发展大局，为港澳经济转型带来了新机遇，也为粤港澳经贸合作模式创新提出了新要求。充分发挥港澳独特的经贸、金融和专业优势，加强共建"一带一路"与粤港澳大湾区建设对接，打造"一带一路"建设的重要支撑区域，粤港澳携手参与"一带一路"建设，为国家推动形成全面开放新格局探索新途径，积累新经验。

1. 加强共建"一带一路"与粤港澳大湾区建设对接

做好对沿线国家和地区的政策宣讲和推介工作，联合举办粤港澳大湾区国际贸易博览会，发挥高水平参与"一带一路"建设的示范带头作用。落实粤港、粤澳携手参与国家"一带一路"建设合作意向书和粤港联合参与"一带一路"经贸合作备忘录，着力将粤港澳大湾区打造成为"一带一路"建设的新引擎。建立并完善粤港、粤澳投资合作方面的沟通机制，探讨三地建立"一带一路"共享项目库。充分利用双方贸易投资促进机构、海外经济及贸易办事处、海外网络等，多种方式合作"走出去"，拼船出海，共赴沿线国家考察、推介和招商，联合参与项目投资和产业园区建设。

2. "先行先试"扩大对港澳服务业开放

立足《CEPA服贸协议》和《CEPA投资协议》的相关规定，在粤港澳大湾区"先行先试"吸引港澳具有优势的金融保险、信息咨询、建筑设计、会计审计、法律仲裁等服务业投资广东，对接广东先进制造业与信息技术业；建立"走出去"合作战略联盟，鼓励三地企业通过联合投资、联合承揽项目等形式对"一带一路"沿线国家和地区投资，共同建设境外产业园区、资源能源开发基地和研发中心。

3. 携手港澳打造 "一带一路"重点平台

广东要立足《CEPA经济技术合作协议》，携手港澳打造 "一带一路"

重点平台。加强三地政府在"一带一路"建设中的政策沟通和协调，建设三地企业的"走出去"公共服务平台，建立三地出资的"一带一路"投资基金。打造世界一流粤港澳大湾区，建设国际金融贸易中心、科技创新中心、交通航运中心、文化交流中心，建设粤港澳大湾区物流枢纽。

4. 加强湾区内资本市场互联互通

在"深港通"基础上进一步拓宽双向交易品种；继续推动广东企业赴港发行人民币债券，支持"一带一路"项目在湾区金融市场发行熊猫债券；建立湾区跨境金融资产交易、保险及再保险交易、黄金交易、钻石交易、航运交易、次级外汇交易等金融平台。

5. 促进湾区要素跨境流动

粤港澳三地要加强口岸合作，扩大跨境工作许可及执业资格互认，扩大湾区社会服务共享，从而便利湾区人员跨境流动；优化与港澳货物通关模式，实现货物通关"信息互换、监管互认、执法互助"，促进湾区货物便捷流动；允许一定额度内湾区资金双向跨境自由流动，并实行轧差管理，促进湾区资金便捷流动；对湾区部分人员和机构提供直连港澳的网络，实行专线专网，配套技术管控措施，在确保安全的前提下促进湾区信息便捷流通。

七、强化"走出去"服务与保障，建立和完善"一带一路"风险评估与应对机制

积极主动作为，凝聚更加广泛的合作共识，加强对"走出去"企业的政策沟通、外事出访、人才培养、服务对接等各方面的支持保障，提升"一带一路"沿线"走出去"的风险应对水平。

1. 提升服务"走出去"政策沟通效果

建立健全与外国驻华使馆和驻穗领馆的有效沟通联络机制，盘活与沿线国家的外事合作资源，充分发挥外事工作合力，提升对境外投资经贸合作的政策沟通效果。一方面是继续搭建驻穗总领馆与企业之间沟通平台。通过推动省直相关职能部门联合举办"各国驻穗领事官员广东民企行"，与欧美发

达工业国家驻穗总领馆举办创新合作等专题研讨会及企业对接，畅通民企及驻穗总领馆之间的沟通渠道，有效实现战略、政策、投资环境等信息对接。另一方面是统筹国际友城资源，推动建立多方参与机制。通过举办省级友城联络人访粤等活动，务实协调推动广东有关部门、机构和相关地市与友城的对接合作。

2. 探索有效途径简化出访审批手续

针对国家机关和国有企事业单位出境审批手续受限导致影响境外有关工作的问题，大力完善企业人员出入境审批手续，为其赴境外交流提供便利。实施大型重点骨干企业因公出访审批直通车制度，为参与"一带一路"建设的部门和企业提供绿色通道服务。积极推动沿线国家与广东合作设立签证中心，提供签证便利。

3. 提高境外投资贸易服务保障水平

探索整合广东各类境外投资贸易服务机构，构建统一的境外投资贸易促进服务体系，紧密对接企业在境外投资和跨国经营中的实际需求，为企业"走出去"提供全方位的政策宣讲、银企对接、园企结合、信息咨询、法律仲裁等服务，全面解决企业在境外投资过程中面对的信贷、信息、基建、产业链对接、政策风险等问题。加快建设广东海外数据平台，打造一站式境外投资服务体系，有针对性地指导"走出去"广东企业提高应急处置能力。打造便捷、高效的一站式境外投资服务平台，对接政府部门、"走出去"海外数据平台以及包括金融机构、企业协会、律师事务所等专业中介机构，为走出去的企业提供集成化、专业化的服务。

4. 加快国际化人才培养

适应广东开放型经济发展进入新阶段和广东参与"一带一路"建设工作的新要求，加快培养大批具有较强的专业知识、较高的企业管理水平和通晓外语的国际化人才。要加快建立和完善国际化人才培养体系、培养模式和保障机制，编制国际化人才队伍建设规划和实施细则；教育部门根据战略布局，发挥高等院校的专业优势，积极对接社会需求；通过整合高校、科研院所、企业和社会各方面的资源，搭建国际化人才培养合作平台；拓宽国际化人才培养渠道，深化校企合作，鼓励企业在相应的院校建立国际化人才培养基地；挖掘和利用好境外人才资源，注重吸引海外留学人员，重视开发海外华人华侨中的人才资源。

5. 推动生产性服务业"走出去"

针对"一带一路"许多发展中国家的投资服务体系不完善，"走出去"广东企业以制造业为主，缺乏服务业对接的情况，要加快培育综合性的商务服务支撑体系，强化对广东投行、信托、企业管理、法律、审计、咨询与调查等商务服务业领域骨干企业的支持，鼓励企业拓展海外业务做大做强，形成对广东企业"走出去"建设"一带一路"的强大支撑。

6. 提升"走出去"项目评估能力

更好地发挥政府作用，突出企业主体作用，遵循市场规律，稳妥审慎选择和投资合作经营项目。加大对"走出去"重大项目的评估和审计力度，加强项目风险督察，确保项目投资和财务不出大问题。引入专业的国际化项目评估流程和手段，对国有金融机构、国有企业、重大项目进行动态评估。引入专业第三方机构进行财务审计，及时发现财务风险。

7. 建立"一带一路"风险应对机制

探索建立项目决策风险负责制，强化决策者的风险防范意识，坚决避免人为决策失误造成的损失。积极整合实力强、国际化的律师事务所及会计师事务所等专业机构，构建企业海外投资的风险防控体系。建立重大项目风险跟踪评估和预警机制，开展项目风险等级评估，为"一带一路"建设保驾护航。

（本章作者：毛艳华，中山大学粤港澳发展研究院教授，海上丝绸之路与粤港澳国际合作研究中心主任，主要从事区域经济学、国际贸易、粤港澳区域合作等领域的教学与研究工作；荣健欣，中山大学粤港澳发展研究院副研究员，经济学博士，主要研究方向为机制设计理论、国际贸易、区域经济学。）

第一章

广东参与"一带一路"建设的政策支持

"一带一路"建设重视发挥市场机制的作用，但"一带一路"沿线国家的市场机制和经济发展水平存在差异，同时"一带一路"国际合作还面临政治风险、宗教文化冲突、信息不对称、交通基础设施薄弱等问题，因此，"一带一路"建设也强调政府推动和政策保障作用，以避免以往全球化过程中出现的大量"市场失灵"问题。五年来，广东在参与"一带一路"建设过程中，充分发挥国家层面的政策保障作用，并且广东省以及相关地市也出台了"一带一路"建设支持政策和保障措施。因此，收集并整理国家层面、广东省以及省内三个具有代表性的城市近五年已出台的"一带一路"建设相关支持政策，分析这些政策对广东参与"一带一路"建设的促进作用，并且探讨各个层次政策之间的联系与区别，找出政策制定与落实的各个环节存在的问题，有利于更好地参与"一带一路"建设。

第一节　国家层面的"一带一路"相关政策分析

"一带一路"倡议提出五年来，国家出台的"一带一路"的相关政策法规已经超过50个，中国与"一带一路"沿线国家签订的国际合作协议超过了110个（见表1-1），可以看出国家对"一带一路"建设十分重视。在这些相关政策的大力支持下，"一带一路"建设快速推进，取得了丰硕成果，与"一带一路"沿线国家在贸易、金融、交通等领域深化合作，实现互利共赢。以下将系统梳理国家层面的"一带一路"政策。

国家层面的相关政策法规包括：纲领性政策文件，加强国家之间互联互通的政策文件，促进经贸投资发展政策文件，促进科学、教育、文化、卫生等领域合作的文件，重要领域支持"一带一路"建设的文件，制定相关规则标准的文件。其中，2015年3月28日发布的《推动共建丝绸之路经济带和21世纪海上丝绸之路的愿景与行动》（下文简称《愿景与行动》）作为"一带一路"建设的纲领性文件，详细地阐述了"一带一路"倡议的时代背景、合作重点、框架思路以及合作重点和机制等等，明确了西北、东北、西南、沿海和内陆的开放状态，确定了各个区域未来的发展方向，为地方政府找准定位、制定政策指明了道路。

"政策沟通"是"一带一路"建设的重要保障，也是沿线各国实现互利共赢的根本前提。"一带一路"倡议提出以来，得到100多个国际组织响应；与南亚、西亚、中东欧、东盟等区域的国家和组织举行了多次论坛和会议，加深共识，并签订了多份国际协议。目前，签订的多边协议超过21个，双边协议超过87个。其中，与欧洲国家签订的协议达到9个，与亚洲国家签订的协议达到78个。大部分协议都提到，双方愿意共建"一带一路"，加深经贸、交通、海洋、金融等领域的合作，谋求更好的发展。中国与沿线国家对接战略规划，加强政策沟通，为具体的合作奠定了基础。

从表1-1中可以看出，促进"一带一路"沿线国家基础设施联通和经贸投资沟通的政策数量是比较多的，反映了中国务实推进"一带一路"建设和谋求与沿线国家共同发展的愿望，这两个领域实际上也是"一带一路"建设五年来已经取得重要成就的领域。《关于开展支持中小企业参与"一带一路"建设专项行动的通知》指出，一方面要为小企业搭建对外平台，例如博览会、展销会等；另一方面要通过培训、规范经营等措施提高小企业自身的竞争力，让小企业可以融入"一带一路"，从开放中真正获得利益。同时结合相关的制定规则规范的政策，为小企业提供更好的信息、司法服务。这一系列的政策对于企业走出国门、吸引国外投资都有极大的促进作用，企业通过参与"一带一路"区域合作变得更为成熟和强大，更规范、更自由的市场为沿线国家带来更大的经济利益。

"资金融通"作为"一带一路"倡议的五通之一，是"一带一路"建设的重要支撑。"一带一路"倡议提出五年来，金融服务体系不断完善。国家制定了一系列金融支持和合作的相关政策，包括设立了丝路基金、亚洲投资银行，鼓励金融机构开展人民币海外基金业务，财政部联合多边开发银行设立多边开发融资合作中心，国家开发银行设立"一带一路"基础设施专项贷款、"一带一路"产能合作专项贷款、"一带一路"金融合作专项贷款，中国进出口银行设立"一带一路"专项贷款额度、"一带一路"基础设施专项贷款额度。这些金融政策为"一带一路"建设提供了强有力的资金支持，同时有助于加强沿线国家资金融通。

"一带一路"建设五年来，国家十分重视科教文卫事业的合作，以实现"民心相通"的目标。在《"一带一路"文化发展行动计划（2016—2020）》中，规划通过文化展等活动，打造文化交流平台，建立文化交流机制，从而形成文化品牌和有规模的文化产业。通过一系列推动文化交流的活动，使"一带一路"沿线国家彼此之间加深了解，减少隔阂，推动经贸合作的发展，以实现经济繁荣和文化融合。

"一带一路"建设离不开各个行业的支持，许多行业的主管部门发布了服务"一带一路"建设的支持政策。例如《关于保险业服务"一带一路"建设的指导意见》，意见提出构建"一带一路"建设保险支持体系，创新保险产品服务和保险资金运用方式，为"一带一路"建设提供全方位的服务和保障。《关于推进邮政业服务"一带一路"建设的指导意见》提出推动基础设施建设，构建"一带一路"寄递服务网络。这些行业支持"一带一路"建设的政策文件给了合作国家和地区进一步加深合作的信心，同时也引导相关行业企业"走出去"，寻求更大的发展机遇，促进行业发展。

在"一带一路"国际合作中，还包括法律、规则和标准等的互联互通，为"一带一路"建设提供保障。比如政府对于税收、法律等规则标准的完善，是服务于国际合作的，让"一带一路"国际合作能够在统一的标准下顺利进行。其中，《关于落实"一带一路"发展战略要求做好税收服务与管理工作的通知》、《关于人民法院为"一带一路"建设提供司法服务和保障的若干意见》、《标准联通共建"一带一路"行动计划（2018—2020年）》等文件为跨境企业和个人提供良好的税收和司法环境，通过改善服务、统一标准减少合作双方的争议，促进沿线国家领域更广、层次更深的合作。

表1-1　国家层面的"一带一路"相关政策

类别	文件（事件）名称
纲领性政策文件	《推动共建丝绸之路经济带和21世纪海上丝绸之路的愿景与行动》
	《共建"一带一路"：理念、实践与中国的贡献》
	《关于贯彻落实〈丝绸之路经济带和21世纪海上丝绸之路建设战略规划〉重要政策举措的分工方案》
	《推进丝绸之路经济带和21世纪海上丝绸之路建设三年（2015—2017年）滚动计划》
政策沟通	《中华人民共和国、俄罗斯联邦、蒙古国发展三方合作中期路线图》
	《澜沧江—湄公河合作首次领导人会议三亚宣言》
	《共建中国—中南半岛经济走廊倡议书》
	《推进"一带一路"贸易畅通合作倡议》
	《"一带一路"融资指导原则》
	《"一带一路"国际合作高峰论坛圆桌峰会联合公报》
	《首次中国—阿富汗—巴基斯坦三方外长对话联合新闻公报》
	《中国—中东欧国家合作里加纲要》
	《中蒙两国外长发表联合新闻稿：落实"一带一路"同"发展之路"对接》
	《建设中蒙俄经济走廊规划纲要》
	《中国—东盟产能合作联合声明》

（续上表）

类别	文件（事件）名称
政策沟通	《中华人民共和国与俄罗斯联邦关于丝绸之路经济带建设和欧亚经济联盟建设对接合作的联合声明》
	《中华人民共和国政府和哈萨克斯坦共和国政府关于"丝绸之路经济带"建设与"光明之路"新经济政策对接合作规划》
	《国家发展和改革委员会与香港特别行政区政府关于支持香港全面参与和助力"一带一路"建设的安排》
设施联通	《落实"三互"推进大通关建设改革方案》
	《中欧班列建设发展规划（2016—2020）》
	《中国、白俄罗斯、德国、哈萨克斯坦、蒙古国、波兰、俄罗斯铁路关于深化中欧班列合作协议》
	《国际公路运输公约》
	《丝绸之路经济带海关合作协议》
	《推进"一带一路"沿线大通关合作行动计划（2018—2020年）》
贸易畅通	《关于加快发展服务贸易的若干意见》
	《关于扩大对外开放积极利用外资若干措施的通知》
	《国务院关于促进外资增长若干措施的通知》
	《关于进一步引导和规范境外投资方向的指导意见》
	《关于进一步完善人民币跨境业务政策促进贸易投资便利化的通知》
	《关于引导对外投融资基金健康发展的意见》
	《关于开展支持中小企业参与"一带一路"建设专项行动的通知》
资金融通	设立丝路基金
	设立亚洲投资银行
	设立中俄地区合作发展投资基金
	设立多边开发融资合作中心
	国家开发银行设立"一带一路"基础设施专项贷款、"一带一路"产能合作专项贷款、"一带一路"金融合作专项贷款
	进出口银行设立"一带一路"专项贷款额度、"一带一路"基础设施专项贷款额度
	成立亚洲金融合作协会

（续上表）

类别	文件（事件）名称
民心相通	《关于推进"一带一路"卫生交流合作三年实施方案（2015—2017）》
	《"一带一路"计量合作愿景与行动》
	《推进共建"一带一路"教育行动》
	《推进"一带一路"建设科技创新合作专项规划》
	《"一带一路"文化发展行动计划（2016—2020）》
	《"一带一路"生态环境保护合作规划》
	《关于加快推进"一带一路"空间信息走廊建设与应用的指导意见》
	《关于推进绿色"一带一路"建设的指导意见》
行业支持	《"一带一路"建设海上合作设想》（七语言版本）
	《共同推进"一带一路"建设农业合作的愿景与行动》
	《关于推进邮政业服务"一带一路"建设的指导意见》
	《推动丝绸之路经济带和21世纪海上丝绸之路能源合作愿景与行动》
	《关于保险业服务"一带一路"建设的指导意见》
	《中医药"一带一路"发展规划（2016—2020）》
规则标准互通	《共同推动认证认可服务"一带一路"建设的愿景与行动》
	《关于落实"一带一路"发展战略要求做好税收服务与管理工作的通知》
	《关于人民法院为"一带一路"建设提供司法服务和保障的若干意见》
	《关于加强和规范"一带一路"对外交流平台审核工作的通知》
	《标准联通"一带一路"行动计划（2015—2017）》
	《标准联通共建"一带一路"行动计划（2018—2020年）》

第二节　广东省发布的"一带一路"建设支持政策

《愿景与行动》中指出，沿海和港澳台地区应该利用珠三角开放程度高、经济实力强、辐射带动作用大的优势，充分发挥深圳前海、广州南沙开放合作区的作用，深化与港澳台合作，打造粤港澳大湾区。加强广州、深圳、湛江、汕头等沿海城市港口建设，强化广州国际枢纽机场功能。以扩大开放倒逼深层次改革，创新开放型经济体制机制，加大科技创新力度，形成参与和引领国际合作竞争新优势，使广东成为"一带一路"特别是21世纪海上丝绸之路建设的排头兵和主力军。发挥海外侨胞以及香港、澳门特别行政区独特优势作用，积极参与和助力"一带一路"建设，为台湾地区参与"一带一路"建设做出妥善安排。

广东省积极响应国家"一带一路"倡议，在《愿景与行动》出台之后，2015年4月国务院批准了《中国（广东）自由贸易试验区总体方案》，广东省人民政府同时制定了《中国（广东）自由贸易试验区建设实施方案》。该方案提出"建设21世纪海上丝绸之路的物流枢纽"，与国家提出的扩大开放、积极创新相衔接。该方案还指出要发挥粤港澳三地海空港的联动作用，将"一带一路"政策和粤港澳大湾区政策结合起来，相辅相成，利用特区优势发展"一带一路"，利用"一带一路"增进湾区的紧密合作。同年5月，广东率先出台《广东省参与建设"一带一路"的实施方案》，该方案确定了九项重点任务，初步明确了广东在"一带一路"中的定位——成为21世纪海上丝绸之路的物流、经贸枢纽，这与国家给广东的定位相符，即加强港口、机场建设，发挥辐射作用。《关于促进粤台经济文化交流合作的若干措施》鼓励台资企业向粤东西北地区转移和参与"一带一路"建设，响应国家号召，让台湾参与到"一带一路"中来。除此之外，广东省政府积极转发、认真解读国家政策，为更好地制定地方政策奠定基础。

"一带一路"建设五年来，广东省公开出台超过7个政策文件（见表1-2），涉及经济、贸易、金融、投资等多个领域。通过以上分析可知，广东省十分重视"一带一路"建设，迅速、积极响应国家政策，为广东能够充分参与到"一带一路"中，抓住发展机遇，带动周边地区发展。

表1-2　广东省"一带一路"相关政策

名称	主要内容
《中国（广东）自由贸易试验区建设实施方案》	发挥粤港澳三地海空港的联动作用，加强自贸试验区内外航运产业集聚区的协同发展，探索具有国际竞争力的航运发展制度和协同运作模式，建设21世纪海上丝绸之路的物流枢纽
《广东省参与建设"一带一路"的实施方案》	一是促进重要基础设施互联互通。二是提升对外贸易合作水平。三是加快产业投资步伐。四是推进海洋领域合作。五是拓展金融业务合作。六是提高旅游合作水平。七是密切人文交流合作。八是健全外事交流机制
《广东省参与丝绸之路经济带和21世纪海上丝绸之路建设实施方案》	促进重要基础设施互联互通。加强对外贸易合作。加快投资领域合作。推进海洋领域合作。推动能源领域合作。拓展金融领域合作。深化旅游领域合作。密切人文交流合作。健全外事交流机制。 成立广东省推进"一带一路"建设工作领导小组，由省政府主要领导同志担任组长。领导小组下设办公室，办公室设在省发展改革委
《广东省发展改革委关于推荐报送拟进行证券化融资的传统基础设施领域PPP项目的通知》	各地各有关单位应当优先推荐主要社会资本参与方为行业龙头企业，处于市场发育程度高、政府负债水平低、社会资本相对充裕的地区，具有稳定投资收益和良好社会效益，适合开展资产证券化的优质PPP项目。鼓励支持"一带一路"建设等国家发展战略的PPP项目开展资产证券化
《广东省沿海经济带综合发展规划（2017—2030年）》	抢抓国家深入实施"一带一路"倡议机遇，以高标准建设广东自贸试验区为重点，丰富沿海经济带对外开放内涵，有利于我省全面拓展开放领域，稳固和深化与东南亚、欧美、非洲等国家和地区的合作，打造"一带一路"的战略枢纽、经贸合作中心和重要引擎，为国家构建全方位开放新格局提供重要支撑
《广东省进一步扩大对外开放积极利用外资若干政策措施》	利用外资是我国确定的长期方针，是广东外向型经济的特色、优势和重要组成部分，该政策从扩大外资进入领域，加大利用外资奖励、加强土地保障、加强金融和人才支持、加强产权保护等领域提升广东省营商环境，从而进一步提高广东对外开放水平

（续上表）

名称	主要内容
《关于促进粤台经济文化交流合作的若干措施》	鼓励台资企业向粤东西北地区转移和参与"一带一路"建设。台资企业可加入广东国际商会，参加广东国际商会组织的推介会、交流会、展览等各类经贸活动，拓展"一带一路"沿线国家和地区的市场

第三节 其他省份发布的"一带一路"建设支持政策

新疆和陕西是中国"一带一路"沿线省份中非常重要的省份，在"一带一路"的发展中占有关键的地位，其中新疆被定位为"一带一路"建设核心区。新疆和陕西都十分重视"一带一路"建设，目前都已经出台了许多相关政策（见表1-3），下文对这两个"一带一路"重要省份颁布的相关政策进行比较分析。

2013年国家主席习近平提出"一带一路"倡议后，新疆就已经将自己定位为"建设丝绸之路经济带核心区"，迅速召开专题会议，制订发展规划，并不断修改完善。并联合哈萨克斯坦等"一带一路"沿线国家举办相关论坛，探讨如何共建"丝绸之路经济带"。同时，邀请专家学者、研究团队探讨发展方向和方案，细化新疆在"一带一路"中的战略地位，以建立"四个中心"、"两个基地"为重点内容，最后希望获得国家更多的政策优惠支持。

陕西省将自己定位为"丝绸之路经济带新起点"，频频邀请专家召开"一带一路"研究会议，携手探讨制订西安参与"丝绸之路经济带"的方案。2013年11月西安市委常委会议就《共建"丝绸之路经济带"西安实施方案》进行讨论，很快便出台了《关于加快建设丝绸之路经济带新起点的实施方案》。方案确定以交通、文化、政策、贸易、金融五个方面为西安参与"一带一路"建设的实施内容。2014年陕西省在政府工作报告中明确提出以欧亚经济论坛、"丝绸之路经济带"沿线城市圆桌会议等机制参与到"一带一路"建设工作之中。

在《愿景与行动》出台之前，新疆和陕西就结合"一带一路"倡议的实际内容制定了地方发展战略，从公共政策层面上反映了我国地方可以先于中央制定政策文本。广东虽然对《愿景和行动》做出了迅速积极的政策反应，但是没有打破政策"自上而下"贯彻的传统模式从而抓住发展的先机。其次，新疆围绕着已经出台的政策以及"丝绸之路经济带核心区"这一定位，做出了"三通道"、"三基地"、"五个中心"以及"十大产业集聚区"等详细的建设战略。借助储藏着丰厚的自然资源独特优势，新疆的"三基地"以油气、煤电煤炭和风电三方面为基础，进一步扩大建设规模。"三通道"以能源、交通、通信为树干发展新疆大通道；"五大中心"除了一般都有的商贸、金融之外，新疆还特别提出医疗服务中心。在这个大的框架之下，新疆细化了建设的目标，并按照短期、中期和长期分阶段予以实施。新疆响应国家政策，但并不局限于国家给的定位，而是结合当地地理、资源等实际情况，明确细分的发展方向和发展阶段。同样的，虽然国家并没有给陕西省具体的定位，但是陕西为了更好地发展，积极明晰自己的定位——"丝绸之路经济带新起点"，对"一带一路"工作具体的部署也是十分明确和详细，还特意提出"一带一路"倡议与"中国制造2025陕西重点任务分工"相结合，努力提升陕西的国际合作水平，也是发挥地方优势不拘泥于国家政策的创新行为。而且，陕西省连续四年制定参与"一带一路"建设行动计划，这表明了陕西对"一带一路"建设的持续重视，以上都值得广东学习与借鉴。

表1-3 新疆和陕西"一带一路"主要相关政策

省份	政策文件名称
新疆	《关于推进新疆丝绸之路经济带核心区医疗服务中心建设方案》：先行启动丝绸之路经济带核心区医疗服务中心建设
	《新疆建设丝绸之路经济带核心区的指导意见》：新疆建设丝绸之路的具体部署安排
	《中国新疆与巴基斯坦合作规划纲要（2016—2020年）》：推进中巴经济走廊建设
	《新疆维吾尔自治区国民经济和社会发展第十三个五年规划纲要》：加快丝绸之路核心区建设
	《关于印发新疆丝绸之路经济带核心区商贸物流中心建设规划（2016—2030年）的通知》：建设商贸物流中心
	《新疆维吾尔自治区科技部深圳市人民政府中国科学院丝绸之路经济带创新发展试验区工作推进会会议纪要》：丝绸之路经济带创新发展试验区
	《2017年自治区政府工作报告》：加快丝绸之路经济带核心区建设
陕西	《陕西省"一带一路"建设行动计划》（2015、2016、2017、2018年）：从互联互通建设、人文交流、科技教育、经贸合作、对外开放、生态环保、金融、宣传等八个方面具体部署"一带一路"陕西工作
	《陕西省标准联通共建"一带一路"行动计划（2018—2020年）》
	《陕西省推进绿色"一带一路"建设实施意见》
	《陕西省人民政府关于成立"一带一路"金融合作推进领导小组的通知》：省政府与中国工商银行成立的领导小组
	《中国制造2025陕西重点分工》：第9项任务就是围绕"一带一路"倡议为主题，提出着力提升国际合作水平

资料来源：王晓波."一带一路"战略实施路径分析［D］.深圳大学，2017.

第四节　广东省各市发布的"一带一路"建设支持政策

广东省各地市积极响应和参与国家提出的"一带一路"倡议，结合国家和广东省政策，各市也制定了一些相关政策以更好地落实和促进本市参与"一带一路"建设。为了更好地分析广东省参与"一带一路"建设的政策支持情况，下文选取了广州市、深圳市、东莞市三个代表城市来分析"一带一路"市级政策支持的状况。

广州市发布的关于"一带一路"的政策文件已经超过40个，表1-4选取了具有代表性的5个文件重点说明解读。首先，广州市政府将"一带一路"写入各个行业的计划规划中，希望广州为"一带一路"的发展贡献力量，同时乘着国家政策的东风，更好地发展广州的贸易、金融、科教文卫事业等优势。其次，积极复印转发国家和省级政策，与地方政策更好地结合在一起。2018年5月，广州市政府制订了《广州市参与国家"一带一路"建设三年行动计划（2018—2020年）》，计划指出要将广州打造为"一带一路"重要枢纽城市。在政府大力扶持与企业积极创新的推动下，截至2018年4月，广州在"一带一路"沿线国家累计投资设立了165家企业（机构），中方协议投资额达34.8亿美元；广州与"一带一路"沿线国家的进出口额占全市进出口总额超过1/4。这些成就说明了相关支持政策行之有效，并且广州有优势、有能力成为交通和商贸枢纽。《行动计划》紧扣政策沟通、设施联通、贸易畅通、资金融通、民心相通，结合广州实际，提出促进投资贸易自由化便利化、加大投资贸易合作、增强基础设施互联互通、加速金融合作与科技创新、深化人文合作交流等五方面39条具体工作措施。为保障《行动计划》的顺利实施，提出了包括建立广州市参与"一带一路"建设工作机制、建设电子信息平台、开展"一带一路"宣传推介和课题研究、加大营商环境改革力度、维护口岸贸易秩序、探索法律服务体系、创新司法保障方式和深入开展法治政府示范区建设等9条行动计划作为保障措施。与时俱进、详细具体的计划明确了各个单位的工作内容，点明了企业的发展方向，为企业参与国际合作提供了更好的服务，将广州市打造为"一带一路"重要枢纽城市的任务落到实处。

表1-4 广州市"一带一路"主要相关政策

发布时间	政策文件名称
2015年7月24日	《广州市人民政府关于进一步发展和利用资本市场的若干意见》
2016年7月30日	《广州国家自主创新示范区建设实施方案（2016—2020年）》
2016年10月10日	《广州市服务贸易创新发展试点实施方案》
2017年9月9日	《加快广州跨境电子商务发展若干措施（试行）》
2018年5月22日	《广州市参与国家"一带一路"建设三年行动计划（2018年—2020年）》

深圳市已发布的与"一带一路"相关政策也超过45个，表1-5选择了具有代表性的5个政策文件。与广州一样，深圳把参与"一带一路"建设写入地方"十三五"规划和发展计划等等，涉及领域广泛，主要包括贸易、金融、投资等等。同时，将国家和省级的"一带一路"相关政策进行转发，并邀请众多专家和部门领导进行解读，以更好地宣传政策内涵。2018年3月，深圳贸促委针对深圳经济结构矛盾仍然比较突出，传统发展模式遭遇瓶颈，有些中小企业面临国际化经营经验不足、对国外政策法规和国际规则知之不深、海外维权能力差等问题，提出推动设立"一带一路"建设专项扶持资金。该专项扶持资金为企业提供在贸易投资促进方面全方位的服务，鼓励企业加强自身创新能力，进一步"走出去"融入国际市场。

表1-5　深圳市"一带一路"主要相关政策

发布时间	政策文件名称
2015年6月1日	《2015年深圳市推动外贸稳定增长和争创外贸竞争新优势工作方案》
2016年6月16日	《关于促进人才优先发展的若干措施》
2017年4月10日	《深圳市人民政府关于印发〈进一步扩大利用外资规模提升利用外资质量若干措施〉的通知》
2018年1月17日	《深圳市关于加大营商环境改革力度的若干措施》
2018年3月1日	《"一带一路"建设专项扶持资金》

东莞市"一带一路"的相关政策达到了30个，表1-6选择了有代表性的5个列示。虽然政策不如广州市和深圳市多，但是东莞对于国家和省级政策的响应也是十分迅速的，积极将地方规划计划与"一带一路"政策相配合，政策的侧重点在经贸和互联互通方面。除此之外，东莞市在教育、旅游、文化等方面也出台了许多政策，鼓励培养"一带一路"研究的人才，支持与沿线国家发展旅游和文化产业，对于地区、国家之间"民心相通"做出了重大贡献。2017年东莞市政府出台的《东莞市人民政府办公室关于东莞市深化泛珠三角区域合作的实施意见》，提出要大力建设东莞海运、陆运通道，加快构建广东对接"一带一路"倡议交通节点，还提出要深化粤港澳合作，对国家和广东省的政策要求做出积极响应，为广东更好地融入"一带一路"服务。

表1-6　东莞市"一带一路"主要相关政策

颁布时间	政策文件名称
2015年12月8日	《关于东莞对接国家自由贸易试验区发展的意见》
2016年6月6日	《东莞市人民政府办公室关于加快发展生产性服务业全面推进产业转型升级的实施意见》
2016年7月7日	《东莞市关于促进加工贸易创新发展全面提升外经贸水平的实施方案》
2017年7月17日	《东莞市降低实体经济企业成本工作方案》
2017年11月8日	《东莞市人民政府办公室关于东莞市深化泛珠三角区域合作的实施意见》

以上通过对广东省内三个城市出台的"一带一路"相关政策的分析，可以看出市级政府紧跟国家和广东省的步伐，将"一带一路"纳入各个规划文件内，为"一带一路"培养、输送人才，鼓励创新，迅速、积极响应国家政策，充分利用经贸发展的优势参与"一带一路"建设。由于国家和广东省的相关政策比较侧重经贸和投资，所以地方关于"一带一路"的政策也明显侧重于这些领域，体现了国家对地方的有效引领。但三个城市发展重点雷同，如果没有差异化发展，定位相似，城市之间就不能进行优势互补，很容易形成不必要的竞争。

第五节　广东省"一带一路"支持政策的优化方向

在对三个代表城市的"一带一路"相关政策进行分析之后，可以发现国家和地方都十分重视参与"一带一路"建设，颁布了许多相关支持政策。地方对于国家政策的响应也十分及时，积极将政策落实到实际，这也是广东省参与"一带一路"建设取得成效的重要原因之一。随着"一带一路"国际合作的稳步推进，广东省新一轮改革开放的要求，广东省"一带一路"支持政策需要进一步优化和调整，并提出以下几个完善方向。

1. 明确各地市的定位，形成参与"一带一路"建设的合力

广东省参与"一带一路"建设的定位主要是"21世纪海上丝绸之路"的经贸和交通枢纽，其原因主要是广东地理位置比较优越，有优良的港口和较为开放自由的市场。但是，各个城市之间的定位模糊，都把发展经贸和交通枢纽作为重点，极有可能造成项目争抢的恶性竞争。各个城市应该深入挖掘自身的独特优势，制定充分发挥其优势的相关政策，广东省也可以出台引导性的政策，让各个城市之间进一步明确自身在"一带一路"建设中的定位，避免城市之间的恶性竞争，提高广东省参与"一带一路"建设的效率，形成

合力参与和服务国家"一带一路"建设。

2. 加强与周边省份的互联互通，发挥参与"一带一路"建设的引领作用

广东省颁布的政策文件大部分聚焦如何加强与国外的互联互通，基础设施的建设也主要集中于海洋方面，说明广东省发展重点在于"21世纪海上丝绸之路"。其实，广东作为改革开放的先行区，在国内区域合作中能够发挥经济集聚和辐射带动作用，新时代广东又被赋予"四个走在全国前列"和发挥"两个示范窗口"功能，与广东毗邻的广西、福建、江西、湖南等泛珠区域合作省份对于广东省参与"一带一路"建设存在不同程度的关联性。广东虽然有天然的港口，与香港和澳门又有紧密的经贸往来，可是广东省的持续发展必须依靠内陆腹地，许多产业发展到一定程度要向中部和西部转移，资源的供给也要依赖中西部省份支持。广西、云南毗邻东南亚，如果能与西部省份加深合作，也许可以挖掘发展的新机遇。粤东西北经济发展水平较低，与"一带一路"经贸联系较少，广东省的"一带一路"政策体系要考虑如何通过积极参与"一带一路"建设带动粤东西北地区经济的开放发展。

3. 促进信息互联互通，积极参与建设"数字丝绸之路"

"互联互通"是"一带一路"发展的重要目标之一，但是目前国家层面的政策主要是促进铁路等交通设施的联通，而忽略了信息的互联互通。广东省同样以出台建设海路联通的政策居多，忽略了加强信息交流、建设数字高速公路、打破信息壁垒的重要性。因此，广东需要出台促进市场信息等信息透明化的政策，加强对与沿线国家信息互联互通的政策支持，打破信息壁垒，积极参与建设"数字丝绸之路"，通过信息的互联互通促进其经贸投资等领域的合作。

4. 重视参与"一带一路"建设的政策创新，继续当好新时期深化改革开放的排头兵

广东省"一带一路"相关政策的制定目前大部分是跟随国家的脚步，国家出台指导性文件，广东省相关部门就根据文件内容，制定整个省的相关发展战略。新疆、陕西等一些省份,在"一带一路"倡议刚提出,还没有出台指导文件的时候,就已经积极准备参与到"一带一路"倡议中来,结合当地的特点,自主寻找发展定位。即使国家文件中没有提到的内容,只要是能够突显地方优势,促进地方开放合作的,就可以通过地方政府的政策支持加以推动与创新,服务国家"一带一路"建设。所以,广东省应该更主动地把握好"一带一路"建设的机遇,抓住发展先机,不拘泥于传统思维,继续当好新时代深化改革开放的排头兵,并且对各个地市在"一带一路"建设中的细分定位做出引导和指示。

(本章作者:邹嘉龄,中山大学港澳珠江三角洲研究中心博士后,人文地理学博士,主要研究方向为区域联系与区域发展、"一带一路";卢晓静,中山大学港澳珠江三角洲研究中心硕士研究生,主要研究方向为国际贸易。)

第二章

广东参与"一带一路"基础设施互联互通

　　设施联通是"一带一路"国际合作的基础，也是"一带一路"建设的优先领域。"一带一路"倡议提出以来，中国秉持共商、共建、共享的原则，以基础设施互联互通规划和技术标准对接为切入点，以基础设施建设项目为依托，务实推进与沿线国家在铁路、公路、水运、民航、邮政等领域的深度合作，与"一带一路"沿线国家签署了130多个涉及铁路、公路、水运、民航、邮政领域的双边和区域运输协定，制定了中国—东盟、大湄公河次区域、中亚区域等交通发展战略规划，我国与"一带一路"沿线国家的海、陆、空立体交通运输网络正在形成。作为"一带一路"建设的重要枢纽省份，五年来广东与"一带一路"沿线国家或地区的基础设施互联互通取得了显著成效，中欧班列2017年全年开通达到201列，实现每周4列的常态化运营，通达亚、欧9个国家13个城市；全省建成万吨级以上泊位296个，开通集装箱国际班轮航线200余条，外贸货运吞吐量超过5亿吨，与国际港口缔结友好港64对，其中与"一带一路"沿线国家结对16对；2017年全省机场客运量达到1.29亿人次，开通国际直飞航线达到129条，其中与"一带一路"沿线国家直飞航线88条。因此，分析总结广东在中欧班列、国际班轮航线、民航运输等重要领域的发展情况和参与"一带一路"建设的成效，分析基础设施互联互通面临的问题和发展方向，对于促进广东与"一带一路"沿线国家的基础设施互联互通，加强"一带一路"的国际区域合作具有重要的意义。

第一节 广东省中亚、中欧班列发展情况分析

中欧国际铁路联运班列（以下简称"中欧班列"）指中国开往"丝绸之路经济带"沿线国家（主要是欧洲）的快速货物班列，主要采用集装箱或者整车运输的"五定班列"（定点、定线、定车次、定时、定价）。中欧班列作为国家推动"一带一路"倡议的重要载体和平台，是"互联互通"建设的重要组成部分。国际铁路运输具有速度快、安全性高、运行时间短等特点，可以满足部分商品的介于航空和海运之间的运输条件要求，尤其是满足一些附加值较高的商品的运输需求，这对于促进相关产业的发展具有重要意义。广东省是这些高附加值商品的主要产地，因此开通中亚、中欧班列对广东省电子信息、服装等产业的发展非常重要，同时对进一步加强广东与中亚、欧洲的直接贸易联系具有积极影响。

一、全国中欧班列发展基本情况

自2011年3月19日，首列中欧班列（重庆—德国杜伊斯堡，即渝新欧）成功开行以来，截至2017年年底，中欧班列已经累计开行6235列，其中2017年开行量达3271列，超过此前近六年的总和。2017年国内开行城市38个，到达欧洲13个国36城市，较2016年新增5个国家23城市，运行线路达61条。目前，依托新亚欧大陆桥和西伯利亚大陆桥，已经形成西、中、东三条中欧班列运输通道。西线，从阿拉山口出境，经过哈萨克斯坦、俄罗斯、白俄罗斯进入波兰，最后抵达德国，最远到达西班牙的马德里。中线，通过二连浩特口岸经过蒙古国进入俄罗斯；东线，通过满洲里口岸（绥芬河）出境。

从全国中欧班列发展趋势来看（图2-1），中欧班列于2011年首次开通，在"一带一路"倡议提出之后，中欧班列开通的速度明显加快，2014年

的中欧班列开通列数达到了308列，同比增长了285%，同时回程班列的发展同样迅速，2013年及以前没有回程班列，2014年回程班列占去程班列的比例也仅为10%，到2017年这个比例已经达到了53%，也即大约每两趟去程班列就有一趟回程班列。与全国中欧班列的整体发展水平相比，广东省中欧班列发展明显落后，虽然广东省早在2013年便开通了中欧班列，然而由于发展中欧班列的天然区位劣势，广东省中欧班列的发展并不快，到2017年广东省中欧班列数量只有201列，只占全国的5.47%，回程班列更是尚未形成固定班列，回程占去程的比例也远低于全国平均的53%。

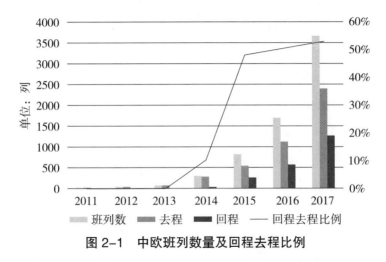

图 2-1　中欧班列数量及回程去程比例

资料来源：中国集装箱网。

从发展优势的城市来看，2017年重庆、成都开行中欧班列数量分别为700列和777列，累计1477列，占全部中欧班列数量的45.2%，具有绝对优势。武汉则在返程班列发展上更胜一筹，2017年中欧班列（武汉）累计开行375列，同比增长了68.9%，排名全国第四。其中，返程214列超过了去程班列，位居全国中欧班列返程列数第一。相比这些内陆产业发达省份，沿海地区的中欧班列发展由于铁路运输优势相对海运运输较小，使得沿海省份的中欧班列发展相对较差。

二、广东省中亚、中欧班列开行基本情况

广东省于2013年11月在东莞石龙站首次开行中欧班列、中亚班列。参与"一带一路"建设五年来，逐步新增了由广州大朗（2016年8月28日首发）、深圳平湖南（2017年5月22日首发）始发的中欧班列，目前稳定开行中欧（中亚）班列4趟（三趟中欧、一趟中亚）。班列到达国家从原来的哈萨克斯坦、乌兹别克斯坦、吉尔吉斯斯坦、塔吉克斯坦、土库曼斯坦等中亚五国，逐步扩展至俄罗斯、德国、波兰、白俄罗斯等欧洲国家。自2013年中亚中欧班列开通以来，广东省的中欧班列发展较为迅速，如表2-1所示，到2017年年底广东陆路运输班列开行数量创历史新高，较2016年同比增长85%，高达200余列，其中中欧班列共计开行104列，运输量达到9132TEU（标准集装箱）。其中，广州大朗至俄罗斯莫斯科开行46列4141TEU（经满洲里出境）；东莞石龙至德国汉堡开行36列3164TEU（经满洲里出境，部分货物至莫斯科）；深圳平湖南至德国杜伊斯堡开行22列1828TEU（经阿拉山口出境，途经哈萨克斯坦、俄罗斯、白俄罗斯、波兰等国，最终到达德国，班列货物到达科利亚季奇、马拉、汉堡、杜伊斯堡等城市）。

表 2-1　广东省中亚、中欧班列运行线路基本情况

开行城市	产品系列	开通时间	全程运行时间（天）	开行量（列）			开行频率	主要货物
				2015年	2016年	2017年		
东莞	中亚班列	2013年11月	13—15			87	每周2—3列	电器、服装、皮具
	中欧班列	2016年4月	18—19		8	35	每周1列	电器、服装、皮具
	回程	2017年4月	17				零散发运	玉米、大豆和植物油
广州	中欧班列	2016年8月	15			46	每周1列	电子产品、鞋包、玩具、家具、服装

（续上表）

开行 城市	产品 系列	开通 时间	全程运 行时间 （天）	开行量（列）			开行 频率	主要货物
				2015 年	2016 年	2017 年		
广州	中越 班列	2017年8月					试运行	
深圳	中欧 班列	2017年5月	12—15			22	每周1列	电器、服 装、皮具

资料来源：作者整理。

1. 东莞石龙中亚中欧班列

东莞石龙是广东省最早开通中欧班列的城市，目前依然是广东省最重要的中欧班列始发地。如表 2-2 所示，目前已经形成两列固定开往亚洲的班列和一列开往欧洲的班列。从东莞出发的中亚中欧班列具体运行线路如图 2-2 所示，中欧班列由满洲里出境，经莫斯科到汉堡、杜伊斯堡等欧洲目的地。2017年，东莞石龙始发的国际班列共122列，总货运量达59436吨，其中中亚班列87列，出口集装箱6748标准箱，出口货物贸易额31296万美元；中欧班列35列，出口集装箱2854标准箱，出口货物贸易额19589万美元。

表 2-2 东莞石龙中亚中欧班列运行表

产品 系列	车次 编号	始发 场站	开行 时间	出境口岸	主要 目的地	全程运 输时间
中亚 班列	X9024/3	石龙	每周二	阿拉山口—多斯特克	阿拉木图	13天
中亚 班列	X9024/3	石龙	每周六	霍尔果斯—阿腾科里	塔什干	15天
中欧 班列	X8426/5	石龙	每周四	满洲里—后贝加尔	莫斯科、 华沙、杜 伊斯堡	19天

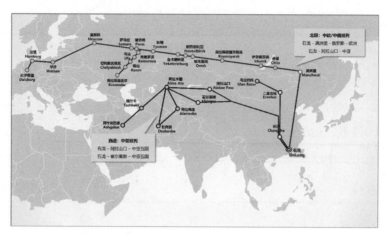

图 2-2　东莞中亚、中欧班列运行线路图

2. 广州中欧班列发展基本情况

2016年8月28日，广州首列中欧班列在白云区大朗站顺利发车，列车经满洲里离境再驶向俄罗斯首都莫斯科（如图2-3所示），全程仅需15天，最远可至汉堡，总时长在19天左右。广州中欧班列主要运输商品包括电子产品、鞋服、厨具等。2017年，广州中欧班列稳定发展，各项业务量均创新高，天河检验检疫局共完成广州中欧班列查验监管45列，4014标箱，15719批次，18502吨，出口货值约3.12亿美元。广东首列中越班列（广州—越南河内）也于2017年8月试运行成功。

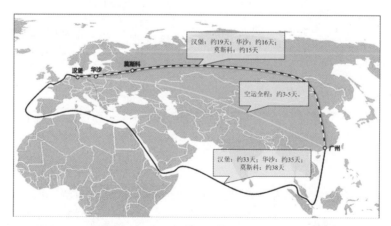

图 2-3　广州中欧班列运行线路及其与海运、空运比较图

3. 深圳中欧班列发展基本情况

深圳市的中欧班列起步相对较晚。2017年5月22日，深圳地区首趟中欧班列——X8428次列车从深圳盐田港始发，从新疆阿拉山口出境，途经哈萨克斯坦、俄罗斯等国，终到白俄罗斯明斯克（如图 2-4所示），运行线路总长约9900公里，运行时间约13天，开辟了连通"一带一路"沿线国家的铁路战略大通道。中欧班列（深圳至明斯克）由广铁集团、中铁集装箱和朗华供应链服务有限公司联合组织开行，初期暂时只开行出口班列，待货源稳定后，将适时增加班列频次以及返程班列，或开通新的深圳往返欧洲其他国家线路。随着市场需求的快速扩张，班列于2017年7月8日将目的地由明斯克延伸至德国杜伊斯堡。自首发以来至2017年年底累计发出班列22趟，累计货运量914柜，累计货值超4亿元人民币。中欧班列的开通，对进一步巩固深圳"一带一路"枢纽城市地位有重要意义。

图 2-4 深圳中欧班列运行线路图

三、广东省支持发展中欧班列所采取的措施

1. 配套措施

为积极响应"一带一路"倡议，协助推进"一带一路"建设，广东省目前已全部建成"一次报关、一次查验、全程放行"的绿色通道，客户现在

只需在始发站办理报关手续。引入"无纸化通关"、"智检口岸"、"单一窗口"等理念，简化手续，提高通关效率；密切与沿线口岸沟通协调，实现"一次申报，信息共享"和"通报、通验、通放"，确保货运班列在满洲里、凭祥等离境口岸顺利通关；采取"每周7天24小时预约申报"、"电子申报"、"微信申报"等措施，为企业提供个性化服务；支持企业在广州中欧、中越班列开展市场采购贸易新业态业务，引入"广州市场采购贸易联网信息平台"软件实行监管，有效简化市场采购贸易商品申报手续，并与花都检验检疫局签署了《关于建立广州中欧班列出口市场采购贸易协作工作机制备忘录》，进一步提高了企业市场采购贸易便利化，为"一带一路"的多式联运大通关业务改革夯实基础。大朗、石龙等铁路主要站点，依托广东国际铁路经济产业园、中俄贸易产业园的优势，简化办理流程，与客户、铁路运输调度等相关单位加强沟通交流，形成对接机制，吸引海运箱和自备箱上路运输，开行能力有较大提升。

2. 优惠补贴

为了更好地培育市场，推动广东中欧班列运输规模化发展，广东省参照行业惯例，对中欧、中亚班列进行了合理的财政补贴。具体政策包括：（1）对石龙铁路国际集装箱班列的货物按照0.5美元/40尺集装箱·公里为货运价的计算依据；（2）按照省市1∶1的比例共同承担补贴。2017年省市补贴标准不超过货运价的50%，2018年省市补贴标准不超过货运价的40%，2019年省市补贴标准不超过货运价30%，2020年省市补贴标准不准超过货运价的20%。与全国其他城市相比（表2–3），目前广东省的补贴在全国来说处于中等水平。2017年广东省共补贴8721.8万元，其中广州市补贴额3251.5万元，东莞市为5470.3万元。目前深圳的中欧班列没有补贴，处于自负盈亏的状态。

表 2-3　各地开行中亚、中欧班列补贴情况（以40尺集装箱为例）

班列名称	发运频率	国内段运费下浮	补贴标准	说明
渝新欧（重庆—杜伊斯堡）	4—5列/周，返程1列/周	国内段运费下调28%	USD4000/40'	公共班列的补贴标准，企业班列（如富士康班列）则另外签订保密协议
蓉欧快线（成都—罗兹）	5—6列/周	国内段运费下调28%	USD5000/40'	公共班列补贴标准，但企业班列（如TCL专列）补贴标准更多，是目前班列最进取的
郑新欧（郑州—汉堡）	2列/周，返程1列/周	国内段运费下调28%	USD5000/40'	地处中原腹地，没有特定货源，销售力度大，在全国有100多号销售人员，约三分之一货源来自广东
汉新欧（武汉—捷克波兰）	2—3列/周，返程1列/周	国内段运费下调28%	USD4000/40'	富士康到捷克的笔记本电脑为主，约三分之一货源来自广东
义新欧（义乌—马德里）	2列/周，返程1列/周	国内段运费下调28%	USD6600/40'	运距长，去程以义乌小商品为主，通关便利。返程以西班牙红酒为主
苏满欧（苏州—华沙、汉堡）	2—3列/周	国内段运费下调28%	RMB4000万元/年	政府补贴力度较小，是所有中欧班列当中市场化水平最高的，政府总额控制，具体调配由经营平台自由掌握
湘欧（长沙—杜伊斯堡）	1列/周	无	RMB30000/40'	

四、广东省中欧班列开通优劣势分析

1. 优势分析

由于中欧班列运输成本远大于海运成本，因此为了提高中欧班列的经济效益，必须要保障中欧班列的单箱运输货值，才能够通过时间节约带来的优势来抵销成本的增加。因此能够满足此条件的运输货物一般以电子计算机、通信和消费类电子产品等高附加值的商品为主。而广东省是电子消费类产品、服装制造、皮具制造生产的大省，同时电子产品在欧亚等国际市场上的需求一直很大，而广东省本身拥有世界一流的电子信息产业链布局优势，在用工成本提高的情况下，外国、港台企业仍然坚守珠三角生产基地。目前，珠三角生产的已不再是单纯的初级产品和零配件，而是高附加值的电子成品。这类产品对交货时限要求高、运输安全性要求高、科技含量和货值高，与中欧班列承运的产品定位高度契合。

2. 劣势分析

由于广东省具有非常优良的港口群，货运市场稳定，在全球十大集装箱港口中，珠江三角洲港口占据三席，诸如广州、深圳等通往欧洲多个目的地的港口，且到达欧洲的时间也只需30天左右，而粤新欧铁路运输到欧洲的距离则是国内中欧班列中运输距离最长的，同时运输时间也是最长的，这进一步削弱了广东省铁路运输的优势。如表2-4所示，与全国其他城市相比，广州通过铁路运输的优势相比海上运输的时间优势非常小，而铁路运输的成本又远远高于海上运输，因此这使得需要很高的单箱货值才可能实现铁路运输的收支平衡。

表2-4 中欧班列的主要城市陆海运输成本对比（以杜伊斯堡为终点）

主要城市	铁路运输		海上运输		
	运费（10^4元）	时间成本（天）	运费（10^4元）		时间成本（天）
			不考虑利息	考虑利息	
西宁	3.86	11.69	3.29	4.98	32.75
兰州	3.79	11.84	3.22	4.87	32.49
西安	4.04	13.04	2.88	4.36	31.5

（续上表）

主要城市	铁路运输		海上运输			
	运费（10^4元）	时间成本（天）	运费（10^4元）		时间成本（天）	
			不考虑利息	考虑利息		
重庆	4.43	14.8	3.02	4.29	30.66	
武汉	4.49	13.96	2.74	4.02	30.03	
郑州	4.27	13.77	2.66	4.01	30.79	
长沙	4.67	14.76	2.55	3.73	29.51	
哈尔滨	4.17	13.52	2.86	4.41	32.93	
沈阳	4.34	14.28	2.62	4.05	32.15	
苏州	4.68	15.25	2.4	3.61	30.48	
金华	4.75	15.63	2.53	3.7	30.16	
广州	4.99	15.77	2.16	3.18	28.51	

注：利息计算基于6%年利率。

资料来源：陆梦秋，陈娱，陆玉麒．"一带一路"倡议下中国陆海运输的空间竞合格局［J］．地理研究．2018，37（02）：404—418.

五、 广东省中欧班列发展存在问题

1. 其他省份的恶性竞争导致货源流失严重

据广东省物流协会的研究报告显示，开行中欧班列较为成功的重庆、成都、郑州、苏州、义乌、武汉、长沙等城市，2016年前三季度累计开通856列中欧班列，共发送集装箱42800个。其中，广东货源通过这些内地班列出口货物达15895个集装箱，占比37.14%，货值39.73亿美元，货物以附加值相对较高、时效性强的IT产品、汽车配件为主，涉及华为技术、创维平板等广东企业。渝新欧、蓉新欧、郑新欧等班列均在广东设立办事处，提供订仓、货代、报关等一条龙服务。苏州中欧班列每周约有30—50个集装箱（主要品类为电子产品）通过汽运从广东拉至苏州通过中欧班列发往莫斯科；武汉每周约30个集装箱通过汽运运至长沙；重庆每周约20—30个集装箱；成都每周约40—80个集装箱。综合计算，每周约有200个集装箱从华南地区（广东）流向国内的其他中欧班列，这些货品的主要来源地集中在珠三角主要城市，如电子产品来自深圳、惠州、佛山等地，服装、鞋帽来源于东莞、新塘、顺德等地，灯饰来源于中山，陶瓷多来自佛山、潮州等地。

2. 回程货源严重不足

首先由于从欧洲进口的商品主要集中于机械类生产资料和汽车等产品，进口量少、频率低，集中组织货源难度大；其次是广东中欧班列国际物流通道知名度较低，远不及发展较好的"渝新欧"、"蓉新欧"等中欧班列，还未被欧洲各国大范围地了解与认可；最后由于广东省回程班列的补贴缺失，同时组织货源能力有限，导致目前广东省的回程班列是尚未形成固定班列，回程占去程的比例也远低于全国平均的53%，这极不利于广东中欧班列的可持续发展。

3. 严重依赖补贴

由于广东省发展中欧班列存在着地理上的劣势，这使得广东省的中欧班列要达到收支平衡需要极高的货值；而其他省份的恶性竞争导致货源的丢失，使得广东省中欧班列货源不足，因此广东省同样陷入高额补贴，一旦缺乏补贴，广东省的中欧班列将无以为继。

4. 中欧班列多部门工作协调机制尚未形成

广东省发改、商务、交通、海关、检验检疫、经信等各部门对中欧班列的关注度虽高，但尚未形成有效的分工协作机制，省级层面统筹推进力度有待加强。省级层面推进中欧班列发展的总体思路和各部门具体工作内容不够明确，中欧班列运价、线路、运力等方面对外的统一协调沟通还需加强。

六、广东省中欧班列发展的相关政策建议

1. 稳步推进中欧班列发展

由于广东省的地理优势在于海运，陆路运输的优势相比非常小，广东省中欧班列比去往欧洲港口的国际集装箱班轮优势不明显。一般来说，中亚班列相比中欧班列较海运会更有优势，然而中亚地区的市场容量较小，同样很难发

展大规模陆路运输班列，因此建议广东省需要非常稳步地推进中欧、中亚班列的开通和发展，遵循市场规律，保障中亚、中欧班列的可持续健康发展。

2. 完善统筹协调机制

由省级相关部门、设区市及广东铁路局等组成的中欧班列发展联席会议，形成推动中欧班列发展合力。探索创新省内中欧班列合作模式，在省级层面推动下，充分发挥地方班列平台公司等主体的积极性，争取广东铁路局、中铁集装箱运输有限责任公司支持，共同推进信息平台建设、品牌打造、回程组货、价格谈判、线路资源调配等工作。

3. 构建班列枢纽体系

按照"干支结合、枢纽集散"的发展思路，打造中欧班列枢纽节点体系。重点建设东莞石龙、广州大朗、深圳平湖三大国家级中欧班列枢纽节点，推动中欧、中亚直达班列发展，打造具有国际竞争力的品牌线路。鼓励其他设区市对接枢纽节点优势班列线路，共享中欧班列服务。

第二节　广东省港口航运发展与"一带一路"建设分析

"一带一路"首先是经贸往来之路，港口航运凭借其天然优势，成为"一带一路"建设的重要载体，尤其连通着新时期的"海上丝绸之路"。航运物流的畅通与否，直接关乎"一带一路"建设的推进。广东省是典型的沿海开放地区，沿海经济带尤其是珠三角经济区在改革开放40年来的外向型经济发展，在很大程度上是区位优势和开放政策的结合，充分利用了自身的地理位置发展开放型经济。改革开放以来，广东大力推动港口基础设施建设，现今广东沿海地区基本形成以广州港、深圳港、珠海港为主要港口，以湛江港、汕头港、虎门港、江门港、中山港等地区性港口为重要支持性港口的格局，与各大洲的贸易航线也非常密集，成为支撑"一带一路"建设的重要基础。"一带一路"建设五年来，广东省港口发展和航线开通很好地服务了"一带一路"建设。

一、广东省各港口发展情况分析

如果说基础设施联通是"一带一路"建设的血管，那么港口就自然成为注入新鲜血液的重要动脉。广东省作为拥有极为重要的港口优势的大省，其拥有的港口众多，这些港口是广东省充分发挥其在"一带一路"建设中引擎地位的基础，因此港口的发展对于广东省参与"一带一路"建设不可或缺，同时"一带一路"建设又进一步促进了广东省港口的发展。

从表2-5可以看出，近年来广东省港口发展迅速，2013年全省港口集装箱吞吐量为4945.56万TEU，较2010年增长了13.4%，年均增长4.3%；到2017年全省集装箱吞吐量增长到6226.65万TEU，较2013年增长了25.9%，年均增长了5.9%。可以看出，"一带一路"倡议提出以来，广东省的港口集装箱吞吐量增长速度略快于"一带一路"倡议提出前。

分港口来看，在2017年深圳港与广州港分别以2520万TEU与2037万TEU的年国际标准集装箱吞吐量的规模跻身全球第三和第七位置。广东其余港口则与它们的规模差距明显，从图2-5至图2-7则可以清楚地看出依托广州、深圳两个人城市的广州港、深圳港，是广东省的核心枢纽港口，在广东省范围内发挥着无可取代的作用。除广深港口外，最大的东莞港刚达391万TEU。从时间序列来看，仅广州港就由2010年的1225万TEU到2017年增长至2037万TEU，年均增长率达7.17%（见表2-5），远超全省港口吞吐量的平均增速，其核心枢纽地位正在逐渐强化。深圳港的规模则增长幅度较小，从2010年的2251万TEU增长到2016年的2521万TEU，不过其占广东港口吞吐量的比例依然达到40.5%，核心枢纽地位依然极强。其他港口出现分化，部分港口增速极快，尤其是在"一带一路"倡议提出以后，比如东莞港、珠海港和湛江港等。其中东莞港在2010—2013年，年均增速为6.3%，而在2013—2016年却高达59.8%，迅速成长为一个非常重要的港口。

表2-5　2010—2017年广东省各港口吞吐量统计　（单位：万TEU）

港口	2010年	2013年	2017年
广州港	1255.00	1550.45	2037.20
深圳港	2250.97	2327.85	2520.86
珠海港	70.27	88.11	227.04
湛江港	27.28	38.01	90.33
汕头港	87.59	25.19	129.92
东莞港	49.99	60.03	391.32
江门港	70.53	93.36	135.20
惠州港	26.89	16.43	35.43
茂名港	4.32	10.34	9.74
汕尾港	4.19	1.73	1.41
中山港	125.06	132.14	144.04
肇庆港	44.56	70.09	80.38
阳江港	0.04	0.00	2.23
佛山港	305.96	275.00	390.12
清远港	3.64	1.75	9.41
云浮港	4.88	11.05	22.00
广东省合计	4360.15	4945.56	6226.65

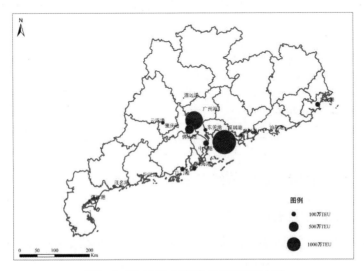

图2-5　2010年广东省各港口吞吐量

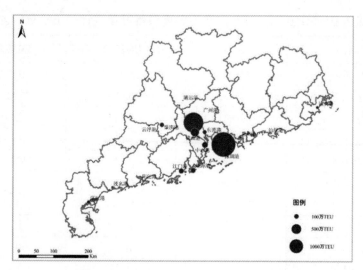

图2-6 2013年广东省各港口吞吐量

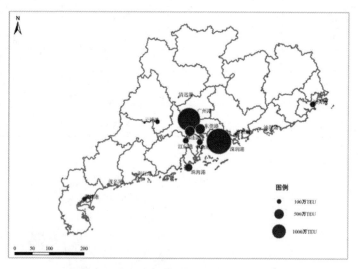

图2-7 2017年广东省各港口吞吐量

二、广东省国际班轮航线发展情况分析

1. 国际班轮航线开通情况

"一带一路"倡议提出以来，广东省国际班轮航线发展迅速，截至2017年年底，挂靠广东港口的国际集装箱班轮航线达350条，通达全球100多个国

家和地区的200多个港口。如表 2-6所示,以广东省两大港口为例,深圳港是广东省最重要的国际班轮航线枢纽,2010—2017年,"一带一路"倡议前后, 深圳港的国际班轮航线开通数呈现较小的波动态势,并无太大变化,而广州港的国际班轮航线开通数量快速提升,从2010年仅有的30条国际班轮航线上升到2017年的100条国际班轮航线,增幅达到233.3%,这也表明广州港成为一个越来越重要的国际航运枢纽,并且深入观察发现2010—2013年,国际班轮航线增加17条,增幅为56.6%;2013—2017年,国际班轮航线增加53条,增幅为112.7%,也即在"一带一路"倡议提出后,广州港的国际班轮航线开通速度增加有所提高,这有助于加速广州港成为国际航运枢纽。

从航线变化的区域来看,深圳港国际班轮航线非常成熟,其国际班轮航线的空间变化不大。广州港依然在快速成为国际航运枢纽,其国际班轮航线开通有着非常明显的空间特征,从表2-6可以看出,2010—2016年,亚洲和非洲国际班轮航线的开通增加得最多,分别增加了22条和15条国际班轮航线,显然亚洲和非洲是"一带一路"沿线的重要国家,这也说明广州港重视与"一带一路"沿线国家的国际班轮航线开通,其将成为"一带一路"沿线的重要航运枢纽。

表2-6 深圳港、广州港2010—2017年国际班轮航线开通 (单位:条)

		2010年	2012年	2013年	2014年	2015年	2016年	2017年
深圳港合计		254	221	249	235	254	236	239
广州港合计		30	40	47	52	67	79	100
欧洲	深圳港	74	56	71	68	72	69	
	广州港	7	7	7	7	9	12	
亚洲	深圳港	107	89	96	90	97	92	
	广州港	11	15	20	22	29	33	
美洲	深圳港	68	65	69	65	71	69	
	广州港	3	7	8	9	11	12	
非洲	深圳港	15	11	13	12	14	15	
	广州港	7	10	12	14	18	22	

2. 分航线货运情况分析

根据《中国港口年鉴》，广东省港口分航线货运量情况见表 2–7。从空间结构上来看各个港口航线指向并不相同，根据2016年对广东省各港口集装箱运输分航线完成箱量数据分析，大型港口城市深圳港口主要指向欧洲航线和内贸航线，而广州港口则集中在内贸航线，除此之外则是更多指向亚洲航线。而除规模较小的港口城市东莞、珠海、湛江多为内贸航线外，都集中在亚洲航线。从纵向时间跨度下不同航线在不同年份的占比来看，2014—2016年间内贸航线一直占广东省港口集装箱运输分航线完成箱量分量之首，且比例增长幅度较大，由2014年的43.16%增长至2016年的76.33%。就欧洲航线、非洲航线、亚洲航线相比，2014年广东省港口集装箱完成箱量在欧洲航线与亚洲航线的比例很接近，分别为26.19%和24.60%，而非洲航线最少，为6.05%。到2016年，欧洲航线和亚洲航线的占比都有所下降，比例依旧很接近，分别为9.04%和12.90%，亚洲航线的占比略超过欧洲航线，非洲航线依旧是最少，占比1.73%。总的趋势来看，主要的变化为内贸航线占比大幅增多，除此之外广东省各港口集装箱运输航线的空间结构有所变化，由原多为欧洲航线转变为亚洲航线。

表 2–7　2014—2016年广东省各港口集装箱
运输分航线完成箱量　　（单位：万TEU）

	年份	欧洲航线	非洲航线	亚洲航线	内贸航线
东莞	2014			1.6	
	2015			16.71	85.03
	2016			20.16	83.62
深圳	2014	366.3	81.37	316.24	
	2015	96.87	13.64	62.07	104.82
	2016	111.96	18.68	69.04	100.29
广州	2014		3.32	26.25	603.65
	2015		2.94	24.64	661.29
	2016		2.73	28.71	666.73

（续上表）

	年份	欧洲航线	非洲航线	亚洲航线	内贸航线
珠海	2014				
	2015			26.3	48.71
	2016			26.72	67.55
湛江	2014				
	2015			15.14	16.29
	2016			15.05	26.95
总计	2014	366.3	84.69	344.09	603.65
	2015	96.87	16.58	144.86	916.14
	2016	111.96	21.41	159.68	945.14

资料来源：《中国港口年鉴》2014—2017年各年度。

三、存在问题与政策建议

1. 存在问题

首先，港口恶性竞争。在广东现有的港口发展模式中，各港口之间形成了区域内同质化竞争。由于各港口具有高度重合的内陆腹地以及高度共享的基础设施等各种相关领域的资源重叠，港口间在此基础上未能进行充分的分工合作，而是产生了恶性竞争与资源浪费，不利于广东省整体海运能力的专业化分工以及资源整合后的效率提高，也在一定程度上反映了广东省在港口建设的管理服务方面能力有所欠缺。

其次，港口基础设施竞争弱化。珠三角地区拥有我国适宜船舶停靠的最长海岸线这一优越的自然条件，可广东省港口的国际影响力却相对弱于上海甚至宁波等地区，一个重要原因是现有的港口基础设施条件已经无法满足潜在的大型船舶停靠的要求。从近期看，广东现有港口尚可满足基本的运输需求，但港口基础设施存在布局不完善等原因，导致其不能满足港口未来发展需求。

再次，港口运输效率偏低。仅有完善的基础设施并不等同于港口有了一劳永逸的筹码，广东省在港口建设中依然存在着物流信息沟通不畅、所依附陆运集疏运能力无法完全匹配港口对于货物装卸、储存等的需求，制约了广东省港口输运货物潜在能力的发挥，也在大程度上降低了港口运输的效率。

最后，政策优势利用不足。广东省有着珠江三角洲地区政策枢纽的功能，毗邻港澳独立关税地区，却未充分利用、发挥主观能动性，以使广东省利用大型港口优势在"一带一路"南线计划中拥有更加主动的地位。

2. 政策建议

首先，共建粤港澳大湾区港口群。为建造公平有序的港口运输环境，政府应加强港口的运营管理服务水平，制定相关政策协调各方利益并规范港口航运秩序，遏制港口恶性竞争局面的产生。同时需要加快港口资源整合，广东省港口资源众多，为促进广东全省港口形成差异化、优势互补的良好竞合态势，需要加速构建广东省港口经营"双引擎"的驱动格局，并培育世界级的港口投资运营商，共建粤港澳大湾区和"一带一路"国际航运枢纽，进一步提升广东省港口枢纽地位。

其次，加强港口基础设施软硬件建设。例如国际集装箱泊位数量、泊位长度、泊位年通过能力、堆场实际载货面积等都是影响港口输运能力的基础性要件，这些指标一方面受港口的自然条件与地理位置的影响，另一方面也需要政府与民间资本的共同建设。还需要加强港口数字化建设，不断降低成本和提高效率。

最后，加强港口支持政策创新。支持广东省作为国际航运中心的战略定位就需要既协调好国内政策、资本，沿海城市间协调均衡分工合作，又要学习世界知名港口的管理建设经验，并在其基础上因地制宜，加强支持政策创新，充分发挥广东省港口所具有的背靠内陆大地有充足的内需动力，地处珠江海口毗邻港澳以及粤港澳大湾区的建设有广阔的政策实践空间，面向南海及东南亚、沟通"一带一路"南线战略国家等天然优势，将广东省打造成"国际航运中心"。

第三节　广东省民航运输发展与"一带一路"建设分析

　　航空运输具有国际化程度高、速度快、能够满足长距离通达需求的独特优势，在推进"一带一路"建设中扮演着先行者的角色。航空运输在各个区域间的远程运输联系尤其客运中的作用日益显著，逐渐成为社会交流的重要载体。五年来，在"一带一路"倡议下广东各地市机场蓬勃发展，越织越密的航线网、日益完善的机场群、逐步拓展的合作新平台，对于实现广东省与"一带一路"国家互联互通发挥着至关重要的作用。同时，航空运输的快速发展，也有利于提高广东与"一带一路"沿线国家的经济贸易联系强度，从而加强区域间的国际经济联系与合作。

一、中国与"一带一路"沿线国家民航合作总体情况

　　"一带一路"倡议提出五年来，中国民航大力提升互联互通水平、推动基础设施对接、拓展民航合作平台、加强与沿线国家合作等，充分发挥了"一带一路"互联互通的基础性先导作用。总体来看，在国家民航方面，五年来中国新增与8个国家和地区签署航空运输协定，增加国际航线403条。截至2017年年底，我国已与125个国家和地区签署了双边政府间航空运输协定，其中包括"一带一路"沿线62个国家和地区，比2015年增加了5个，与沿线43个国家实现直航，每周约4500个直航航班。已通航国家数量占沿线国家总数近60%，通航国家人口累计占沿线国家总人口的94.6%，GDP累计占沿线国家总GDP的90.9%。

　　从我国与各国间的国际航空运输市场规模来看（表2-8），东南亚是我国在"一带一路"沿线最大的国际航空市场，市场份额高达73.5%，我国与东盟在2011年便签订了首个区域性的航空运输协定；其次是西亚北非、南

亚、蒙俄等地区和国家；中亚、中东欧和独联体国家的国际航空市场发展还
比较薄弱，有待在民航方面加强联系。我国与俄罗斯、亚美尼亚、印度尼西
亚、柬埔寨、孟加拉国、以色列、蒙古、马来西亚、埃及等"一带一路"沿
线国家举行双边航空会谈并扩大了航权安排。民航在互联互通中发挥着重要
支撑作用，为"一带一路"经贸往来、文化交流搭建了桥梁纽带。

表 2-8 "一带一路"沿线区域经济与航空发展概况

地区	国家数量	人均GDP（美元）	人均乘机次数	与我国的民航联系	
				已通航国家个数	未签航权国家个数
东南亚	11	3785.3	0.38	10	1
西亚北非	16	9850.5	0.57	8	3
南亚	8	1389.4	0.05	6	1
蒙俄	2	13838.9	0.41	2	0
中亚	5	4591.0	0.13	5	0
中东欧	16	11404.7	0.27	3	2
独联体	6	4506.5	0.12	4	0

资料来源：张莉等.民航业落实"一带一路"战略的思考[J].宏观经济管
理，2016（05）：62—65.

二、广东机场建设和客货运量情况

至2017年广东全省有八大机场，其中五大机场位于粤港澳大湾区，形成
了国际级的机场群。其中，广州白云、深圳宝安、珠海金湾、揭阳潮汕和韶
关机场为国际机场。2013年以来广东省大多数机场完成改扩建，并规划建设
了新机场，比如2013年深圳宝安机场完成扩建，惠州机场于2015年完成改扩
建，2018年广州白云机场完成扩建，第二航站楼正式启用。韶关机场军民合
用改扩建、惠州机场改扩建二期、珠海机场扩建、揭阳潮汕机场改扩建都在

进行或已在规划中；湛江粤西新机场、珠三角新干线机场正在新建中。这些改扩建和新建的机场将进一步扩大广东航空服务范围，形成以珠三角机场群为核心、粤东粤西机场为两翼、覆盖粤北地区的全省运输机场布局。

"一带一路"倡议提出以来，广东省机场的客货运量稳步提升，如图2-8所示，民航客运量从2013年的9123.7万人次增长到2017年的12940.2万人次，累计增长了41.8%，年均增长9.1%。民航货运量从2013年的226.8万吨增长到2017年的301.3万吨，累计增长了32.9%，年均增长7.4%，增速略低于客运量增速。

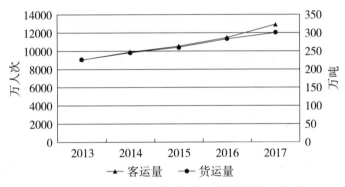

图2-8 2013—2017年广东省客货运量变化图

从广东省各民航机场的客运量来看，如表2-9所示，广州白云机场和深圳宝安机场是广东省的核心枢纽机场，两个机场的客运量累计占广东省民航总客运量的85%以上，其中白云机场占广东省总客运量的50%以上，其次是深圳宝安机场，占广东省民航总客运量的35%以上，其余6个机场仅占总客运量的不到15%。这也明显反映出广东省航空运输的双核结构。从变化趋势来看，虽然其他6个机场占比不大，但是发展速度更快，近五年的增长都超过了150%。比如珠海金湾国际机场，2013年的客运量仅289.4万人次，到2017年达到921.7万人次，增长318%，远超全省的平均增速；梅州梅县机场客运量增速最快，2013年仅为8.4万人次，到2017年达到39.8万人次，增长473%，是2013—2017年广东省客运量增长最快的民航机场。

表2-9　2013—2017年广东省各机场客运量 （单位：万人次）

年份 城市	2013	2014	2015	2016	2017
广州	5245.03	5478.03	5520.19	5973.21	6580.70
深圳	3226.85	3627.27	3972.16	4197.51	4561.07
珠海	289.44	407.59	470.87	613.04	921.68
揭阳	268.60	287.03	320.45	381.82	485.10
湛江	69.14	98.35	120.68	150.39	209.06
惠州	0.00	0.00	36.89	54.56	95.69
佛山	16.20	12.02	29.65	35.59	47.15
梅州	8.42	13.67	22.71	33.60	39.79

资料来源：《从统计看民航》2013—2017年各年度。

从广东省各民航机场货运量来看，双核结构更加明显。如表2-10所示，2013年广深两大机场占广东省民航货运总量的98.05%，2017年比例略有下跌，但依然占广东省民航货运总量的97.6%，占了广东省民航货运的绝大部分。其中广州白云机场的占全省比例近五年都维持在58%以上，深圳宝安机场的货运占全省比例也均高于37.5%。广深两大机场的货运量更加凸显了广深两地作为广东省最为重要的航空枢纽，其主要原因在于航空货物运输的集聚效应极强，使得作为货物运输的枢纽地位高于客运的枢纽地位。

表2-10　2013—2017年广东省各机场货运量 （单位：万吨）

年份 城市	2013	2014	2015	2016	2017
广州	130.97	145.40	153.78	165.22	178.04
深圳	91.35	96.39	101.37	112.60	115.90
珠海	2.27	2.21	2.58	3.15	3.74
揭阳	1.73	1.86	1.98	2.52	2.63
湛江	0.27	0.34	0.42	0.42	0.52
惠州	0.00	0.00	0.16	0.37	0.40
佛山	0.01	0.01	0.07	0.04	0.02
梅州	0.16	0.06	0.00	0.02	0.01

资料来源：《从统计看民航》2013—2017年各年度。

三、广东航线发展情况分析

"一带一路"倡议提出以来，全国民航与沿线国家联系日益紧密，作为中国的南大门，广东省民航与沿线国家联系扮演着极为重要的作用。2017年国内机场直飞国际（地区）航线1215条，其中一半以上是"一带一路"沿线国家直飞航线（652条）。广东省航空运输与"一带一路"沿线国家联系非常紧密，2017年广东省出港直飞"一带一路"沿线国家的航线共有84条，占全国出港直飞"一带一路"国家的12.8%。2017年国内机场新开国际（地区）直飞航线255条，其中200条是直飞"一带一路"沿线国家的航线。新开直飞"一带一路"沿线国家航线中，广东、海南、江苏直飞航线最多，分别新开24条、22条、22条。2017年，广东在"一带一路"沿线国家和地区执行航班近9.6万班次，承运旅客约1237万人，二者均为2016年的近两倍。

如表 2-11和图2-9所示，广州白云机场是全国三大枢纽机场之一，是华南地区最重要的国际航空运输枢纽，共有跨境航线157条，比广东省其他所有机场跨境航线的总和还多，所有跨境航线中直飞航线达到146条，此外飞往"一带一路"沿线国家的航线多达96条，占全部跨境航线的61.1%，成为重要的与"一带一路"沿线国家联系的航空枢纽，在全国所有机场中排名第二，仅次于北京首都国际机场。2017年广州白云机场出港直飞"一带一路"沿线国家航班3.3万班次，同比增加25.2%，运力588.7百万座，同比增加25.2%；2017年"一带一路"沿线国家中，广州白云机场直飞泰国航线最多（7条），出港直飞泰国航班0.7万班次，同比增加13.3%。

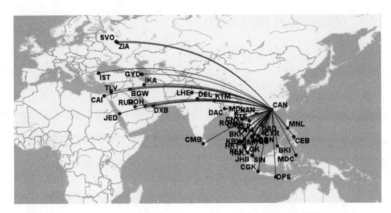

图2-9　广州白云机场与"一带一路"沿线国家航线图

如表2-11和图 2-10所示，深圳宝安机场共有国际航线92条，其中直飞航线88条，另外56条航线飞往"一带一路"沿线国家，占总国际航线的比例达到60.8%，和白云机场国际航线占比相当。在与这些沿线国家的航线联系中，与东南亚和南亚国家有50条航线，因此深圳宝安机场是与东盟联系的重要航空运输枢纽。在新增航线中，2017年新增12条国际航线，其中"一带一路"沿线国家和地区的有10条，与"一带一路"沿线国家的航空联系成为深圳宝安机场新增国际航线主要航线，这也表明了宝安机场非常重视与"一带一路"沿线国家加强航空运输联系。

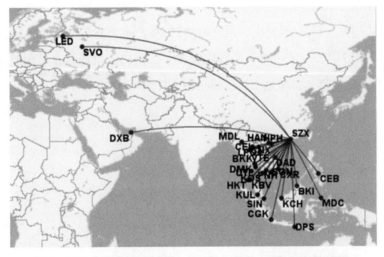

图2-10　深圳宝安机场与"一带一路"沿线国家航线图

除广州、深圳两个国际机场外，广东省其他机场的国际直飞航线较少，揭阳机场是除广深机场外跨境航线最多的机场，其全部联系区域是东南亚，尤其是集中在泰国、柬埔寨、马来西亚和新加坡这几个国家。梅州和湛江也均有开通往东南亚的航线，这些航线主要是服务于到东南亚热门旅游国家的旅游往来。

表2-11　广东省各机场航线数量　（单位：条）

城市	航司数量	境内航线	跨境航线	国际直飞航线	"一带一路"沿线国家
广州	75	286	157	146	96
深圳	39	266	92	88	56
珠海	28	141	0	0	0
揭阳	28	97	14	14	14
惠州	12	54	0	0	0
梅州	6	32	6	6	6
湛江	12	83	4	4	4

资料来源：飞常准大数据研究院。

四、航空运输联系存在问题和政策建议

1. 存在问题

广东省定位为"一带一路"上的重要枢纽，但目前与"一带一路"沿线部分国家仍未建立航空联系。与北京和上海相比，广州白云机场枢纽地位还有待进一步提升。要按照民航局编制的《民航推进"一带一路"建设2016—2030行动计划》，继续发挥广东民航在互联互通中的重要支撑作用和经贸往来、文化交流中的桥梁纽带作用，进一步提升广东与"一带一路"沿线国家民航互联互通水平，拓展建立粤港澳大湾区民航全面合作的平台和机制，为区域民航合作发展创造更加便利的条件。

第一，强化广州白云国际机场在参与"一带一路"建设中的航空枢纽地位。进一步强化广州白云国际机场对中南地区机场群的龙头带动作用。构建

以广州白云国际机场为中心的国际中转航线网络，支持中国南方航空集团公司向大型网络型航空公司转型，加快发展国际航空运输，进一步增加国际通航点，加强国际国内航线航班有效衔接。完善深圳宝安国际机场区域枢纽功能，提升服务水平。加快形成以广州白云国际机场、深圳宝安国际机场为骨干的华南地区航空货运和快件集散网络。

第二，加强引导珠三角地区机场差异化发展。珠三角区域有五大机场，分别是：广州白云机场、深圳宝安机场、珠海金湾机场、香港国际机场和澳门国际机场。珠三角面积狭小，五个机场的分布直线距离不超过150公里，密度居全国之首，其国际航线开通面临着非常严峻的内部竞争，易造成资源虚耗，对于形成区域航空核心枢纽有一定掣肘。因此，建议加强对珠三角地区各个机场发展方向的引导，鼓励适度竞争、协同发展，从而使珠三角地区机场群更好地服务于广东参与"一带一路"建设。

第三，缓解境内外繁忙机场时刻及保障资源紧缺。一方面，境内如广州白云机场、深圳宝安机场等，境外如泰国曼谷、普吉、清迈，越南胡志明，菲律宾马尼拉，印尼雅加达、巴厘岛，阿联酋迪拜等"一带一路"沿线的多数繁忙机场资源日益紧缺，起降时刻饱和、停机坪紧张、廊桥不足，在一定程度上制约了广东"一带一路"新开或增班计划的实施。另一方面，随着广东参与"一带一路"国际合作的稳步推进，"一带一路"航线发展所需机场时刻不断增大，建议协调中南局、白云机场、宝安机场等单位，推动机场时刻进一步放量，并将时刻增量用于"一带一路"航线发展。

第四，加强协调和规划解决国际航权资源紧张问题。一方面应不断拓展"一带一路"航线网络，进一步加大"一带一路"航线运力投入，鼓励省内航空公司充分利用航权，有针对性地开辟"一带一路"新国际航线，尤其是尚未开通直飞地区的沿线国家，投入更多运力，合理优化航线航班，提高航空运输服务水平，提高"一带一路"空中通道的通畅性。另一方面，部分国家航权依然偏紧，如印度、孟加拉、以色列等航权已经分配完毕，其他多数国家的增量航权分配竞争非常激烈。国际航权量不足，在一定程度上制约了广东国际航线网络的拓展，建议协调处理国际航权资源紧张的问题，加快制定鼓励广东地区"一带一路"航线发展的国际航权分配政策。

（本章作者：邹嘉龄，中山大学港澳珠江三角洲研究中心博士后，人文地理学博士，主要研究方向为区域联系与区域发展、"一带一路"；李苏川，中山大学港澳珠江三角洲研究中心硕士研究生，主要研究方向为国际贸易。）

第三章

广东与"一带一路"沿线国家的经贸合作

　　贸易是经济增长的重要引擎，贸易合作是"一带一路"建设的重点内容和目标。"一带一路"建设五年来，中国与"一带一路"沿线国家的货物贸易累计超过5万亿美元，其中，2017年中国对"一带一路"沿线国家的进出口总额达到14403.2亿美元，同比增长13.4%，高于中国整体外贸增速5.9个百分点，占中国进出口贸易总额的36.2%，经贸合作充分发挥了其先导作用，为实现"五通"注入了强大动力。广东作为我国改革开放的排头兵和试验区，以"一带一路"建设为契机，发挥广东区位优势和经贸优势加强与"一带一路"沿线国家的经贸合作。根据海关的数据，2013年广东与"一带一路"沿线国家的进出口贸易额为1791.6亿美元，2017年上升到2219.9亿美元，占全省进出口总额的比重由16.4%上升到22.1%。参与"一带一路"建设五年来，广东与"一带一路"沿线国家的贸易规模稳步增长，贸易方式由加工贸易向一般贸易的转型，促进了广东对外贸易市场结构的多元化和产品结构的优化。同时，也激发了民营企业的活力，民营企业已成为拓展"一带一路"市场的主力军。"一带一路"建设五年的实践表明，广东与"一带一路"沿线国家的经贸互补性比较强，基于比较优势建立起贸易合作关系，并基本形成了错位竞争的局面，为广东与"一带一路"沿线国家开展价值链合作提供了广阔的市场空间。围绕打造"一带一路"经贸合作中心、战略枢纽和重要引擎的定位，广东要继续深化与"一带一路"沿线国家的贸易便利化合作，消除贸易通道和贸易制度的障碍，推动与"一带一路"贸易向高质量转型发展。

第一节　广东与"一带一路"沿线国家的贸易总体情况

广东作为全国最大的外贸省份，已连续32年位居全国货物贸易进出口总量首位，同时，经过改革开放40年来的发展，广东省外贸质量也获得极大提升。随着广东省外贸企业资本和技术积累的增长，其转型升级速度有所加快，2016年一般贸易总额首次超过加工贸易，2017年继续保持了这一局面；随着广东省科技兴贸战略的推行，其出口产品结构进一步优化，高新技术产品出口稳定在35%以上。广东积极参与"一带一路"建设，五年来对外贸易国别结构进一步优化，2017年广东省对"一带一路"国家进出口贸易占全省进出口总额的22.1%，比2012年提升5.7个百分点。

一、广东与"一带一路"沿线国家的贸易规模稳步扩大

"一带一路"倡议提出后，广东是第一个发布参与建设"一带一路"实施方案的省份。在国家统一部署下，围绕打造"一带一路"经贸合作中心、战略枢纽和重要引擎的定位，五年来广东加快贸易便利化改革，扩大与"一带一路"沿线国家的经贸合作，在贸易畅通方面取得了重要成果。

2010—2013年，广东与"一带一路"沿线国家年均进出口额为1612.8亿美元，年均增速为12.9%。"一带一路"倡议提出后，2014—2017年年均进出口规模稳步增长，达到2051.6亿美元，但随着规模的扩大，年均增速放缓至5.5个百分点。其中，2010—2013年，广东与"一带一路"沿线国家年均出口额为878.6亿美元，倡议提出后，2014—2017年均出口规模大幅扩大为1284.3亿美元；2010—2013年与沿线国家年均进口额为734.2亿美元，倡议提出后年均进口规模小幅扩大为767.3亿美元。整体来看，自"一带一路"倡议提出后，广东与"一带一路"沿线国家的进出口贸易规模稳步提升，占全省进出口总额比例从

2013年的16.4%增长到2017年的22.1%，进一步优化了广东省贸易国别结构（图3-1）。特别是出口规模扩大明显，从2013年的15.7%增长到2017年的22.9%，对广东省出口严重依赖美国、欧盟等发达国家市场的情况有所缓解，提高了贸易安全性。与出口相比，广东省与"一带一路"沿线国家进口合作不仅规模小，而且增速慢，仅从2013年的794.2亿美元增长到2017年的796亿美元，年均增速仅为1.7%，但占广东进口总额比例从2013年的17.4%增长到2017年的20.7%。

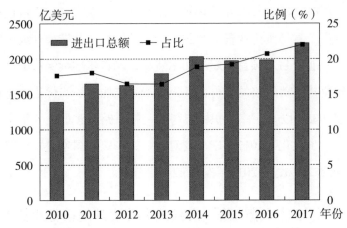

图3-1　2010—2017年广东与"一带一路"沿线国家进出口情况

资料来源：数据由广东海关分署提供。

从六大板块具体区域①（区域范围详见P129附表1）来看，广东与"一带一路"沿线国家的合作具有严重的不平衡性（图3-2）。与东南亚国家的贸易联系最紧密，2017年广东与东南亚11国的贸易额为1282.3亿美元，占广东与"一带一路"沿线国家贸易总额的57.8%。其次是西亚北非20国，贸易总额占广东与"一带一路"沿线国家贸易总额的18.1%。2013—2017年，与广东进出口贸易增速最快的是南亚7国，年均增速高达14.7%，高于同期广东与"一带一路"沿线国家贸易总额年均增速（6.5%）；年均增速最慢的为中亚5国，年均下降3.7%。

① 为了研究方便，本文将"一带一路"沿线国家的研究范围设定为64个国家，并根据海关进出口统计将沿线64个国家划分为六大板块：东北亚2国、东南亚11国、南亚7国、中东欧19国、中亚5国和西亚北非20国。

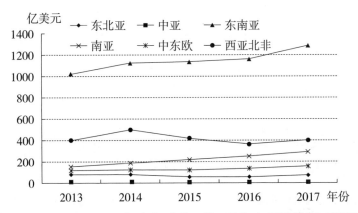

图3-2 2013—2017年广东对"一带一路"各板块进出口情况

资料来源：数据由广东海关分署提供。

二、一般贸易是与"一带一路"沿线国家的主要贸易方式

与众多发展中国家一样，我国也是以代工方式融入到国际分工中的，特别是作为改革开放窗口的广东，改革开放后利用其劳动力、土地和政策优势吸引了大批中国香港和其他工业化国家的外资涌入，特别是与香港形成了"前店后厂"的合作模式。这种合作模式一方面使广东迅速融入国际分工，一方面也使其处于价值链底端，严重依赖加工贸易，直到2016年广东省一般贸易规模才超过加工贸易。由于与沿线国家存在较强的互补性，广东与沿线国家的贸易合作模式主要以一般贸易为主（表3-1）。广东与"一带一路"沿线国家以一般贸易方式的进出口总额从2013年的1002.3亿美元增长到2017年的1273.9亿美元，年均增速7.3%，占广东与"一带一路"沿线国家进出口总额的比例从2013年的55.9%增长到2017年的57.4%。随着一般贸易规模的扩大，加工贸易和保税物流占比则均有所下降。

表3-1 2017年广东与"一带一路"各板块一般贸易占比情况

板块	进出口（%）	出口（%）	进口（%）
东北亚2国	4.60	6.12	1.07
中亚5国	0.75	1.01	0.15

（续上表）

板块	进出口（％）	出口（％）	进口（％）
东南亚11国	51.58	40.58	76.97
南亚7国	15.32	20.60	3.13
中东欧19国	7.53	9.45	3.10
西亚北非20国	20.23	22.24	15.58

资料来源：数据由广东海关分署提供。

从六大板块具体区域来看，广东与东南亚国家的贸易联系最紧密，一般贸易方式发展快速（表3–2）。2017年广东与东南亚11国以一般贸易方式进出口贸易额为657.1亿美元，占广东与"一带一路"沿线国家以一般贸易方式进出口贸易总额的51.6％；其次为西亚北非20国，贸易总额占广东与"一带一路"沿线国家贸易总额的20.2％，但近年来增速有所下降。增速最快的是南亚7国，年均增速高达15.4％，高于同期广东与"一带一路"沿线国家以一般贸易方式进出口的年均增速（7.3％）。

表3–2　2013—2017年广东与"一带一路"各板块以一般贸易方式的进出口增速

板块	进出口（％）	出口（％）	进口（％）
64国	7.27	9.55	2.92
东北亚2国	2.61	4.95	−13.86
中亚5国	3.73	3.25	13.84
东南亚11国	9.38	10.74	7.85
南亚7国	15.04	17.22	−3.13
中东欧19国	9.46	9.21	11.32
西亚北非20国	−0.16	4.39	−9.77

资料来源：数据由广东海关分署提供。

三、民营企业成为参与"一带一路"贸易合作的主力军

"一带一路"倡议实施以来，随着各种合作协议的签订和互信关系的确

立，制度化合作提高了合作的安全性，这逐渐激发了民营企业开拓"一带一路"市场的潜力。2013年广东民营企业对"一带一路"沿线国家进出口总额为745.1亿美元，2017年大幅增加到1324亿美元，年均增速16%；广东民营企业对"一带一路"沿线国家进出口总额占广东与"一带一路"沿线国家进出口总额比例也从2013年的41.6%上升到2017年的59.6%。外商投资企业和国有企业占比则呈下降趋势。2013年，广东外商投资企业和国有企业对"一带一路"沿线国家进出口总额分别为762.6亿美元和282.1亿美元，2017年则分别下降到698.4亿美元和197亿美元。其间，外商投资企业和国有企业与沿线国家的进出口占全省进出口总额比重也分别从42.6%和15.8%下降到31.5%和8.9%。

上述对广东与"一带一路"沿线国家的贸易总体情况分析表明，"一带一路"建设五年来，广东与"一带一路"沿线国家在贸易畅通方面已取得初步成效，与"一带一路"沿线国家的贸易规模稳步增长，贸易方式由加工贸易向一般贸易转型。同时，也激发了民营企业的活力，民营企业已成为拓展"一带一路"市场的主力军，促进了广东对外贸易市场结构的多元化。但也不可否认，广东与"一带一路"沿线国家的贸易合作也存在许多问题。具体看，进出口贸易规模不对称，出口远大于进口，庞大的贸易盈余容易引发贸易摩擦；国别结构不平衡，与沿线国家的合作主要集中在东南亚地区，其次为西亚和北非，与其他沿线国家的合作规模较小；与沿线优势互补国家的贸易规模仍然较小，比较优势没有得到充分挥发，价值链地位有待升级等。

第二节　广东与"一带一路"沿线国家的贸易结构分析

长期以来，以代工方式参与国际分工造成我国的对外经济结构，无论是国别结构还是行业结构都相对集中。对于广东而言，其贸易和投资均主要集中在中国香港、美国、欧盟等市场，在与"一带一路"沿线国家的经贸合作中仅与东盟地区形成了比较紧密的关系。经过改革开放近40年的发展积累，广东省经济也进入了结构转型期，逐步从以代工方式融入全球价值链底端向具有更高技术和附加值水平的环节升级，向布局区域价值链转型升级。"一带一路"沿线国家多为发展中国家，除东南亚国家和中东南欧国家外，其他国家在全球价值链中的参与度均比较低，与外向型经济发达的广东省有较强的互补性。同时，除东南亚国家外，广东与其他国家的贸易基础均比较薄弱，加之"一带一路"沿线国家工业化和城镇化建设速度加快，其巨大的市场是广东转变外贸结构，建设国际贸易中心的重要突破口，也是广东企业布局区域价值链，与"一带一路"沿线国家共同实现在全球价值链中升级的重要突破口。

为了更明晰地探讨"一带一路"建设五年来广东与沿线国家贸易合作的成效，需要从国别、区域结构和商品结构进一步分析广东与"一带一路"沿线国家的贸易合作趋势、现状与问题。

一、进出口贸易进一步向东南亚地区集中

2013—2017年期间，除西亚和北非国家与广东省的贸易规模有所下降以外，"一带一路"其他沿线国家与广东省的贸易规模均呈上升趋势，但进出口贸易格局发生了较大的变化。从广东省与"一带一路"各地区进出口贸易份额比重来看，"一带一路"倡议推行的五年间，西亚北非地区从22.5%下降至18.1%，东北亚地区从4.5%下降至3.4%，中亚地区从0.7%下降至0.5%；南亚地区则从8.6%上升至13.2%，东南亚地区从57.1%上升至57.8%，中东欧地区从6.6%上升至7.1%。整体而言，广东省与"一带一路"沿线国家的贸易合作进一步向东南亚和南亚地区集中，同时进一步拓展了中东欧市场，但与贸易联系还不太紧密的东北亚和中亚地区的合作有进一步放缓的趋势。

表3–3是以广东省对各国进出口贸易额为制表计算的各国与广东合作位序变动指数RMI[①]值。可以看出，与广东省贸易合作关系最紧密的国家为东

---

① 指标的公式为：RMI=（R1–R2）/（R1+R2）。式中，R1是某国家在时间1的排名，R2是某国家在时间2的排名。

盟国家，其次为部分西亚国家、俄罗斯等资源较丰富的国家，与中亚地区的合作关系最为薄弱。

从"一带一路"区域板块的位序变化来看，东南亚贸易额位序排名变动较大，南亚地区国家的位序上升势头明显。东南亚作为广东省对外出口的传统优势地区，经济结构与广东有很强的相似性，抑制了同类产品的进口，该区各国的贸易额位序排名变动较大，其中马来西亚、新加坡、文莱和泰国RMI值分别为-0.33、-0.25、-0.24和-0.2；中东欧地区大部分国家RMI值均呈上升趋势，但位次变动均不大，RMI值普遍在-0.1—0.1之间；南亚地区国家的位序上升势头明显，南亚国家人口稠密，国内市场庞大，与广东省有较强的互补性，本区所有国家RMI值均处于上升趋势，其中印度最高；中亚作为广东省出口弱势地区，除哈萨克斯坦外大部分国家位次变动不大，RMI值普遍在-0.1—0.1之间；西亚北非地区RMI值上升和下降的国家并存，除伊朗RMI值为-0.38外，其他总体变动不大；东北亚地区的蒙古和俄罗斯RMI值分别为0.05和0。

从单个国家的位序变动来看，2013—2017年位次上升的国家有29个，其中越南的RMI值最大，为0.6，其次为印度、叙利亚、沙特阿拉伯等；而位序下降的国家有27个，其中伊朗的下降幅度最大，RMI值为-0.38；其次为马来西亚、新加坡和文莱，RMI值分别为-0.33、-0.25和-0.24；其余国家位序保持不变。与东盟地区的越南贸易关系更为紧密，而与马来西亚、新加坡和文莱的贸易关系有所减弱，表明广东省贸易转型，产业转移和企业在价值链上的升级初见成效。

表3-3　"一带一路"沿线64国位序变动指数RMI

国家	2017年排名	2013年排名	RMI
越南	1	4	0.60
马来西亚	2	1	-0.33
泰国	3	2	-0.20
印度	4	8	0.33

（续上表）

国家	2017年排名	2013年排名	RMI
新加坡	5	3	−0.25
菲律宾	6	7	0.08
印度尼西亚	7	6	−0.08
阿联酋	8	9	0.06
沙特阿拉伯	9	11	0.10
俄罗斯	10	10	0.00
伊朗	11	5	−0.38
波兰	12	13	0.04
土耳其	13	12	−0.04
巴基斯坦	14	14	0.00
匈牙利	15	15	0.00
孟加拉国	16	18	0.06
以色列	17	16	−0.03
埃及	18	22	0.10
捷克	19	17	−0.06
伊拉克	20	20	0.00
缅甸	21	19	−0.05
柬埔寨	22	25	0.06
科威特	23	21	−0.05
卡塔尔	24	24	0.00
斯里兰卡	25	27	0.04
乌克兰	26	23	−0.06
斯洛伐克	27	28	0.02
斯洛文尼亚	28	34	0.10
罗马尼亚	29	32	0.05
阿曼	30	29	−0.02
约旦	31	31	0.00
黎巴嫩	32	33	0.02
哈萨克斯坦	33	26	−0.12
乌兹别克斯坦	34	39	0.07
立陶宛	35	36	0.01

（续上表）

国家	2017年排名	2013年排名	RMI
老挝	36	43	0.09
保加利亚	37	40	0.04
克罗地亚	38	44	0.07
尼泊尔	39	45	0.07
巴林	40	35	−0.07
拉脱维亚	41	38	−0.04
叙利亚	42	53	0.12
白俄罗斯	43	41	−0.02
也门	44	37	−0.09
爱沙尼亚	45	42	−0.03
蒙古	46	51	0.05
塞尔维亚	47	46	−0.01
格鲁吉亚	48	52	0.04
文莱	49	30	−0.24
吉尔吉斯斯坦	50	50	0.00
马尔代夫	51	56	0.05
阿塞拜疆	52	47	−0.05
阿富汗	53	49	−0.04
阿尔巴尼亚	54	55	0.01
土库曼斯坦	55	48	−0.07
亚美尼亚	56	58	0.02
马其顿	57	59	0.02
塔吉克斯坦	58	54	−0.04
波黑	59	61	0.02
摩尔多瓦	60	57	−0.03
巴勒斯坦	61	60	−0.01
东帝汶	62	63	0.01
黑山	63	62	−0.01
不丹	64	64	0.00

资料来源：数据由广东海关分署提供。

二、进出口商品结构有所优化，但出口商品结构比较单一

2017年广东省与"一带一路"沿线国家的进出口商品结构见表3-4。资本密集型的机电产品、文化产品和劳动密集型的服装等产品是2017年广东对"一带一路"各区域的主要出口商品种类。但从出口价值的角度来看，机电产品占绝对优势地位，占广东省对"一带一路"沿线国家出口总额的51.9%。其中，机电类出口又主要集中于"电器及电子产品"出口，电器及电子产品出口额增速较2016年增长12.2%。就出口地区结构而言，广东省的出口绝大多数集中在东南亚、西亚北非、南亚和中东欧，与西北亚和中亚的贸易联系相对薄弱。

与广东省对"一带一路"沿线国家出口商品比较集中不同，广东从"一带一路"各地区的进口有较显著的异质性，这也体现了各区域的比较优势不同。广东与东盟、中东欧国家同处于欧盟、美国、日本等发达国家布局的全球价值链中，工序合作使得双方进口和出口商品结构比较一致，均是机电产品；而与西亚北非和东北亚地区相比，广东省具有资本和技术优势，西亚和东北亚地区具有资源优势，因此从这两个地区进口的主要商品为原油、煤炭等资源产品；与广东相比，南亚和中亚国家更具劳动力优势，因此从这两个地区进口的主要产品为劳动力密集型的纺织纱线以及部分农产品等。从进口区域来看，广东省进口区域集中度明显高于出口区域集中度，超过85%的进口来源于与广东同属于欧美日等国布局的价值链中的东南亚地区。这一方面说明广东与东南亚地区经贸关系紧密，产品内贸易发达；另一方面说明广东仍处于国际分工的从属地位，与"一带一路"沿线国家合作充分发挥各自比较优势及市场需求，引领区域价值链发展有广阔前景。

表3-4 2017年广东与"一带一路"各区域的商品贸易结构

区域	主要出口商品	出口值	占比（%）	主要进口商品	进口值	占比（%）
东南亚	机电产品	378.4	26.6	机电产品	447.7	56.2
	纺织纱线、织物及制品	30.5	2.1	农产品	209.1	26.3

（续上表）

区域	主要出口商品	出口值	占比（%）	主要进口商品	进口值	占比（%）
东南亚	文化产品	27.4	1.9	初级形状的塑料	24	3
	服装及衣着附件	25.9	1.8			
西亚北非	机电产品	187.5	13.2	原油	30.9	3.9
	服装及衣着附件	33.2	2.3	初级形状的塑料	22.8	2.9
	文化产品	17.1	1.2	机电产品	3.4	0.4
				乙二醇	2.3	0.3
				苯乙烯	1.7	0.2
南亚	机电产品	191.8	13.5	钻石	9.7	1.2
	纺织纱线、织物及制品	14.0	1.0	纺织纱线、织物及制品	5.7	0.7
	服装及衣着附件	7.9	0.6	机电产品	2.3	0.3
				农产品	1.9	0.2
				牛皮革及马皮革	1.2	0.2
中东欧	机电产品	116.0	8.1	机电产品	9.4	1.2
	文化产品	19.8	1.4	农产品	1.7	0.2
东北亚	机电产品	51.0	3.6	煤及褐煤	1.3	0.2
	文化产品	13.9	1.0	铜矿砂及其精矿	1.0	0.1
	服装及衣着附件	3.2	0.2	钻石	0.3	0.038
				机电产品	0.3	0.038
				纸浆	0.2	0.025
中亚	机电产品	7.7	0.5	纺织纱线、织物及制品	0.1	0.013
	纺织纱线、织物及制品	0.4	0.028	初级形状的塑料	0.05	0.0067
				农产品	0.0087	0.0011
				牛皮革及马皮革	0.0042	0.0005

注：文中占比（%）为各区域主要出口商品出口额和进口商品进口额分别占广东省与沿线国家出口总值和进口总值的比例。

资料来源：数据由广东海关分署提供。

上述对广东与"一带一路"沿线国家的贸易结构分析表明，五年来广东积极参与"一带一路"建设，打造"一带一路"经贸合作中心和重要引擎的目标已初见成效。广东省与"一带一路"各区域均根据比较优势建立起贸易合作关系，但与各区域的合作存在严重的不对称性。除东南亚地区外，广东与其他地区的价值链导向合作不明显，并没有充分利用"一带一路"沿线国家的比较优势，对沿线发展中国家的工业化及城镇化建设所产生的巨大市场的开拓有待加强。从进出口贸易的市场结构来看，与东南亚国家的贸易联系最为紧密，"一带一路"建设五年来广东的进出口市场发展有进一步向东南亚地区集聚的趋势，2017年与广东与该地区的贸易额占与"一带一路"沿线国家贸易总量的57.8%；中东欧和南亚市场得到进一步拓展和巩固，但与西亚北非国家的合作联系有所降低，与本来经贸联系就比较薄弱的东北亚和中亚地区贸易联系紧密度进一步降低。从商品结构来看，进出口商品贸易结构也相对集中，特别是进出口商品高度集中于机电产品，进出口商品结构有待进一步优化，以充分发挥广东和各国的比较优势，建立起结构优化、互利共赢的贸易和价值链网络。

第三节　广东与"一带一路"各区域贸易竞争与互补性分析

为探讨在"一带一路"建设向落地生根、持久发展阶段迈进的背景下，广东与沿线国家如何充分发挥各自的比较优势，形成良性竞争和优势互补的合作，建立起结构优化，互利共赢的贸易网络，推动广东与沿线国家贸易合作从追求量向追求量质共同发展的高阶阶段迈进，本研究分别用显示性比较优势指数（RCA）和贸易互补性指数（TCI）来分析广东与"一带一路"沿线国家的贸易竞争性和互补性。

一、广东与"一带一路"各区域形成了错位竞争的贸易合作关系

显性比较优势指数（RCA）[①]被广泛应用于国家或地区出口商品结构及竞争力分析，是衡量国际贸易中专业化水平及甄别一国或地区具有比较优势行业的常用指标。一般认为，若RCA>2.5，则表示该国或地区的此产品在国际市场上具有极强的竞争力；若1.25≤RCA≤2.5，则表示该国或地区的此产品在国际市场上具有较强的竞争力；若0.8≤RCA≤1.25，则表示该国或地区的此产品在国际市场上具有中度竞争力，如果RCA<0.8，则表示该国或地区的此产品的国际竞争力弱。本文采用RCA指数来衡量广东和"一带一路"各板块之间的比较优势。

本文利用RCA指标计算了2017年度广东及"一带一路"沿线国家[②]所出口的在税则中列明的22类商品的RCA指数，计算结果见表3-5。

表3-5 2017年广东与"一带一路"沿线各板块分品类显性比较优势指数

	类名	广东	东南亚	西亚北非	南亚	中东欧	东北亚	中亚
1	活动物、动物产品	0.24	0.34	0.67	2.60	1.61	0.80	0.25
2	植物产品	0.07	0.42	1.52	2.53	1.40	0.98	1.44
3	动、植物油、脂及其分解产品	0.03	0.21	0.26	0.27	0.56	0.50	0.15
4	食品、饮料、烟草及其制品	0.33	0.20	1.24	0.88	1.65	0.47	0.32

---

① 指标的计算公式为：$RCA_{ik}=(X_{ik}/X_i)/(W_k/W)$。式中，$RCA_{ik}$为i国或地区出口k商品的显性比较优势指数，$X_{ik}$是i国或地区出口k商品的出口额，$X_i$是i国或地区对外出口总额，$W_k$是"一带一路"沿线64个国家与广东出口k商品的出口额，W是"一带一路"沿线64个国家与广东的出口总额。

② 数据来源为UN comtrade，其中南亚地区中孟加拉国、不丹和马尔代夫，东北亚地区蒙古国，中东欧地区白俄罗斯，中亚地区乌兹别克斯坦、土库曼斯坦，西亚北非地区巴林、黎巴嫩、卡塔尔、沙特阿拉伯、巴勒斯坦、阿联酋、也门、阿富汗、伊拉克、伊朗、叙利亚，东南亚地区柬埔寨、越南、泰国、东帝汶、老挝的数据缺失。

（续上表）

	类名	广东	东南亚	西亚北非	南亚	中东欧	东北亚	中亚
5	矿产品	0.05	1.59	1.54	0.78	0.27	3.75	4.15
6	化学工业及相关产品	0.24	0.31	1.32	1.87	1.04	0.74	0.77
7	塑料、橡胶及其制品	0.74	0.17	1.01	0.73	1.38	0.40	0.06
8	毛皮制品	2.67	0.05	0.37	1.80	0.68	0.11	0.08
9	木及木制品	0.27	0.81	0.23	0.14	1.85	1.90	0.05
10	纸制品	0.94	0.37	0.61	0.44	1.49	0.87	0.05
11	纺织品	1.37	0.02	1.84	3.05	0.63	0.04	0.14
12	鞋帽伞杖鞭及羽毛毛发制品	2.54	0.02	0.26	0.94	0.92	0.05	0.11
13	石膏陶瓷玻璃制品	1.97	0.14	1.21	0.87	1.28	0.32	0.12
14	宝石、贵金属	0.53	0.37	2.25	3.54	0.09	0.86	0.73
15	贱金属及其制品	0.69	0.60	1.04	1.18	1.33	1.40	2.37
16	机器、电气设备及其零件	1.85	0.05	0.40	0.28	0.97	0.13	0.03
17	运输设备	0.36	0.12	1.38	1.01	2.22	0.27	0.09
18	光学照相计量检验医疗设备	1.71	0.09	0.68	0.40	0.82	0.20	0.03
19	武器弹药	0.03	0.14	4.80	0.66	1.66	0.33	0.00
20	杂项制品	2.72	0.04	0.44	0.24	1.41	0.08	0.02
21	艺术品、古物	0.24	0.03	1.35	2.58	0.29	0.07	0.04
22	特殊交易品及未分类商品	0.25	1.33	0.16	0.07	0.32	3.14	0.03

资料来源：数据由广东海关分署提供。

从表3-5可以看出，总体上广东出口商品与"一带一路"沿线国家出口商品基本形成了错位竞争的局面，但在错位竞争的同时，也存在部分竞争激烈的商品。如第五类矿产品广东的RCA指数远小于中亚板块的RCA指数，在第十二类鞋帽伞杖鞭及羽毛毛发制品中广东省出口则具有绝对优势，而在第十一类纺织品方面广东与西亚北非国家，及南亚国家形成了激烈的竞争。

其中，广东出口RCA指数大于2.5的产品有三类，分别为第二十类杂项制品、第八类毛皮制品和第十二类鞋帽伞杖鞭及羽毛毛发制品。其中，第十二类鞋帽伞杖鞭及羽毛毛发制品的RCA指数为2.54，并且"一带一路"六大板块该类商品的RCA指数均小于1，说明广东在鞋帽伞杖鞭及羽毛毛发制品件类商品方面具有绝对的比较优势。此外，第二十类杂项制品RCA高达2.72，除中东欧地区在该产品上具有一定的比较优势，其他"一带一路"沿线国家该类商品的RCA均小于0.5；第八类杂项制品RCA高达2.67，与南亚国家在该产品上存在一定的竞争性，其他"一带一路"沿线国家该类商品的竞争力较低，RCA指数均小于0.5。

广东出口RCA指数大于1.25小于2.5的商品有四类，分别为第十一类纺织品，第十三类石膏陶瓷玻璃制品，第十六类机器、电气设备及其零件和第十八类光学照相计量检验医疗设备及钟表。在这四类商品出口中，第十一类纺织品和第十三类石膏陶瓷玻璃制品，广东具有一定的竞争优势，两类商品的RCA指数分别为1.37和1.97，但与南亚地区相比，广东省的纺织品优势并不明显；与沿线国家相比，广东省的石膏陶瓷玻璃制品RCA指数最高，但与中东欧地区也存在一定的竞争性。第十六类机器、电气设备及其零件和第十八类光学照相计量检验医疗设备及钟表，广东的RCA指数与沿线国家相比是最高的，分别为1.85和1.71，而"一带一路"六大板块该两类的RCA指数均小于1，广东该两类商品的出口与"一带一路"沿线国家相比具有很强的竞争力。

相比较而言，广东省在农牧产品，食品，矿产品及其相关制品，木制品及其相关制品等简单制成品，化学工业及其产品，塑料、橡胶及其制品，纸制品，贱金属及其制品，运输设备等制造品方面，武器弹药，艺术品和古物，以及特殊交易品及未分类产品方面具有比较劣势。中东欧地区具有比较优势的产品更为广泛；东南亚国家在矿产品和特殊交易品及未分类产品方面具有比较优势，西亚北非地区和南亚国家在具有比较优势的产品上有很强的重合性，两地区的竞争关系比较激烈，东北亚则和中亚地区形成了比较明显的竞争关系。

二、广东与"一带一路"各区域形成了体现各自比较优势的互补性贸易关系

贸易互补性指数（TCI）[①]是在RCA指数的基础上引入的，其定义由注释给出。该指标主要反映一国（地区）出口商品结构与另一国（地区）进口商品结构之间的对应关系。RCA_{mj}^k表示j国（地区）k产品的比较劣势，该指标越大，说明j国（地区）在k产品上生产上越处于劣势地位。根据定义，TCI数值越大表明以i、j两国（地区）在K产品上的互补性越强。一般认为，TCI>1，i、j两国（地区）在k产品具有互补性，有贸易增长潜力，并且值越大，说明互补性越强，贸易增长潜力越大；TCI<1时，结论则相反。

本文利用TCI指标公式计算了以广东为进口方、"一带一路"各区域为出口方的22类商品的TCI指数，其计算结果如表3-6所示。

表3-6　2017年广东与"一带一路"各区域的贸易互补性关系

	类名	东南亚	西亚北非	南亚	中东欧	东北亚	中亚
1	活动物、动物产品	0.22	0.43	1.68	1.04	0.52	0.16
2	植物产品	0.29	1.07	1.79	0.99	0.69	1.02
3	动、植物油、脂及其分解产品	0.06	0.08	0.08	0.16	0.14	0.04
4	食品、饮料、烟草及其制品	0.09	0.57	0.40	0.75	0.22	0.15
5	矿产品	0.54	0.52	0.26	0.09	1.26	1.40

---

① 指标的计算公式为：$TCI_{ij}^k = RCA_{xi}^k \times RCA_{mj}^k$。式中，$RCA_{xi}^k = (X_i^k/X_i)/(X_w^k/X_w)$，$X_i^k$和$X_i$分别为i国或地区k产品出口额和全部商品出口总额，$X_w^k$和$X_w$分别为"一带一路"沿线64个国家与广东k产品出口额和"一带一路"沿线64个国家与广东全部产品出口总额。$RCA_{mj}^k = (X_j^k/X_j)/(X_w^k/X_w)$，$X_j^k$和$X_j$分别为j国或地区k产品进口额和全部商品进口总额，$X_w^k$和$X_w$分别为"一带一路"沿线64个国家与广东k产品进口额和"一带一路"沿线64个国家与广东全部产品进口总额。

（续上表）

	类名	东南亚	西亚北非	南亚	中东欧	东北亚	中亚
6	化学工业及其制品	0.14	0.61	0.86	0.48	0.34	0.35
7	塑料、橡胶及其制品	0.18	1.06	0.77	1.45	0.42	0.06
8	毛皮制品	0.05	0.43	2.08	0.78	0.13	0.10
9	木制品	1.25	0.36	0.21	2.86	2.94	0.07
10	纸制品	0.34	0.57	0.41	1.37	0.81	0.04
11	纺织品	0.01	0.87	1.45	0.30	0.02	0.06
12	鞋帽伞杖鞭及羽毛毛发制品	0.00	0.05	0.19	0.19	0.01	0.02
13	石膏陶瓷玻璃制品	0.12	1.10	0.79	1.17	0.29	0.11
14	宝石、贵金属	0.14	0.88	1.38	0.03	0.34	0.29
15	贱金属及其制品	0.37	0.65	0.74	0.84	0.88	1.49
16	机器、电气设备及其零件	0.10	0.74	0.52	1.81	0.24	0.06
17	运输设备	0.03	0.33	0.24	0.53	0.07	0.02
18	光学照相计量检验医疗设备	0.20	1.57	0.94	1.90	0.47	0.07
19	武器弹药	0.00	0.04	0.01	0.01	0.00	0.00
20	杂项制品	0.01	0.15	0.08	0.49	0.03	0.01
21	艺术品、古物	0.00	0.07	0.13	0.02	0.00	0.00
22	特殊交易品及未分类商品	3.36	0.41	0.17	0.80	7.92	0.08

资料来源：数据由广东海关分署提供。

表3-6显示，以"一带一路"沿线国家为出口方、广东为进口方的贸易互补指数呈现出显著的地域特色。东南亚国家仅在木制品、特殊交易品及未分类产品上与广东具有互补性；广东与南亚地区互补性较高的是劳动密集型产品和资源密集型产品，特别是在第八类毛皮制品上与广东互补性极强；西亚北非国家与广东互补性较高的产品主要集中在初级产品和简单的制造品方面；中东欧国家与广东具有互补性的产品分布则比较广泛；东北亚地区和中亚地区与广东在农产品和矿产品方面具有较强的互补性。

广东与东南亚地区具有互补性的产品较少，仅在木制品、特殊交易品及未分类产品上具有互补性，这一方面可能与数据缺失太多有关，一方面与广东与东南亚国家均处于由美国、欧盟和日本等发达国家布局的全球价值链中相关，较为相似的经济结构导致双方经济的竞争性大于互补性。

西亚北非地区与广东优势互补的产品主要集中在初级产品和非精密制造品方面，与第十八类光学照相计量检验医疗设备贸易互补性最高，贸易互补指数为1.57。此外，在石膏陶瓷玻璃制品，植物产品和塑料、橡胶及其制品上也具有较强的互补关系，贸易互补指数分别为1.1、1.07和1.06。

广东与南亚地区互补性较高的产品较多，主要是劳动密集型产品和资源密集型产品，包括第八类毛皮制品，第二类植物产品，第一类活动物、动物产品，第十一类纺织品和第十四类宝石、贵金属。在资源密集型产品上具有很强的互补性与南亚地理位置和气候原因有关，其地理位置和气候使该地区其植物作物种类繁多。同时，广东省经济结构升级和产业升级的推进使劳动密集型产业逐渐失去原有的大份额市场，而南亚地区人口密集且经济处于工业化阶段使其在劳动密集型产品上与广东省形成优势互补。

广东与中东欧具有互补性高的产品分布比较广泛，劳动密集型产品主要集中在第九类木制品，第七类塑料、橡胶及其产品，第十类纸质品和第十三类石膏陶瓷玻璃制品上。其中，在第九类木制品上贸易互补指数达到2.86；资本密集型产品上，中东欧地区与广东互补性高的产品集中在第十六类机器、电气设备及其零件和第十八类光学照相计量检验医疗设备上，这与中东欧国家具有资本和技术优势有关。

广东与东北亚和中亚具有互补性关系的产品主要为资源密集型产品。其中，与东北亚在第九类木制品和第五类矿产品上具有比较明显的互补性，而与中亚地区则在第十五类贱金属及其制品上与广东的互补优势比较明显，TCI值达到1.49；在第二类植物产品和第五类矿产品上也具有较强的互补优势，TCI值分别为1.02和1.4。

以上通过对广东省与"一带一路"沿线国家贸易竞争与互补性的分析可

知，广东出口商品与"一带一路"沿线国家出口商品基本处于错位竞争中，但也存在部分竞争激烈的商品。相对而言，广东省的比较优势主要集中在工业制成品方面，中东欧地区具有比较优势的产品广泛分布于初级产品和工业制成品方面，西亚北非以及南亚国家的比较优势集中在初级产品和劳动密集型产品方面，而东北亚和中亚的比较优势主要集中在资源及资源密集型产品方面。就互补性而言，广东与"一带一路"沿线国家的互补性呈现出显著的地域特色，与东南亚国家仅在木制品、特殊交易品及未分类产品上具有互补性；广东与南亚地区互补性较高的是劳动密集型产品和资源密集型产品；西亚北非国家与广东互补性较高的产品主要集中在初级产品和简单的制造品方面；中东欧国家与广东具有互补性的产品分布则比较广泛；东北亚地区和中亚地区与广东在农产品和矿产品方面具有较强的互补性。整体而言，广东与沿线国家的互补性比较强，并基本形成了错位竞争的局面，为广东省与"一带一路"沿线国家进行价值链合作提供了广阔的市场。

第四节　广东与"一带一路"沿线国家贸易合作存在的问题及对策建议

"一带一路"建设五年来，广东省与"一带一路"各区域均根据比较优势建立起贸易合作关系，贸易规模稳步增长，国别结构和商品结构进一步优化。但不可否认，广东与"一带一路"沿线国家的经贸合作也存在许多问题和挑战，需要本着互利共赢的原则制定政策措施深化与"一带一路"国家的经贸合作。

一、广东与"一带一路"沿线国家贸易合作存在的问题及挑战

1. 贸易进出口规模失衡，贸易顺差过大易引发贸易摩擦

"一带一路"倡议提出以来，广东围绕打造"一带一路"战略枢纽、经

贸合作中心和重要引擎的目标，通过与沿线节点城市和港口城市开展高层交流、建设经贸合作平台、推动贸易便利化合作等多措并举深化与沿线国家的贸易合作，五年来实现了贸易规模稳步增长，但这种增长主要是靠出口拉动的。与倡议提出前的2010—2013年相比，倡议实施以来的2014—2017年间，年均出口规模增长了405.7亿美元，而年均进口规模仅增长了33.1亿美元，年均贸易顺差从2010—2013年的144.4亿美元大幅增长到2014—2017年的517亿美元。虽然这种贸易顺差由于双方经济结构、产业竞争力不同，是基于比较优势的合作产生的，但考虑到沿线国家政治、经济的复杂性，这极易造成敌对情绪和贸易摩擦。同时，这也说明广东企业布局区域价值链仍处于起步阶段。

2. 国别结构和商品结构有待优化

经过五年的发展，广东省与"一带一路"各区域均根据比较优势建立起了贸易合作关系，但贸易合作大规模集中于东南亚地区，并且呈现出进一步向东南亚地区集聚的趋势，2017年与东南亚地区的贸易规模占与"一带一路"贸易规模总量的57.8%，较2013年增长0.6个百分点，而与本来贸易联系就比较薄弱的中亚和东北亚地区的合作规模进一步下降。在商品结构方面，广东省进出口产品高度集中在机电产品方面，其他产品规模均较小，并没有充分利用广东与各国的比较优势。广东省与"一带一路"沿线国家贸易合作的国别结构和商品结构有待优化。

3. 与"一带一路"各区域合作的比较优势有待进一步挖掘

在"一带一路"各区域中，因与东南亚地区同处于发达国家布局的全球价值链中，加之地理距离较近，广东省与东南亚地区的贸易关系十分紧密，但与其他区域，特别是中东欧、中亚和东北亚的贸易联系十分薄弱，而广东省与这些区域在经济上有很强的互补性。特别是随着广东省科技兴贸的推行和贸易转型，这些地区可为广东省经济转型提供广阔的市场和经济发展所需的资源、中间品等进口，广东省应积极拓展与这些地区的贸易联系，一方面通过良性竞争和发挥互补优势促进广东省贸易转型和价值链升级，另一方面带动更多的"一带一路"沿线国家融入到全球价值链中，实现互利共赢。

4. "一带一路"沿线国家经济基础落后和政治不稳定加剧了合作风险

除部分东南亚和中东欧国家外，"一带一路"沿线大部分国家经济发展水平落后，经济结构单一和经济基础薄弱导致其经济政策稳定性不高，法律不健全等。同时，一些国家还伴有政治与社会局势不稳定、腐败行为严重等问题。这些均会导致企业在贸易合作过程中面临的经济和政治风险加剧，这一方面会降低潜在企业与"一带一路"沿线国家合作的信心，另一方面可能会使与沿线国家已建立贸易联系的企业退出，从而会对双方贸易联系造成影响。

5. 服务供给不足或缺失增加了企业出口成本和难度

企业建立对外经济联系是一个复杂的过程，不仅涉及国内相关政策法规，也涉及国外相关政策法规、国外市场情况等。同时，建立出口联系之后还可能面临融资等一系列问题。企业特别是中小企业在建立对外经济联系的过程中往往面临信息不对称，对国外市场、政策法规等掌握不足，出口融资困难等问题。广东省中小企业众多，而中小企业往往无力负担出口相关的全部成本，相关服务供给不足或缺失必然会影响企业出口。

二、广东深化与"一带一路"沿线国家经贸合作的对策建议

1. 通过边境和边境内壁垒的削减强化广东与"一带一路"沿线国家的贸易联系

以广东自贸区建设和粤港澳大湾区建设为契机，进一步削减贸易壁垒，强化贸易便利化建设，通过边境和边境内壁垒的削减强化广东与"一带一路"沿线国家的贸易联系。为实现自贸区建设和湾区建设目标，广东自贸区已在贸易、投资便利化制度创新，金融创新，事中事后监管创新，科技创新合作，法治建设和体制机制创新方面取得了重要成果，在很大程度上促进了要素跨境便捷流动和贸易发展。广东自贸区应在现有制度创新基础上进一步推进"单一窗口"建设和完善口岸通关快速查验机制，并将试验成果在全省范围内推广。同时，自贸区应通过制定与国际高水平经贸规则接轨的竞争、

知识产权保护、电子商务、资本流动及环境保护等边境内政策，创建贸易友好型营商环境，提高广东营商环境质量，通过削减边境和边境内壁垒扩大广东从"一带一路"沿线国家的进口规模，提高贸易效率。

2. 打造现代服务体系，提高服务配套供给，促进贸易规模扩大和贸易结构改善

企业特别是中小企业开展对外经贸活动时往往面临着信息不对称问题，这不仅会降低合作效率，而且会增加企业成本。广东省可以通过购买第三方服务的方式组织专业力量加强对"一带一路"沿线国家经贸环境研究，评估各沿线国家的经贸发展水平等，通过专门线上服务平台发布相关动态，同时打造相关咨询服务体系、经贸往来服务体系等，以确保企业可以更好更精准地了解国内外与贸易相关的政策法规、商贸信息及比较优势，这一方面可以拓展新的市场，改善贸易结构失衡的局面，另一方面可以提高贸易合作安全性和效率。

3. 以高层互访、签订合作协议等方式将合作制度化，降低企业在合作过程中的风险

"一带一路"沿线部分国家政局不稳，经济政策和法律多变，这无疑增加了贸易合作的不确定性因素和风险。通过高层互访建立友好城市关系，特别是通过签订合作协议等方式将双方合作制度化，一方面可以提高贸易环境的稳定性和可预测性，另一方面可以提高东道国违约的成本，从而有利于降低其违约几率，降低企业与"一带一路"沿线国家贸易合作的成本，提高潜在企业预期信心，提高与沿线国家贸易合作的安全性。

4. 创新外商直接投资方式带动出口规模的提升和出口结构的改善

在推动企业以传统的绿地投资、跨国并购等传统投资方式向外投资的同时，以政策、金融等优惠措施鼓励企业与"一带一路"沿线国家建立境外产业园区合作，推动省内企业以抱团的方式"走出去"。这一方面可以提高企业对外投资的安全性，一方面可以带动配套企业，特别是无力独自"走出去"的中小企业"走出去"，以推动境外产业链建设，提高大企业布局区域价值链的机会和能力。同时,产业链的建设因其环节众多,一方面可以提升出口规模,另一方面可以改善出口结构,特别是增加技术密集型产品和服务出口。

5. 拓展和创新金融服务缓解出口企业融资困难问题

企业特别是中小企业出口往往面临着融资困难问题,这严重抑制了企业建立与"一带一路"的贸易联系和自身的可持续发展。广东省中小企业众多,分布在各行各业,充分发挥其作用将为广东省改善对外贸易结构,提升经济发展水平提供重要支撑。为此,广东省可以通过合理布局政策性金融机构服务网点、扩大出口信用保险保单融资规模、提升产品风险覆盖等级、转变融资模式、搭建"互联网+"中小企业融资服务平台等方式创新金融服务,提高金融服务力度以缓解企业出口融资困难的问题。

6. 突出人文交流,以民心相通促进贸易畅通

民心相通是"一带一路"建设的重要目标,也是实现经贸安全、高效往来的重要保障。广东省可以发挥岭南文化底蕴,通过旅游、教育以及文化深度交流三大途径促进与"一带一路"各地区的相互了解,以旅游、教育和文化合作促进贸易合作。同时,应发挥广东省华侨众多的优势,充分利用华侨华商资源,定期举办华侨华商专门会议,以华侨华商为纽带推动贸易合作、企业"走出去"、共建园区等,从而直接或间接地加强与"一带一路"沿线国家的贸易联系。

附表1 "一带一路"板块划分及国家组成

板块	主要国别
东北亚2国	蒙古、俄罗斯
东南亚11国	越南、老挝、柬埔寨、泰国、马来西亚、新加坡、印度尼西亚、文莱、菲律宾、缅甸、东帝汶
南亚7国	印度、巴基斯坦、孟加拉、尼泊尔、不丹、斯里兰卡、马尔代夫
中东欧19国	波兰、捷克、斯洛伐克、匈牙利、斯洛文尼亚、克罗地亚、罗马尼亚、保加利亚、塞尔维亚、黑山、马其顿、波黑、阿尔巴尼亚、爱沙尼亚、立陶宛、拉脱维亚、乌克兰、白俄罗斯、摩尔多瓦

（续上表）

板块	主要国别
中亚5国	哈萨克斯坦、吉尔吉斯斯坦、塔吉克斯坦、乌兹别克斯坦、土库曼斯坦
西亚北非20国	土耳其、伊朗、叙利亚、伊拉克、阿联酋、沙特阿拉伯、卡塔尔、巴林、科威特、黎巴嫩、阿曼、也门、约旦、以色列、巴勒斯坦、埃及、亚美尼亚、格鲁吉亚、阿塞拜疆、阿富汗

（本章作者：李艳秀，中山大学粤港澳发展研究院博士后，经济学博士，主要研究方向为国际贸易、全球价值链。）

第四章

广东与"一带一路"沿线国家的相互投资

国际投资和产能合作是加快"一带一路"建设的重要路径。党的十九大报告提出，要以"一带一路"建设为重点，坚持"引进来"和"走出去"并重，遵循共商共建共享原则，加强创新能力开放合作，形成陆海内外联动、东西双向互济的开放格局。"一带一路"建设五年来，我国不断深化投资管理体制改革，支持"走出去"和国际产能合作，对"一带一路"沿线国家直接投资超过700亿美元，其中2017年中国企业对"一带一路"沿线的59个国家新增投资合计143.6亿美元。广东是改革开放的先行地和试验田，经过改革开放40年的高速发展，广东经济国际化水平快速提升，企业"走出去"国际化经营日趋明显。参与"一带一路"建设五年来，广东吸引外资和对外投资规模不断提升，投资主体日益多元化，国别结构和行业结构不断优化，知识和技术密集型服务业吸引外资比重持续上升。截至2017年年底，"一带一路"沿线国家在广东累计设立项目8770个，实际利用外资金额151.2亿美元；2014—2017年广东对沿线国家的实际投资约86.2亿美元。广东与"一带一路"沿线国家在经济上存在很强的互补性，通过产业转移和企业境外投资，以良性竞争和发挥各自的比较优势形成互利共赢的区域价值链联系，不仅有利于广东经济的转型升级，也有利于"一带一路"沿线国家参与全球价值链分工。在加快构建全面开放新格局的背景下，广东要积极参与"一带一路"建设，充分调动各种力量加强与沿线国家的投资合作，并提高合作效率和安全性，支持企业"走出去"布局区域价值链，与沿线区域共享经济发展成果。

第一节 广东与"一带一路"沿线国家
投资合作总体情况

作为我国对外开放的先行地，广东省积极参与"一带一路"建设，于2015年6月在全国率先发布《广东省参与建设"一带一路"的实施方案》，率先完成与推动共建丝绸之路经济带和21世纪海上丝绸之路的愿景与行动的衔接。方案中明确"加快投资领域合作"是重点任务之一："支持企业赴沿线国家投资，在现代农业、先进制造业、现代服务业和跨国经营等方面开展深入合作。努力引导走出去企业实施本地化战略，遵守当地法律法规，尊重当地风俗民情，强化企业环保、公益等社会责任意识，为当地创造更多的就业机会，促进当地经济发展，实现互利共赢。"五年来，广东省积极践行"一带一路"倡议，推动落实《广东省参与建设"一带一路"的实施方案》，并取得了阶段性成果。

一、广东与"一带一路"沿线国家建立了广泛的投资合作关系

根据广东省商务厅的统计数据，在吸引外资方面，截至2017年年底，"一带一路"沿线国家在广东累计设立项目8770个，合同外资金额251.4亿美元，实际利用外资金额151.2亿美元。[①]2017年，"一带一路"沿线国家在广东设立外商直接投资项目1243个，合同外资金额178.5亿元人民币，同比增长110.7%。在国别结构方面，广东省外资主要来源于东盟的新加坡、文莱、泰国、马来西亚和缅甸等国，其中新加坡是最主要的外资来源地。2017

---

① 由于香港是我国企业"引进来"和"走出去"的重要中转地，从香港流出和引进的外资来源地直接统计为香港，因此统计数字反映的广东与"一带一路"的投资合作数量会低于实际投资数量。

年，来自新加坡的合同外资金额和实际投资金额分别为129.8亿元人民币和27.8亿元人民币，分别占沿线国家在广东投资的72.7%及88.8%。随着"一带一路"倡议的推进，广东吸引沿线国家的外资国别结构进一步优化，西亚地区的也门、沙特阿拉伯和土耳其，南亚地区的印度和欧洲地区的罗马尼亚、匈牙利和俄罗斯等国对广东的投资有所提升。在投资行业方面，制造业、批发和零售业、房地产业、金融业、租赁和商业服务业是吸引外资较多的行业。

在对外直接投资方面，2014—2017年广东对沿线国家实际投资分别为17.2亿、24.9亿、41.1亿和2.95亿美元。经过连续三年的高速增长，2017年广东对沿线国家的投资大幅下降，这一方面有市场调整的原因，另一方面有遏止非理性投资的原因，以此保障广东对沿线国家的投资更加理性和稳健。在市场布局方面，广东省对沿线国家的投资主要集中在东盟国家、印度和阿联酋等地，2017年对这三个地区的实际投资分别占对"一带一路"实际投资总额的75.25%、19.87%和0.82%。对"一带一路"其他地区的投资规模相对较小，但增速较快，特别是对俄罗斯、罗马尼亚、保加利亚和匈牙利等国家的投资增速较快。在投资主体方面，广东省"走出去"企业高度集中在珠三角地区，珠三角地区又主要集中在深圳、广州和珠海三地，三地企业对外投资比重常年超过全省对外直接投资总量的60%。虽然近年汕头、湛江、揭阳等市的企业"走出去"步伐加快，但由于粤东西北地区产业基础薄弱，"走出去"企业尚未形成规模，对外投资规模占全省比重仍然偏小。随着2014年商务部修订出台新的《境外投资管理办法》，改核准制为以备案制为主、核准制为辅的管理方式，民营企业的对外投资积极性被大大激发，广东省民营企业不断拓展投资领域，跨国经营水平不断提升。

二、积极制定和实施促进与"一带一路"的投资合作政策

在对外投资合作政策举措方面，近年来广东推出的主要针对"一带一路"的投资促进举措包括：（1）加强国别产业和跨国并购等专题研究。在

对印度、澳大利亚等18个国家国别研究的基础上，深化对"一带一路"重点国家（地区）和重点产业的研究和促进企业跨国并购研究，为企业跨国经营提供投资指引。（2）利用高层交往搭建多层次交流平台。广东省人民政府与加拿大不列颠哥伦比亚省政府签订了关于相互支持并参与"一带一路"和"亚太门户与走廊计划"的谅解备忘录。联合港澳机构开展推介大珠三角活动，探索抱团"走出去"新模式，积极拓展与"一带一路"沿线国家特别是东盟国家的经贸合作。（3）制订《广东省参与"一带一路"建设重点工作方案（2015—2017年）》，共40项工作方案；同时梳理形成《广东省参与"一带一路"建设实施方案优先推进项目清单》，共68个项目，总投资达554亿美元，涵盖基础设施建设、能源资源、农业、渔业、制造业和服务业等6个领域。（4）设立广东丝路基金，以加大对广东省企业赴"一带一路"沿线国家投资的支持力度。

在吸引外资方面的重要举措主要包括：颁布《广东省进一步扩大对外开放积极利用外资若干政策措施》，对从扩大市场准入，到强化金融、税收、土地等优惠政策，完善利用外资保障政策等10方面进行了规定，以期进一步优化利用外资结构，营造优良的营商环境，提高广东省外向型经济的竞争力。广东自贸区建设开放型经济新体制先行区极大地促进了广东营商环境质量的提升。以负面清单为核心的外资管理水平进一步提高，负面清单由2015年的122条缩减至2018年45条，清单外实施备案制，办理时间由10个工作日缩减到2个工作日。商事登记制度改革进一步深化，将企业登记注册与公安、发改、人社、食药监、检验检疫等部门的相关证照并联审批，实现了"二十证六章"联办；实施"一门式、一网式"服务模式，并通过银行网点延伸商事登记窗口服务；开办企业所需平均时间缩短为3天，接近新加坡、中国香港等地水平。

三、广东自贸区打造服务"一带一路"建设的门户枢纽

根据国务院发布的《中国（广东）自由贸易试验区总体方案》，广东

自贸区的定位之一是"21世纪海上丝绸之路重要枢纽",将建设成为内地企业和个人"走出去"的窗口和综合服务平台。广东自贸区广州南沙新区片区制订了建设高水平对外开放门户枢纽三年行动计划。与国家发改委国际合作中心、中国贸促会等合作设立了南方国际产能和技术合作中心、中国贸促会(广东)自由贸易试验区南沙服务中心、葡语系国家商品展示销售综合平台等对外合作平台,为国际产能合作和企业"走出去"提供便利化服务。与爱尔兰香农自由区等"一带一路"沿线国家和地区的自贸园区开展交流与合作。深圳前海蛇口片区于2015年9月20日成立了中国港澳台和外国法律查明研究中心、最高人民法院港澳台和外国法律查明研究基地,以及最高人民法院港澳台和外国法律查明基地,该中心承担法律查明工作的公共服务建设、推动建立"一带一路"沿线国家和地区法律库、整理完善域外法适用的案例库、建立法律查明网络信息平台等任务,致力于帮助解决企业在"走出去"和"请进来"过程中的法律不适应问题。截至2017年年底,共有来自"一带一路"沿线的36个国家在前海蛇口自贸片区投资设立262家企业,注册资本121.20亿元;前海企业累计向"一带一路"15个国家直接投资设立企业(机构)39家,中方协议投资额12.21亿美元。珠海横琴新区片区重点加强与"一带一路"沿线国家、地区贸易合作,构建国内其他区域借助横琴自贸片区通达国际市场的双向通道;加快发展针对葡语系国家的特色商贸服务、翻译、法律、会计等专向商务服务业;发展面向拉美国家的第三方平台和互联网商贸业集聚区,促进与葡语和拉丁语系"一带一路"沿线国家的经贸投资合作。

上述对广东与"一带一路"沿线国家投资合作的总体情况分析表明,广东积极参与"一带一路"建设,打造广东自贸区成为"一带一路"建设的门户枢纽,不断推出支持和引导性政策为(潜在)"走出去"企业和外资企业投资广东提供信息、资金和平台服务,提高企业"走出去"和"引进来"的安全性和效率,并取得一定成效。参与"一带一路"建设五年来,吸引外资和对外投资规模不断提升,国别结构和行业结构不断优化,投资主体日益多元化；吸引的外资质量不断提升，企业对外直接投资能力在激烈的竞争中得到提升；吸引外资和对外直接投资服务于省内经济结构调整和外向型经济转型的能力不断得到提升等。

与此同时，在参与"一带一路"建设中，广东无论是在利用外资还是对外直接投资方面均存在以下问题：（1）与"一带一路"沿线国家投资合作规模较小，且投资地域集中，无论是FDI（外商直接投资）还是OFDI（对外直接投资）均主要集中在东盟国家。（2）投资行业结构有待进一步优化，无论是FDI还是OFDI，均主要集中在租赁和商业服务业，批发和零售业以及制造业方面，比较优势没有得到充分发挥。（3）吸引外资质量有待提升，企业"走出去"经营管理水平不高，利用两个市场服务于省内企业在价值链上升级，优化经济结构和经济发展方式的水平和效率有待提升。（4）在对企业的调研过程中，"走出去"企业普遍反映国内相关政策透明度不高，"一站式"服务配套缺失，融资困难，缺乏专项资金支持等增加了企业特别是中小企业"走出去"的难度。

第二节　广东与"一带一路"沿线国家投资合作结构分析

为了更好地反映"一带一路"建设五年来广东与沿线国家的投资合作关系，本节拟进一步分析广东省与"一带一路"沿线国家投资合作的国别结构和行业结构，包括利用"一带一路"沿线国家外资（FDI）的主要来源地区和行业，以及广东省对"一带一路"投资的地域和行业分布。

一、广东利用"一带一路"沿线国家外资规模不断提升，结构有所优化

1. 广东广泛利用"一带一路"沿线国家的外商直接投资

由于数据可得性有限，并为保证准确性与可靠性，仅列出可得数据范围最广的2017年广东省吸引"一带一路"沿线国家的外资数据（表4-1）。就全球范围而言，由于香港地区是我国利用外资的重要中转地，广东省的FDI主要来源于中国香港地区，2014—2017年广东实际利用香港的外资额分别占其总量的63.78%、76.20%、74.60%和77.75%，外资来源结构呈现出严重的单一性问题。就"一带一路"沿线国家而言，来自沿线的53个国家的投资占广东省FDI的比重十分微弱，但呈现出上升趋势，对广东的投资在2016年和2017年分别占广东FDI总量的1.62%和2.26%。就地区和国别结构而言，广东省来源于"一带一路"沿线国家的投资呈现出明显的地区和国家单一性。从地区情况来看，广东省FDI绝大部分集中在东盟国家，2016年和2017年东盟国家对广东的投资分别占"一带一路"沿线国家对广东FDI总量的97.7%和96.1%。从国家情况来看，由于其自由港的优势，新加坡是广东FDI最主要的来源地；2016年和2017年新加坡对广东投资分别占广东吸收"一带一路"沿线国家投资的92%和88.8%。

2016年和2017年，广东与西亚、南亚和独联体国家签订的合同外资金额无论是规模还是增速都明显提升，特别是乌克兰、斯里兰卡、阿富汗、沙特阿拉伯、科威特、阿曼和以色列等沿线国家，增速超过400%。此外，与中东欧地区的波兰，中亚地区的哈萨克斯坦、乌兹别克斯坦签订的合同外资金额增速也超过600%。但相比东盟国家，广东对这些地区的实际外资利用规模要小很多。虽然东盟国家对广东的投资规模较大，但呈较明显的下降趋势。整体而言，广东省与"一带一路"沿线国家建立了地域广泛的投资合作关系，虽然利用"一带一路"沿线国家的投资规模小，仅占其FDI总量的3%以下，但无论是投资规模还是占比均呈上升趋势。同时，来源于"一带一

路"沿线国家的FDI，无论是地区还是国别结构都进一步优化，广东与更多的"一带一路"沿线国家建立了投资合作关系。鉴于广东与"一带一路"沿线国家的比较优势显著，虽然当前的投资合作规模较小，但广东与"一带一路"沿线国家产能合作潜力巨大。

表4-1　2017年广东利用"一带一路"沿线国家FDI情况

国家	企业个数（本年数）	企业个数（去年同期）	合同外资金额（万元，本年数）	合同外资金额（万元，去年同期）	实际使用外资金额（万元，本年数）	实际使用外资金额（万元，去年同期）
菲律宾	5	6	549	−1299	0	0
马来西亚	121	92	134653	88547	3892	4282
缅甸	6	1	31575	200	1123	0
泰国	23	18	6872	4948	9616	2373
新加坡	139	120	1297667	490509	277671	194152
印度尼西亚	19	11	2026	2371	205	337
越南	5	2	24228	140	0	0
文莱	2	3	−63437	13812	8064	5236
乌克兰	17	5	7371	442	0	0
白俄罗斯	5	2	1078	393	0	0
格鲁吉亚	3	1	304	646	0	0
阿塞拜疆	19	5	2726	970	0	0
亚美尼亚	1	1	330	500	0	0
摩尔多瓦	2	0	600	0	0	0
巴基斯坦	48	40	6487	3566	0	123
孟加拉国	35	17	5016	2241	0	12
斯里兰卡	11	2	2256	181	24	0
印度	92	47	11893	5705	220	1066
阿富汗	23	6	3087	493	0	15

（续上表）

国家	企业个数（本年数）	企业个数（去年同期）	合同外资金额（万元，本年数）	合同外资金额（万元，去年同期）	实际使用外资金额（万元，本年数）	实际使用外资金额（万元，去年同期）
尼泊尔	10	3	739	382	10	0
马尔代夫	2	2	113	394	0	0
沙特阿拉伯	22	12	10133	1569	0	470
阿联酋	4	10	431	−1973	183	36
阿曼	4	1	378	50	0	35
伊朗	110	79	14629	168264	0	19
土耳其	50	31	8115	4064	297	505
以色列	16	11	8545	1695	0	35
埃及	33	23	16917	4257	32	82
科威特	1	1	180881	180	9783	13
伊拉克	49	17	9023	2695	128	0
卡塔尔	0	2	0	267	0	0
约旦	41	29	5694	3894	0	79
黎巴嫩	11	17	1521	4411	17	117
巴林	0	1	1050	−83	0	0
也门	164	86	20297	11203	0	689
叙利亚	46	33	5089	21021	53	301
巴勒斯坦	8	3	957	1426	500	37
波兰	5	2	1228	66	0	0
罗马尼亚	5	0	2233	0	135	228
捷克	0	1	0	24	264	0
斯洛伐克	1	3	25	1986	295	0
匈牙利	2	2	1000	1500	0	681

（续上表）

国家	企业个数（本年数）	企业个数（去年同期）	合同外资金额（万元，本年数）	合同外资金额（万元，去年同期）	实际使用外资金额（万元，本年数）	实际使用外资金额（万元，去年同期）
拉脱维亚	0	1	0	511	0	10
立陶宛	2	3	805	236	0	0
爱沙尼亚	0	1	0	250	0	0
塞尔维亚	2	0	1054	0	0	0
保加利亚	2	0	430	0	0	0
哈萨克斯坦	9	1	1042	135	0	0
乌兹别克斯坦	5	1	888	10	0	0
吉尔吉斯斯坦	1	1	133	150	0	0
塔吉克斯坦	3	3	382	323	0	0
蒙古	2	0	599	0	0	0
俄罗斯	57	20	15536	4088	109	202

资料来源：广东省商务厅。

2. 广东利用外资行业结构和方式多元化

图4-1是"一带一路"建设五年来广东省利用外资行业结构的年度及增长情况，由于没有对沿线国家投资行业数据的统计，本节采用的是广东省利用外资全行业分布的数据。从中可看出，广东省利用外资行业也比较集中，主要集中在制造业、房地产业、批发和零售业、租赁和商务服务业及金融业方面。就变化趋势而言，制造业吸引外资比重下降最快，由2014年的48.2%下降到2017年的23.8%，但仍是吸引外资比重最大的行业；房地产业及批发和零售业均有不同程度的下降；信息传输、计算机服务和软件业，科学研究、技术服务和地质勘查业、租赁和商务服务业、文化、体育和娱乐业等服务业吸引外资占比增长幅度较大；交通运输、仓储和邮政业，电力、燃气及水的生产和供应业则处于下降—上升—下降的趋势之中。整体而言，广东省吸引外资行业结构进一步优化，从将近二分之一投入到制造业下降到不足四

分之一，对服务业特别是知识和技术密集型服务业的投资比重有大幅度增加，反映出更为平衡的利用外资政策效果。

就利用外资方式而言，外商独资企业是主要投资方式。近三年来外商独资企业投资方式占比呈先上升后下降的趋势，从2014年的75.51%上升到2015年的81.39%，再大幅下降到2016年的67.48%。其次是合资经营方式，占比一直超过15%。外商投资股份制是增长最快的投资方式，从2014年的1.66%大幅上升到2016年的12.69%。以加工装配方式进行的外商直接投资近三年投资规模大幅降低，从2014年的40607万美元下降到2016年的5768万美元，这与广东省科技兴贸及经济结构转型相关。整体而言，广东省利用外资方式呈现出结构优化的趋势。

就外资在省内各地区的分布而言，广东省利用外资呈现出明显的地域失衡问题，外资主要分布在珠三角九市，2015年及2016年珠三角吸引外资均占全省的95%以上，且呈上升趋势，粤东、粤西和北部山区由于地理位置、经济发展现状和产业配套等原因对外资的吸引力较低。

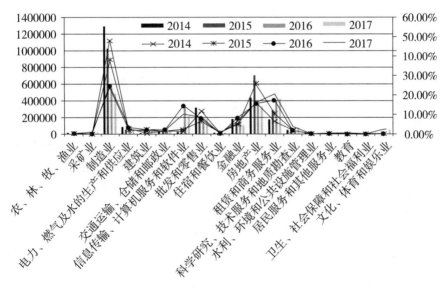

图4-1　广东省利用外资行业结构

资料来源：根据《广东省统计年鉴》和广东省商务厅数据计算所得。

二、广东对"一带一路"沿线国家的直接投资有利于建立互利共赢的价值链

1. 广东省对"一带一路"沿线国家投资市场得到拓展

表4-2是广东省在"一带一路"沿线国家投资的国别分布情况。与上述利用外资情况一样，由于香港是广东企业"走出去"的主要中转地，广东省的对外直接投资也主要集中在中国香港地区，2017年对香港的投资占其OFDL总量的57.51%。2017年广东省在"一带一路"沿线国家新增投资企业118个，实际投资金额2.95亿美元，同比下降64.49%，占广东省OFDL总量的3.37%。对"一带一路"沿线国家的投资主要集中在东盟国家，且规模相对较大，对其他地区的投资规模相对较小。"一带一路"建设五年来，广东省不断拓展和优化"一带一路"投资市场，对西亚地区的沙特阿拉伯和以色列，中东欧地区的波兰和白俄罗斯投资有所增加，同时对东盟的新加坡、泰国、马来西亚和印度尼西亚等较发达国家的投资有所下降，对柬埔寨和老挝等落后国家的投资有所上升。从广东在"一带一路"投资合作的国别结构变化可以看出，广东企业"走出去"布局区域价值链的能力处于上升阶段，能够充分利用自身和东道国的比较优势、区位优势，促进企业在区域价值链上的升级。

表4-2　2017年广东省在"一带一路"投资的国别分布情况

国家	新增企业个数	中方协议投资额（万美元）	同比（%）	中方实际投资额（万美元）	同比（%）
菲律宾	4	48	−90.77	25	
柬埔寨	7	41701	−48.1	10231	260.36
老挝	3	13580	710.11	2128	212.68
马来西亚	12	15553	−84.98	3948	−13.14
缅甸	3	3550	957.71	186	16.14
泰国	6	732	−98.87	1245	−94.09
新加坡	9	9893	−63.16	1611	−85.06

（续上表）

国家	新增企业个数	中方协议投资额（万美元）	同比（%）	中方实际投资额（万美元）	同比（%）
印度尼西亚	16	5713	−81.65	1066	−95.25
越南	22	25078	−76.83	1757	−39.32
文莱	1	5		0	
白俄罗斯	1	500	131.06	0	
巴基斯坦	0	45	−99.77	135	796.96
孟加拉国	6	742	136.24	52	−73.1
印度	13	2634	−53.46	5861	1027.9
尼泊尔	1	0			
沙特阿拉伯	1	104014	194925.8	27	10.56
阿联酋	3	40	−99.44	243	−97.79
土耳其	2	17490	774.05	362	
以色列	1	14000	85.06	0	
波兰	1	8971	199.03	0	
斯洛伐克	0	0		66	
拉脱维亚	1	64		0	
蒙古	0	−140		0	
俄罗斯	5	52	−98.64	2	−99.95

资料来源：广东省商务厅。

2. 广东省对外直接投资行业和投资主体结构进一步优化

图4-2反映了广东省对外直接投资的行业结构（以广东省对全球的投资数据为基础计算所得）。从中可以看出，广东省对外直接投资行业结构也比较集中，主要集中在租赁和商务服务业，批发和零售业，信息传输、软件和信息技术服务业以及制造业四个行业。2017年这四个行业的对外直接投资额占广东全省对外直接投资的68.99%。与2016年相比，租赁和商务服务业、批发和零售业以及制造业在对外直接投资中的占比有所下降，信息传输、软件

和信息技术服务业，金融业，水利、环境和公共设施管理业，卫生和社会工作等服务业对外直接投资呈大幅上升趋势。整体而言，广东省对外直接投资传统行业比重有所下降，资本和技术密集型制造业、服务业对外直接投资比重有所上升，对外直接投资结构得到优化。这有利于广东与沿线国家根据各自的比较优势建立互利共赢的价值链联系，实现在价值链上的升级。

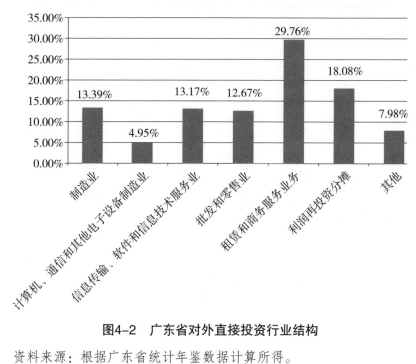

图4-2　广东省对外直接投资行业结构

资料来源：根据广东省统计年鉴数据计算所得。

在投资主体来源地方面，广东省对外投资合作主体高度集中在珠三角地区的深圳、广州、佛山和珠海四市，2017年珠三角地区OFDI占全省OFDI的75.31%，而深圳、广州、佛山、珠海四市占比高达69.6%。除去全省利润再投资分摊的18.08%，广东省其他地区对外直接投资仅占6.61%，粤东西北"走出去"尚未形成规模。此外，民营企业已经成为广东省"走出去"的主要力量，特别是自2014年商务部修订出台新的《境外投资管理办法》以来，改核准制为以备案制为主、核准制为辅的管理方式，大大激发了民营企业的对外投资积极性，广东民营企业不断拓展投资领域，跨国经营水平不断提升，民营企业"走出去"为推动广东省开放型经济高质量发展贡献了重要力量。

上述对广东与"一带一路"沿线国家投资合作的结构分析表明，无论是广东省吸收"一带一路"沿线国家直接投资，还是对沿线国家直接投资，均呈现出规模小、地域和行业分布集中的特点，但随着"一带一路"建设的推进和广东省不断出台各种保障和促进措施，广东省与"一带一路"沿线国家投资合作结构有所优化，质量有所上升。广东与沿线国家的FDI和OFDI均主要集中在制造业、批发和零售业、租赁和商务服务业、信息技术服务等行业，尤其是商业服务、信息服务等现代服务业增幅明显，这在一定程度上说明了广东与沿线国家的投资合作呈现出通过发挥各自比较优势建立起互利共赢的价值链网络的趋势。"一带一路"建设五年来，广东知识和技术密集型服务业吸引外资比重持续上升，这也说明广东省调整外资质量和外向型经济增长方式取得一定成效。从广东省与"一带一路"沿线国家投资合作国别结构来看，广东省无论是利用外资还是对外直接投资的市场均得到拓展，对优势互补型国家的投资呈上升趋势，这有利于广东省企业"走出去"获得布局价值链的能力，加快省内产业结构调整和实现企业在价值链上的升级。广东要积极参与"一带一路"建设，充分调动各种力量加强与沿线国家的投资合作，并提高合作效率和安全性，以共享经济发展成果。

第三节　广东在"一带一路"沿线国家投资的风险评估

"一带一路"地理覆盖范围广，各国的政治、经济、文化、民族、社会差异性大，且沿线绝大多数国家为发展中国家，经济水平和营商环境建设比较落后，由于各种原因部分国家政局也不稳定，这无疑增加了广东企业"走出去"的困难和成本。因此，广东企业参与"一带一路"建设"走出去"会面临各种各样的投资风险问题。在对投资风险分类识别的基础上，应用科学的评价体系对"一带一路"沿线国家的投资风险进行评价分析，有利于广东企业更好地掌握投资环境，降低投资风险。

一、对外直接投资风险分类与评价指标体系

对外投资理论认为，与国内投资相比，跨国公司对外直接投资还面临额外的政治风险、经济风险、法律风险和由企业社会责任引发的新型风险等。政治风险是指企业在跨国经营中突然遭遇东道国政府改变政策规则，从而使得投资者权益受损的可能性。东道国政局更迭、政策不连续、地缘政治冲突、民族主义和宗教意识形态冲突、地区和局部战争、战乱和恐怖主义威胁等都能造成政治风险。经济风险主要指在对外直接投资过程中由于东道国经济发展受到冲击或经济政策调整等因素变化而导致投资回报率或投资收益降低的可能性，主要包括外汇风险、信用风险、宏观经济风险等。法律风险是指对外投资法律制度本身不稳定或不完善，或对外直接投资主体相关行为与东道国法律制度冲突而导致企业承担或可能承担法律责任或不利后果的状态。社会责任风险则是指由于企业在对外投资过程中缺乏履行社会责任意识等造成的影响企业运营的一系列问题。对外直接投资的各种风险并不是相互独立的，而是相互关联、相互影响的，如政治风险的发生可能会导致东道国经济动荡，而政策或法律失效，必然也会引发法律风险和经济风险等。

"一带一路"地理覆盖范围广，沿线绝大多数为发展中国家，经济水平和营商环境建设比较落后，由于各种原因部分国家政局也不稳定，这无疑增加了广东企业"走出去"的困难和成本。首先，东道国政局不稳和战乱、冲突频发导致投资风险增加。"一带一路"沿线部分国家政权更迭频繁，与周边国家关系紧张，很大程度上增加了企业海外投资的政治风险、经济风险和法律风险。其次，沿线国家的法律法规体系、意识形态、价值观念、社会风俗、民族特征、宗教信仰、语言习惯等文化因素差异很大，这增加了企业对沿线投资的法律风险和社会责任风险。再次，沿线国家经济发展相对落后，

加之政局不稳导致的政策不连续增加了企业对外直接投资的汇率、信用和宏观经济风险等。

世界银行发布的全球治理指标体系（WGI）是衡量一个国家或地区制度质量的被广泛采用的指标。该指标体系包括腐败控制，政府效能，政治稳定性及其引发暴力、恐怖主义的可能性，法治质量，规制质量，话语权与问责制六个范畴。其中腐败控制指数衡量公共权力以获得私人收益为目的而使用的程度；政府效能指数衡量的是公共服务、行政服务的质量及其独立性，政策制定、执行的质量及政府政策承诺的可信程度；政治稳定性衡量的是政治不稳定的概率和由政治不稳定引发的恐怖主义和暴力行为的概率；法治质量指数衡量代理人对社会规制的信心和遵守社会规制的程度，特别是合同执行、知识产权保护、司法和执法部门的质量；规制质量指数衡量政府制定、执行有利于私人部门发展的有效政策的能力；话语权和问责制则反映一国居民可以参与政府选举的程度，以及言论自由、集会自由和媒体自由的程度。每个指标的赋值都是-2.5—2.5，得分越高表明投资环境越好，风险越低。

二、"一带一路"沿线国家的投资风险分析

由以上分析可以看出，世界银行发布的全球治理指标体系是分析一国投资环境和风险的有效变量。具体包括：政治稳定性、腐败控制及话语权和问责制可以衡量一国的政治风险，政府效能指数和规制质量可以衡量经济风险，法治指数可以衡量法律风险。本节用该指标体系来分析"一带一路"沿线国家投资环境与风险。表4-3是根据2016年WGI数据计算的（六个指标相加）国家制度质量指数及排名情况。可以看出，沿线65个国家制度质量整体建设落后且差距大，排在全球前100名的仅24个国家，沿线国家排名最后的叙利亚（全球第210名）和排名第一的新加坡（全球排名第10）相差200名。这表明"一带一路"沿线国家政治经济环境更为复杂，我国企业"走出去"在沿线国家投资可能面临着更高和更复杂的政治、经济、法律等风险。

表4-3　"一带一路"沿线国家的制度质量指数及排名

排名	国家	得分	排名	国家	得分
10	新加坡	9.537	102	阿尔巴尼亚	−0.14
26	爱沙尼亚	7.166	106	约旦	−0.518
34	立陶宛	5.695	108	斯里兰卡	−0.645
35	捷克	5.682	110	马其顿	−0.701
37	斯洛文尼亚	5.637	114	巴林	−0.975
40	塞浦路斯	5.235	116	印度尼西亚	−1.087
45	拉脱维亚	4.782	118	印度	−1.119
46	以色列	4.688	120	沙特阿拉伯	−1.258
51	波兰	4.417	121	科威特	−1.267
53	斯洛伐克	4.276	131	亚美尼亚	−1.791
56	阿拉伯联合酋长国	3.869	133	波斯尼亚和黑塞哥维那	−1.907
65	文莱	3.254	134	泰国	−1.918
70	卡塔尔	2.899	136	越南	−2.03
71	匈牙利	2.733	137	菲律宾	−2.101
72	克罗地亚	2.665	138	马尔代夫	−2.197
73	格鲁吉亚	2.491	143	摩尔多瓦	−2.536
74	不丹	2.373	144	哈萨克斯坦	−2.627
78	马来西亚	1.872	146	土耳其	−2.747
80	罗马尼亚	1.5	157	白俄罗斯	−3.792
84	阿曼	1.301	164	老挝	−4.036
85	保加利亚	1.211	166	尼泊尔	−4.201
90	希腊	1.018	168	阿塞拜疆	−4.347
94	蒙古	0.362	169	俄罗斯	−4.397
100	塞尔维亚	−0.022	170	乌克兰	−4.485
171	柬埔寨	−4.518	193	乌兹别克斯坦	−6.776
173	吉尔吉斯斯坦	−4.57	194	塔吉克斯坦	−6.83

（续上表）

排名	国家	得分	排名	国家	得分
176	孟加拉国	−4.677	201	土库曼斯坦	−8.693
179	黎巴嫩	−4.775	202	伊拉克	−8.774
181	缅甸	−4.972	207	阿富汗	−9.566
182	伊朗	−4.993	210	也门	−11.014
185	埃及	−5.265	213	叙利亚	−11.942
190	巴基斯坦	−6.119			

资料来源：根据世界银行WGI数据库数据计算所得。

图4-3是"一带一路"沿线各区域①六个指数的平均值。可以看出，除了中东南欧、东亚及东南亚两个区域，"一带一路"其他区域投资环境较差，风险较高。具体而言，中亚地区、独联体国家和南亚地区的腐败控制指数均很低；西亚地区、中亚地区、独联体国家和南亚地区的政治稳定性指数、话语权和问责制指数也较低，这意味着中亚、西亚、独联体国家及南亚地区均面临着较高的政治风险。就政府效能指数和规制质量而言，中亚、南亚和独联体国家的得分是最低的，这意味着三个地区的经济风险也较高。而法律风险最高的地区也是中亚、南亚和独联体国家。综合来看，中亚、南亚、独联体国家和西亚国家投资环境较差，政治风险、经济风险和法律风险均较高。相对而言，中亚地区的哈萨克斯坦，南亚地区的不丹和印度，西亚地区的以色列、阿联酋和卡塔尔，独联体国家中的格鲁吉亚风险是各区地域内最低的。

---

① 该图六大区域划分包括东亚和东南亚地区11国（东盟十国和蒙古国）、南亚地区7国（印度、巴基斯坦、孟加拉国、斯里兰卡、马尔代夫、尼泊尔、不丹）、中亚地区6国（哈萨克斯坦、吉尔吉斯斯坦、塔吉克斯坦、乌兹别克斯坦、土库曼斯坦、阿富汗）、独联体7国（俄罗斯、乌克兰、白俄罗斯、格鲁吉亚、阿塞拜疆、亚美尼亚、摩尔多瓦）、西亚17国（伊朗、伊拉克、土耳其、叙利亚、约旦、黎巴嫩、以色列、巴勒斯坦、沙特阿拉伯、也门、阿曼、阿联酋、卡塔尔、科威特、巴林、塞浦路斯和埃及的西奈半岛）、中东欧17国（波兰、立陶宛、爱沙尼亚、拉脱维亚、捷克、斯洛伐克、匈牙利、斯洛文尼亚、克罗地亚、波黑、黑山、塞尔维亚、阿尔巴尼亚、罗马尼亚、希腊、保加利亚和马其顿）。

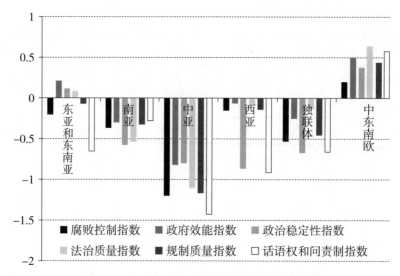

图4-3 "一带一路"沿线国家投资风险分析

资料来源：根据世界银行WGI数据库数据计算所得。

前文分析表明，广东与东亚及东南亚国家的双边投资关系密切。根据表4-3和图4-3可知，东亚及东南亚国家的腐败控制和话语权及问责制两个指数偏低，特别是柬埔寨、老挝和缅甸三个国家的得分最低；规制质量指数平均值也为负，其中得分最低的国家为缅甸、老挝、柬埔寨和越南。整体而言，东亚及东南亚地区的政治风险和经济风险偏高，风险最高的国家为柬埔寨、老挝、缅甸及越南等经济最为落后的国家，风险最低的国家为新加坡，次之为文莱和马来西亚。

"一带一路"建设以来，广东企业在中东南欧地区的投资日趋活跃，这得益于该区域相关经济体的良好投资环境。以上图表数据显示，中东南欧区域投资环境的各项指数平均分均大于0，说明该区域的投资风险相对较低。相对而言，该区域的腐败控制指数和政府稳定性指数较低，说明该区域存在一定的政治风险。就单个国家而言，波斯尼亚和黑塞哥维那、阿尔巴尼亚和塞尔维亚的风险相对更高。

以上对广东在"一带一路"沿线国家投资的风险评估表明，"一带一路"沿线各区域的制度建设相对落后且国别差距大，这意味着广东企业到

"一带一路"沿线投资面临的政治经济法律环境复杂，也意味着"走出去"企业面临着更高的风险。相对而言，中东南欧区域的各种风险均最低。东亚和东南亚地区的政治风险相对较高，因此政府层面的政策沟通和保障措施对广东企业在缅甸、柬埔寨、老挝和越南等国家的投资十分重要。中亚、西亚、独联体国家和南亚地区无论是政治风险还是经济风险、法律风险都很高，但中亚地区的哈萨克斯坦，南亚地区的不丹和印度，西亚地区的以色列、阿联酋和卡塔尔，独联体国家中的格鲁吉亚风险相对较低。

第四节　提高广东与"一带一路"沿线国家投资合作质量的对策建议

"一带一路"建设五年来，作为我国改革开放排头兵的广东省积极践行"一带一路"倡议，推动企业"走出去"取得了阶段性成果。五年来广东与沿线国家投资合作规模不断上升，特别是在市场吸引和政策支持下，企业对"一带一路"沿线国家投资热情持续高涨，园区建设、绿色投资、跨国并购和项目共建等方式齐头并进。同时，广东对"一带一路"的投资结构不断得到优化，虽然广东省吸引外资和对外投资的主体主要集中在珠三角地区，OFDI主要集中在东盟国家（此处仅指对"一带一路"沿线国家的投资），但随着我国与越来越多的沿线国家签订合作协议，推动对外投资环境稳定向好发展，OFDI市场结构有所优化，投资主体日益多元化，越来越多的民营企业加速了"走出去"的步伐。

在对"一带一路"的投资合作取得成效的同时，广东在与"一带一路"沿线国家的双向投资上也面临着一些问题。在外资利用方面的问题主要包括：首先，与"一带一路"沿线国家投资合作规模较小且地域集中；其次，区域分布失衡，省内利用外资地域结构过分集中，主要集中在珠三角地区；

再次，行业结构失衡，利用外资行业结构集中，发挥各自比较优势深化竞争与互补性的投资合作潜力还有待挖掘；最后，利用外资质与量发展失衡，呈现出"重质不重量"的结果等。

在对外直接投资方面的问题包括：第一，对"一带一路"沿线国家的直接投资市场单一，主要集中在东南亚地区；第二，对外投资行业结构有待优化，价值链导向投资还有待加强；第三，"走出去"企业地域结构主要集中在珠三角地区；第四，国内相关政策透明度不高及服务配套缺失增加了企业"走出去"的难度；第五，沿线国家制度和营商环境建设整体落后且差距大而导致企业面临的风险增加；第六，"走出去"企业经验、人才缺乏和运作不成熟增加了企业"走出去"的困难和风险等。

针对广东与"一带一路"沿线国家投资合作存在的问题，需要分别采取具有针对性的措施，以提升广东与"一带一路"沿线国家的投资合作水平。

一、提高利用"一带一路"沿线国家外资质量的对策建议

1. 充分利用自贸区建设和粤港澳大湾区建设的契机，有序扩大市场准入领域，提高对外开放水平

首先，进一步在自贸区内完善外商投资准入前国民待遇和负面清单管理模式，逐步有序安全缩减负面清单，扩大服务业特别是金融业开放，以充分利用外商在先进制造业和服务业方面的技术、管理优势，提高区内企业的竞争力。其次，破除体制机制障碍，加快推进CEPA协议内已开放的措施落地；同时，在CEPA框架下进一步扩大服务业开放，扩大从业资格互认领域，提高要素特别是创新要素流动的便利性和安全性，加快粤港澳一体化市场建设，以更大的市场吸引高质量外资。

2. 推进稳定、公开、透明的营商环境建设，优化投资环境

首先，打造高效服务型政府。进一步规范政府审批权责和标准，优化企业投资审批流程，在保证安全的前提下精简现有投资审批事项并压缩其审批时限，将外商投资企业设立、变更备案的权限进一步下放至县（市、区）

商务部门，提高投资审批的便利性、灵活性和效率。其次，强化知识产权保护，推进落实外商投资企业知识产权保护直通车制度，提高企业有形和无形资产的安全性，促进公平有效竞争。再次，进一步推进广东自贸区在贸易投资便利化、法治建设、事中事后监管、金融创新、机制体制等方面的制度创新，并加快将自贸片区营商环境创新改革成功的经验向全省推广，特别是加快向粤东西北地区推广，提高投资吸引力。

3. 优化利用外资地域和行业结构，提高利用外资质量

首先，结合粤东西北地区经济发展现状和比较优势将珠三角地区引资成功的经验加以改进推广；同时省内出台支持性政策加大对粤东西北地区引资的资金、财税、技术、人才等方面的支持；充分挖掘粤东西北地区的比较优势加大宣传力度，并配套相关政策，使市场和政府同时发挥资源配置的作用，提高粤东西北地区对外资的吸引力。其次，利用高层交往搭建多层次交流平台，加强与沿线国家特别是投资合作较薄弱的国家的对外交流与宣传，根据各自的比较优势签订合作计划和备忘录，吸引更多的国家对广东进行投资，以改变当前投资来源地过于集中的局面，提高投资安全性。最后，通过配套社会服务等加大服务支持力度，针对高端制造业、先进服务业和创新产业等投资出台专项政策，建立服务平台解决利用外资重大关键性问题，提高引资企业投资信心。

二、提高对外直接投资质量的对策建议

1. 进一步加强对"一带一路"沿线国家的投资环境和区位优势的研究分析

加强对"一带一路"沿线国家投资环境和比较优势的研究，充分利用广东省的所有权优势与沿线国家的区位优势相结合，优化投资国别和行业结构。"一带一路"沿线大多数为发展中国家，而广东作为中国最开放的省份之一，经过改革开放40年的资本和技术积累已进入经济转型期，与"一带一路"沿线国家有较强的经济互补性。在此背景下，广东省应组织专业力量进一步加强对更多"一带一路"沿线国家投资环境和吸引外资政策的研究，紧跟沿线国家吸引外资和经济发展战略，充分将广东省的所有权优势和沿线

地区的区位优势相结合，优化投资国别和行业结构，提高企业布局"一带一路"区域价值链的能力和机会。

2. 抓住粤港澳大湾区建设的契机，携手港澳"走出去"开拓"一带一路"市场

以湾区建设为契机，破除体制机制障碍，落实CEPA已开放领域并逐步扩大对港澳的开放，充分利用香港专业服务业的优势，携手香港共同"走出去"，以提高广东企业"走出去"的效率和安全性，促进港澳融入国家发展大局。企业"走出去"是一项复杂的工程，事前、事中和事后均涉及许多专业服务，单个企业甚至企业联盟均无力独自完成，而香港具有自由港、高标准经贸规则等优势，具有高水平的金融服务、法律服务、会计服务和审计服务等专业服务业，在CEPA框架下强化广东企业与香港专业服务业合作共同"走出去"，一方面可以提高广东企业"走出去"的安全性和效率，一方面可以促进港澳融入国家发展大局。

3. 提高国内政策透明度，提高服务供给配套

首先，建立专门信息发布平台提高信息透明度，缓解"走出去"企业与国内政府信息不对称问题，通过线上服务解决供给侧和需求侧信息不对称问题。其次，由政府牵头建立第三方平台，在线上线下同时为企业提供全生命周期服务，以配合企业解决"走出去"前期的尽职调查等问题，建设过程中面临的资金、人才和技术问题以及提供运营过程中的咨询等服务。最后，加快培养高水平国际化人才，出台措施留住人才，为"走出去"企业提供人才保障。这些措施包括促进高等院校设置亟需专业，提高办学质量；强化外来人才引进优惠政策，特别是破除体制机制障碍促进人才在湾区内自由流动，优化人才资源配置；通过提供保障服务等防止人才流失。

4. 多层面解决"走出去"企业融资难问题

首先，省内相关部门尽快探索建立专项资金补助项目，跟进重点企业建设；其次，加强与东道国的有效对接，推动人民币结算以降低汇率风险；再次，提高国内银行对外放贷权限的同时，拓展银行国外分支机构业务范围，探索多种抵押方式融资，鼓励银行国外分支机构进行适合驻在国经济环境的金融创新；最后，由龙头企业牵头做实境外"走出去"企业联盟，形成龙头企业板块组合投资实业，以缓解"走出去"资金压力。

5. 通过制度性合作和双向沟通渠道的建设降低由东道国造成的风险

首先，在国家统一部署下落实和升级已签订的投资计划和备忘录，强化投资保护，以降低投资中的政治、经济和法律风险。其次，发挥广东自贸区"走出去"的枢纽与平台优势，大胆推进制度创新与加强"一带一路"沿线国家的自由区或创新区战略合作，助力企业走出去参与"一带一路"建设和开展创新能力开放合作，也为构建覆盖"一带一路"的自由贸易区网络探索经验。再次，构建双向多层级沟通渠道，在国家统一部署下，从广东省政府与东道国，或地方政府、企业与东道国政府，企业与东道国企业三个层面建立沟通渠道强化沟通，加强对"走出去"外投资企业在东道国的宣传，为"走出去"投资企业提供更好的支持保障。最后，在"一带一路"主要国家和节点城市设立海外投资中心和驻外商务代表处，做好海外投资企业服务和保障工作。

6. 创新投资方式，以园区建设促进企业抱团"走出去"，提升企业布局区域价值链的机会和能力

在鼓励企业以跨国并购、绿地投资等传统投资方式"走出去"的同时，以政策、金融、人才支持等鼓励大企业与沿线国家合作建立产业园区，以园区建设的方式带动省内、国内配套企业抱团"走出去"。一方面可以改善对外直接投资行业结构，另一方面可以提高企业对外投资的安全性。在"一带一路"投资合作中，要发挥广东市场活跃、中小企业众多和与沿线各区域经济互补性强等优势，以园区建设的方式推动企业抱团"走出去"可以提高大企业在沿线布局价值链的机会和能力，促进广东实现企业在价值链上的升级和外向型经济转型。

（本章作者：李艳秀，中山大学粤港澳发展研究院博士后，经济学博士，主要研究方向为国际贸易、全球价值链。）

第五章

广东与"一带一路"资金融通

　　资金融通是"一带一路"的重要支撑。"一带一路"倡议提出后，中国与"一带一路"沿线国家及有关机构加强金融合作机构对接，打造新型合作平台和创新融资机制，深化金融机构及金融市场合作，扩大本币互换与跨境结算，加强金融监管合作，通过开展多种形式的金融合作，推动金融机构和金融服务网络化布局，创新融资机制支持"一带一路"建设。截至2018年4月30日，亚投行成员总数增至86个，6家中资银行在"一带一路"沿线24个国家设立分支等各类机构102家，人民币跨境支付系统（CIPS）国家覆盖率已超过50%，中国银联卡可在"一带一路"57个国家使用。从"一带一路"建设五年来的实践看，金融业积极发挥资金筹集、资源配置、配套服务、信息交互、风险管理等作用，围绕"一带一路"建设开展业务创新，为中外资企业提供多元化金融服务。广东经济外向度高，民营中小企业是参与"一带一路"建设的重要力量，通过促进与"一带一路"沿线国家之间跨境投融资便利化、拓宽企业在"一带一路"沿线国家的直接融资渠道、以政策性金融服务支持"一带一路"的"走出去"、创新"走出去"企业的商业性金融服务、完善金融支持"一带一路"建设的财税配套措施等，发挥了金融服务广东企业参与"一带一路"建设的支撑作用。"一带一路"建设五年来，广东参与"一带一路"资金融通取得了明显成效，但仍面临金融服务供给与企业需求不相匹配、金融机构国际化程度低、国际竞争力相对较弱、金融创新的开放性和联动性有待提高等问题。因此，广东金融机构和创新政策还需进一步整合金融资源，发挥杠杆效用，加大金融创新力度，完善金融产品，突出政策和财政资金的引导作用，为广东企业参与并发挥"一带一路"建设主体作用创造更加有利的条件。

第一节　金融在"一带一路"建设中的重要作用

资金融通是"一带一路"的重要支撑，在降低资金流通成本、增强抵御金融风险能力、提高地区经济国际竞争力、助力人民币国际化等方面发挥了重要作用，疏通金融管道，引导金融活水滋润实体产业，是"一带一路"走向深入的重要推手。从服务"一带一路"建设五年来的实践看，金融业积极发挥资金筹集、资源配置、配套服务、信息交互、风险管理等作用，围绕"一带一路"建设积极开展业务创新，为中外资企业提供多元化金融服务。

一、资金融通助力"一带一路"基础设施互联互通

根据亚洲发展银行发布的报告，到2030年，亚太地区要保持目前所预期的增长态势则每年需要约1.5万亿美元的基础设施投资。2016—2030年间，基础设施投资总需求高达22.6万亿美元。这一预估涵盖亚洲发展中地区的所有45个亚行成员国，专注于该地区的电力、交通、电信、水利和公共卫生基础设施。这一融资需求还未包括"一带一路"沿线所有国家。与中国相似，大部分"一带一路"沿线国家正处于城市化的快速增长阶段，其中60%的"一带一路"沿线国家的城市化率在30%—70%之间。根据世界银行的数据，2015年"一带一路"沿线国家的平均城市化率上升了0.61个百分点，明显快于同年全球城市化率上升0.15个百分点的平均水平。简而言之，城市化过程催生大量基础设施及公用事业需求。由于基础设施建设存在投资成本高、回报周期长的特性，对金融支持的要求较高。而经济发展水平低、税收能力屡

弱、国内金融发展不健全的"一带一路"沿线发展中国家难以承担基础设施建设的成本，而基础设施建设的不足又成为阻碍这些国家经济发展的重要因素，从而形成恶性循环。中国提出"一带一路"倡议，就是通过外部融资结合中国基建产能优势，以较低的融资和基建成本大幅改进"一带一路"沿线发展中国家的基础设施，打破基建与经济发展的低水平陷阱，消除这些国家持续经济增长的瓶颈，实现中国与广大"一带一路"沿线国家的互利共赢和共同发展。

二、资金融通助力企业"走出去"

"一带一路"倡议为各国企业开展国际产能合作、开拓新兴贸易市场、寻找优质投资项目提供了巨大机会，同时也需要大量的资金支持。首先，投资规模大。根据美国企业研究所和美国传统基金会的评估数据，2005—2016年7月中国企业在"一带一路"沿线国家投资金额超过1亿美元的大额项目达771个，总金额高达4803.9亿美元，单个项目平均投资金额为6.23亿美元。其次，投资周期长。一方面，项目工程量大、复杂度高，但人员、设备、技术投入有限，且需要应对恶劣的自然环境及复杂的社会环境，导致建设周期长且容易延期；另一方面，项目年均回报有限，投资回收期长。第三，投资收益率不高。2012—2015年，9家主要基础设施建设企业毛利率在15%左右，而其中海外业务毛利率较中国内地业务平均低3.43个百分点。[①]第四，涉及币种多。"一带一路"区域跨度大，涉及60多个国家和地区，同时区域内币种不统一，虽然多采用美元结算，但仍需与东道国货币乃至人民币多次兑换。融资过程中必然面临多币种合作的问题，并面临由此带来的汇率风险。中山大学课题组调研也发现，众多投资"一带一路"的广东企业反映，汇率风险以及投资周期长的问题是海外投资中遭遇的重大挑战。例如，广东农垦

---

① 19家企业为中材国际、中国电建、葛洲坝、中国化学、中国交建、中国中冶、中国建筑、中国中铁、中国铁建。资料来源参见：刘萍，陈捷，陈兆康.金融支持"一带一路"研究［J］.西部金融，2017（10）：4—8.

集团的海外橡胶园种植需要较长时间（8—10年）才能成材，美的集团反映海外建厂容易遭受汇率波动风险等挑战。

"一带一路"沿线国家在政治体制、法律制度和市场体系等方面多种多样，由于许多是发展中国家，它们往往缺乏有深度的金融市场和有广度的金融创新，股票、债券等直接融资市场落后，难以满足外商投资对资金融通的需求，这导致中企投资"一带一路"沿线国家的金融困境愈加突出。而中国方面的金融机构，特别是政策性金融机构，能够在解决中国企业投资"一带一路"的金融需求方面发挥重要作用。需要认识到，中国企业投资"一带一路"沿线国家所面临的投资规模大、周期长、回报率低、汇率风险高等挑战，不是永久存在、一成不变的。这些不利条件是广大发展中国家发展现状的反映，能通过"一带一路"倡议下中国与这些国家互利共赢的经贸合作得到改善。因此，愿意承受这些不利条件，率先投资"一带一路"沿线国家的中国企业，实际上承担了开路先锋的艰巨任务，为后来的中国企业以及东道国的发展铺平道路，探索经验。因此，这些企业的投资具有巨大的正外部性，值得政府和政策性金融机构帮助"走出去"企业克服困难，努力解决企业先行投资"一带一路"沿线国家的投资规模大、周期长、回报率低、汇率风险高的问题。

除了为"一带一路"的基础设施建设，以及投资"一带一路"的中国企业提供重要的资金支持，资金融通在"一带一路"建设中还扮演着重要的信息中介的角色。国际经贸合作面临较为严重的双边信息不对称，逆向选择和道德风险较为普遍。企业投资海外，对东道国政府和当地市场主体缺乏鉴别能力，在营商环境、履约能力方面面临较大的风险。银行等金融中介机构可以利用自身专业的信息搜集和鉴别能力，扮演信息中介的角色，通过授信和放贷管控，为企业投资"一带一路"防控风险。中国的金融业以间接融资为主，银行作为中介金融机构是金融系统的核心角色。政策性金融机构既有长期运营国际金融的专业背景和经验，又有中国政府的信用背书，在"一带一路"建设中能够起到不可替代的信息中介和风险防控作用。

　　"一带一路"倡议提出五年来，多层次的融资体系不断完善。包括丝路基金和其他公共部门融资，为"一带一路"项目提供种子资本并吸引私人投资；还有开发性金融，以国家开发银行、中国进出口银行、新成立的亚投行及金砖国家开发银行为主，为"一带一路"项目提供贷款；此外还有商业性金融机构及金融平台，如中国银行、中国工商银行、中国建设银行、中国交通银行以及中国农业银行等都积极参与了"一带一路"项目融资。但是，由于一些客观原因，中国金融参与"一带一路"建设仍有较大改善空间。首先，资金需求巨大与资金供给不足。"一带一路"很多项目具有投资规模大、周期长、收益率低、汇率风险偏高等特点，要求金融机构以较低利率和较长期限提供大量资金，这就导致资金缺口严重。其次，国内金融机构境外辐射范围较小。"走出去"的企业很难取得东道国金融机构足够的金融支持，需要与本国金融机构合作。但我国金融机构海外分支机构的网点相对较少。再次，国内融资成本偏高。我国金融市场尚不成熟，融资成本偏高，可提供的信贷资金利率与发达国家相比缺乏国际竞争力。最后，沿线国家主权违约风险较高。"一带一路"沿线多为发展中国家，主权信用评级偏低，主权违约风险较高，超过了多数金融机构的风险承担能力，导致机构进入意愿较低。因此，如何利用有限的金融资源尽可能扩大对"一带一路"倡议的金融支持力度，如何灵活结合财政、政策性金融机构、商业性金融机构的各自优势，形成支持"一带一路"建设的合力，是中国金融服务"一带一路"建设需要探索的问题。

　　广东省内的金融机构及金融政策部门在积极参与"一带一路"资金融通过程中，注重支持广东省的优势产业"走出去"，形成了金融支持"一带一路"建设的"广东特色"。"一带一路"建设以来，大部分项目主要集中在基础设施建设和国际能源合作领域。由于重大基础设施建设项目通常投资规模大、回报周期长、风险较高，需要解决的融资金额较大，因此央企在这些领域拥有绝对优势。相对来讲，广东企业作为工程总包或者投资方参与的重大基础设施建设项目相对较少，仅中交集团、中铁建集团、中建集团等部分央企驻粤单位作为分包方有部分参与。但是，在参与国际能源合作、国际产能合作、对外投资合作以及对外贸易等方面，广东省企业非常活跃，并保持着快速增长。因此，广东省金融机构支持"一带一路"建设的方式，也显著集中于对一般企业"走出去"的金融支持方面。下文拟系统总结"一带一路"倡议提出以来广东省金融部门支持"一带一路"建设的努力和成效。

第二节　广东参与"一带一路"资金融通的成效

"一带一路"倡议提出五年来，广东省政府相关部门、政策性金融机构以及商业金融机构助力"一带一路"资金融通取得了显著成效。具体的途径与措施包括促进与"一带一路"沿线国家之间跨境投融资便利化、拓宽企业在"一带一路"沿线国家的直接融资渠道、以政策性金融服务支持"一带一路"的"走出去"项目、创新企业在"一带一路"沿线国家投资经营的商业性金融服务、完善金融支持"一带一路"建设的财税配套措施等多个方面。

一、促进广东与"一带一路"沿线国家之间跨境投融资便利化

中国企业"走出去"对外投资是"一带一路"建设的重要特色。由于中国尚未完全放开资本项下的资本跨境流通，企业对外投资仍然需要履行审查备案程序，服从外币兑换管理。为了支持广东企业积极参与"一带一路"建设，广东省财政厅、商务厅、金融办、人民银行广东分行、外管局等政府机构协调沟通出台更便利的跨境人民币业务以及更灵活的外汇管理政策，为广东企业"走出去"提供了更为便利的金融政策和资金支持。

1. 提高外汇服务水平

广东积极落实国家外汇改革新政，提高外汇服务水平，切实缓解"融资难、融资贵"问题。一是推动简化境内外直接投资外汇登记审批手续，促进

直接投资便利化。二是推动下放部分外汇登记管理权限，允许广东自贸试验区银行机构代理区内企业办理"贸易外汇收支企业名录"业务。三是稳步开展全口径跨境融资宏观审慎管理试点，企业跨境融资最高限额由净资产的1倍提高至2倍，扩大境内外汇贷款结售汇范围，且允许内保外贷项下资金调回境内使用。通过外汇改革创新，有力支持广东"一带一路"沿线国家的双向投融资业务。为提升"一带一路"贸易投资便利化效率，人民银行广州分行还简化业务办理流程。提高在"一带一路"沿线开展外汇业务的企业收付汇效率，不断简化业务流程。鼓励银行为符合条件的企业进行电子单证审核，使外汇业务办理更加高效、便捷，不断降低交易成本；向银行开放"报关信息核验"模块，拓宽银行信息查询渠道，便利银行对交易背景的审查，提高企业外汇业务办理效率和贸易便利化程度；全面推广落实制定金融机构代理企业办理"贸易外汇收支企业名录"登记及其变更、企业外汇账户基本信息的备案、货物贸易外汇监测系统管理员密码领取等业务申请，鼓励和引导金融机构积极提供代办服务，减少企业"脚底"成本；积极支持新业态发展，打理推动花都皮具皮革市场采购试点业务开展，从便利贸易收结汇、简化个人贸易单证、降低资金结算成本和推进信息联网等方面着手，不断提升外汇服务水平。

广东省还通过外汇资金池制度创新，为企业与"一带一路"沿线国家经贸往来提供灵活用汇支持。广东自贸试验区前海片区积极探索跨国公司外汇资金池业务，便利企业灵活用汇。2013年6月，深圳正式启动跨国公司总部外汇资金集中运营管理试点。通过试点，跨国公司总部可调剂境内、外成员企业外汇资金余缺，从而有效降低企业财务成本，提升企业运转效率。自贸区内企业集团申请办理，跨境收支门槛已由1亿美元降低至5000万美元。截至2017年8月末，深圳共有50家跨国公司集团参与试点，涉及境内外成员企业979家，跨境流出入总规模达215.78亿美元。人民银行广东分行则推动跨国公司外汇资金集中运营管理业务，便利"走出去"企业进行资金调拨，减少企业"走出去"过程中的融资障碍。资金集中运营业务简化了收付汇手续,减少了外债登记、外债提款等环节,提高了资金运营管理的效率,降低了资金运营成本。例如支持TCL集团开展跨国公司外汇资金集中运营管理业务,为企业提高了自己使用效率,降低了企业资金运转成本。

2. 开拓跨境人民币业务

跨境人民币业务的开展有利于投资"一带一路"的广东企业减少外汇利用,降低交易成本,有利于促进人民币在"一带一路"沿线国家的使用,推进人民币国际化进程。在人民银行广州分行的支持下,在广东自贸试验区率先开展试点试验,支持符合条件的"走出去"企业开展跨境双向人民币资金池、全口径跨境融资、境外放款和人民币债券等业务,充分发挥本币结算优势,促进与"一带一路"沿线国家的贸易和投融资便利化。同时,引导和鼓励"走出去"企业用好现有政策开展跨境人民币业务。2017年,广东省与"一带一路"沿线国家和地区发生跨境人民币结算业务3957.2亿元,占全省跨境人民币业务量的18.3%。而2016年,广东与"一带一路"沿线国家跨境人民币结算规模达3736.8亿元,同比增长24.2%,其中直接投资业务结算规模为233亿元人民币,同比增长191.8%。

首先,推进跨境人民币业务的基础设施建设,提高跨境人民币业务的便利程度。人民银行广州分行积极推行人民币跨境支付系统(CIPS),为沿线国家跨境人民币收支提供了快捷、安全、方便及低成本的清算途径。各商业银行也通过与广东自贸试验区合作,提升跨境人民币业务的运作效能。例如,平安银行和浦发银行把广州分行的离岸业务中心设在南沙分行,集中处理本行的离岸业务;中国银行在南沙设立了全球跨境服务基地,利用该行众多的境外机构,为自贸区内企业提供跨境服务。此外,"一带一路"沿线多个国家或地区的银行还在自贸片区内的中行、建行开立了人民币清算账户,提高了跨境人民币结算效率,便利了跨境人民币业务的开展。

其次,借助广东自贸试验区的本外币账户管理新模式创新,广东积极推进跨境人民币业务管理革新。广东在全省推广境外机构境内银行结算账户(以下简称NRA账户),开立人民币NRA账户不仅能使企业享受跨境贸易人民币结算的诸多便利，使贸易投资便利化，同时还能有效地防范金融风险。同时，广东省争取以"NRA+"为载体在广东自贸试验区开展本外币账户管理创新试点，推进跨境人民币业务创新。2017年《广东省人民政府办公厅关于进一步推广使用NRA账户的通知》中提出，"争取在中国（广东）自贸试验区内以'NRA+'为特殊记号开展本外币跨境业务创新试点"。根据《通知》的总体要求，将围绕粤港澳大湾区建设、深化粤港澳金融合作。广东省内在本外币"NRA+"账户相关的融资、结售汇及外汇衍生品、本外币跨境资产转让、跨境资金池等方面，陆续推出一系列改革举措和金融创新方案。"NRA+"账户有助于"走出去"企业设立在"一带一路"沿线国家的境外公司通过在境内商业银行开设账户，为其跨境结算和跨境融资提供便利，从而充分利用境内外"两个市场"、"两种资源"开展国际化经营。

再次，为扩大"一带一路"沿线国家人民币使用，人民银行广州分行还指导广东金融机构扩大境外人民币授信。人民银行广州分行通过深入调研，根据相关政策指导农业银行广东省分行营业部为俄罗斯铝业联合公司在上交所注册发行了熊猫债10亿元制定解决方案，成为全国首笔"一带一路"沿线国家企业发行熊猫债募集资金跨境人民币结算业务。2017年，人民银行广州分行指导国家开发银行广东省分行与菲律宾首都银行签订了战略合作框架协议和3年期综合授信20亿元人民币的境外人民币授信协议，用于补充借款人的营运资金。2018年3月23日，该项目的首笔人民币贷款资金4亿元成功发放，贷款资金直接汇入菲律宾首都银行在香港的人民币账户。此次跨境人民币营运资金贷款业务的成功落地，是广东在东盟国家推行人民币结算业务过程中的又一突破，将有效缓解中资企业在菲律宾的资金需求，加深我国与"一带一路"沿线国家的金融合作，促进资金融通，对推动人民币国际化具有积极意义。此项目还被纳入2017年在北京举行的"一带一路"国际合作高峰论坛的项目成果清单，备受瞩目。

最后，广东自贸试验区通过跨境人民币业务创新积极扩大"一带一路"沿线国家的人民币使用。通过探索跨境人民币资金池、对境外人民币放贷、境内发行人民币债券等方式，广东省积极推动扩大"一带一路"沿线国家的跨境人民币使用。在广东自贸试验区三大片区中，南沙不仅开展了跨境人民币直贷、跨境资产转让等多项跨境金融创新试点，开展了跨境人民币放贷款、双向人民币资金池业务，跨境人民币结算额超2100亿元。发行了广东自贸区内首例熊猫中期票据。前海与香港的跨境人民币贷款业务试点强化了深港两地银行同业交流，有效降低了前海企业融资成本，有力地支持了前海的开发与建设。前海还通过深化跨境人民币资金集中运营改革，拓宽了跨境双向人民币融资渠道。2014年11月，深圳正式开展跨境双向人民币资金池业务和经常项下跨境人民币集中收付业务试点。2016年4月，中国人民银行深圳市中心支行下发支持自贸区前海蛇口片区扩大人民币跨境使用的通知，进一步放宽企业境内外营业收入等方面的业务准入条件，吸引了更多跨国企业集团在前海蛇口片区设立全球性或区域性资金结算中心。截至2017年8月末，共有14个跨国企业集团办理了自贸区版跨境双向人民币资金池业务备案，涉及成员企业336家。横琴片区也在跨境人民币结算、跨境人民币贷款、跨境人民币资金池、熊猫债发行、跨境企业并购等业务领域取得了突破。

二、拓宽企业在"一带一路"沿线国家的直接融资渠道

除了直接为"走出去"的广东企业提供跨境融资，广东省还努力支持企业借助包括香港在内的"一带一路"资本市场的力量，发挥境外直接融资作用，降低企业融资成本。

借助资本市场力量，帮助广东企业直接融资。广东省金融办鼓励和支持符合条件的企业赴境外资本市场上市融资。目前，已有南方航空、唯品会、海王星辰、网易等多家企业在纽约、伦敦等欧美资本市场上市融资。截至2017年8月末，广东省赴港上市企业达219家，占内地在香港上市公司的21.83%。广东还在汕头华侨经济文化试验区设立了"华侨板"，为侨资企业提供投融对接、跨境金融等服务。截至2017年7月末，挂牌企业达478家，累计意向融资额67.15亿元。深港通、基金互认等业务自开通以来运作整体平

稳有序，交易日趋活跃。"一带一路"倡议提出后，在新加坡上市的广东省企业也不断增长。

广东省还探索全口径跨境融资业务，特别是境外发债业务，降低企业融资成本。在全国率先启动外债宏观审慎管理试点后，深圳企业可充分利用"两个市场、两种资源"拓宽融资渠道。2015年3月，深圳前海作为全国三个试点地区之一（深圳前海、北京中关村、江苏张家港），正式启动外债宏观审慎管理试点。2016年5月，该项试点升级为全口径跨境融资宏观审慎管理，并在全国范围内进行推广，允许金融机构和企业在额度内自主开展本外币跨境融资，便利企业与全球低成本资金"牵手"。2017年12月广东省人民政府印发的《广东省进一步扩大对外开放积极利用外资若干政策措施的通知》更规定："支持区内的外商投资企业开展本外币全口径跨境双向融资，在2倍净资产的外债额度内获得本外币融资。"

三、以政策性金融服务支持"一带一路"的"走出去"项目

"一带一路"建设五年来，广东地区的政策性金融机构运用多种金融支持工具，积极参与和支持广东企业"走出去"投资"一带一路"沿线国家，极大地降低了"走出去"风险，并开拓"一带一路"经贸市场。

1. 广东政策性金融机构支持"一带一路"建设的总体情况

广东省支持"一带一路"建设的政策性金融机构主要包括中国进出口银行广东分行、中国信用保险广东分公司和广东丝路基金等。这三家政策性机构分别使用政策性信贷、保险增信、政府参股等业务，灵活应用债务融资、保险、股权融资的优势，全方位参与"一带一路"建设。

中国进出口银行广东分行有着丰富的专业信贷产品以及专项的优惠资金用于支持广东企业"一带一路"业务，聚焦对外贸易、对外投资、对外合作、促进境内对外开放等经济领域，形成了具有专业性与差异化的信贷业务产品以及丰富的贸易金融和金融市场业务，能以优质高效低成本的信贷产品满足广东企业面向"一带一路"的境外股权投资、资源开发、工程承包、产

品出口、原料及技术装备进口等中长期信贷需求，以及通过出口订单融资、福费廷等贸融产品满足企业短期资金融通及结算需求，全方位支持广东企业国际经贸合作。截至2017年8月，广东省分行贷款余额756亿元，较2012年末增长127%；"一带一路"及其他地区"走出去"、跨境投资贷款302亿元，较2012年末增长317%，占全部贷款的比例超过三分之一，达到39.9%。

近年来，中国进出口银行广东省分行充分发挥政策性金融优势，围绕服务广东参与"一带一路"建设开展了一系列工作，支持了中欧班列建设、越南永兴燃煤电厂项目、印尼青山工业园年产60万吨镍铁冶炼厂项目、老挝1A路项目、约旦2×277MW燃油页岩循环流化床火电厂项目、港珠澳大桥主体工程及珠海连接线项目、白云机场扩建工程、湛江机场迁建工程、南航国际航空枢纽建设项目、广州国际航运中心项目及南沙港区建设项目等一批国际经贸合作重大项目，以及有利于促进广东外向型基础设施互联互通建设的示范性工程，促进广东企业更好参与"一带一路"建设，成为广东"一带一路"建设金融服务的主力银行。

中国信用保险公司作为我国唯一的政策性保险公司和国家推进"一带一路"建设领导小组成员单位，在服务支持"一带一路"建设中发挥着独特价值。中国信保广东分公司自2002年7月成立至今，15年来已累计承保广东近1.6万家企业的货物出口、成套设备出口、海外工程承包、海外投资等金额达3764亿美元，带动近100家重点银行为海外项目和企业提供了累计近4544亿元人民币的融资便利。自2013年"一带一路"建设实施以来，中国信保广东分公司对"一带一路"沿线国家承保金额已达460亿美元。

首先，参与和支持基础设施建设和能源合作。中信保积极跟进广东在交通基础设施、能源基础等方面的重大项目，发挥好专业能力的优势，深入研究PPP、项目融资等模式的承保方案，利用中长期出口信用保险、海外投资保险、特定合同保险等产品，为重点项目提供全面风险保障，撬动国内外资金支持广东企业参与"一带一路"基础设施投资和建设。例如，为广东长大、广东建工等地方企业在东南亚国家参与当地的市政道路、桥梁和公共设施建设项目进行承保。中信保全面支持广东企业参与国际产能合作。如支持广东明阳风电投资印度风电设备加工厂项目、协鑫（南方）公司投资越南风电站项目和珠海兴业太阳能承建乌兹别克斯坦光伏电站项目等一批广东民营企业参与海外新能源项目开发。

其次，参与和支持广东国际产能合作。围绕广东省国际产能和装备制造合作重点领域，重点支持广东省轻纺、建材、通信、汽车、机械、电力、船舶及矿产等行业"走出去"。2017年中国信保广东分公司支持了广东省矿产、轻纺、建材、通信、汽车、机械、电力和船舶等多个重点行业，实现承保金额近135亿美元。例如，广船国际、黄埔文冲等国有船厂积极拓展"一带一路"沿线国家市场，为埃及苏伊士运河管理局建造挖泥船，为俄罗斯亚马尔天然气项目建造冰区加强型模块运输船和凝析油轮等。按照计划，2018—2022年力争实现承保金额750亿美元，促进广东产业向国际价值链的高端发展。

再次，支持对外投资合作。为资源、农业及制造业等领域的广东对外投资项目提供担保。例如，广东农垦在柬埔寨、印尼、马来西亚、泰国等投资建设的橡胶加工厂、种苗种植基地，湛江华大在柬埔寨的甘蔗种植、加工厂等。同时，中信保积极支持广东境外工业园区投资建设。从支持园区投资和基础设施建设融资、支持园区招商引资提供综合性保险方案等两方面入手，率先在中国信保系统内拿出"广东信保的解决方案"。

最后，支持广东在"一带一路"沿线国别的贸易发展。中国信保广东分公司对拥有自主品牌的出口企业，加大对其出口"一带一路"沿线国家的国别、行业、买方的专业分析支持，加大信用资源的投放，协助自主品牌企业做好经销商的筛选和培育；鼓励有能力的出口企业搭建国际营销网络，设立海外子公司、分销中心、售后服务网络，直接进入终端市场以提高经营效益，重点支持跨境电子商务平台海外仓建设和发展，协助跨境电子商务平台解决贸易模式设计以及周转资金问题，为跨境电子商务实现快速全球布局提供综合性金融服务。"一带一路"建设五年来，中国信保广东分公司支持广东企业"一带一路"沿线贸易出口承保金额从2013年的52.5亿美元增长到2017年的82.1亿美元，年均增长率11.83%。计划争取2018年实现承保金额90亿美元，到2020年力争实现承保金额110亿美元。

广东丝路基金合伙企业（有限合伙）于2016年3月24日在横琴自贸区注册成立。作为国内首只"地方版"丝路基金，广东丝路基金旨在积极参与国家丝绸之路经济带和21世纪海上丝绸之路建设，特别是发挥广东在21世纪海上丝绸之路建设中的桥头堡和重要引擎作用，充分发挥财政资金的引导和放大效应，支持广东企业赴"一带一路"沿线国家和地区投资，进一步提升广东对外开放和合作水平。广东丝路基金是广东省首只"一带一路"专项基金，也是广东省政府牵头的第一只境内外、多币种、多元化产业基金，首期规模200亿，其中财政引导资金20亿元，广东省工商银行承诺出资90亿元。基金市场化运作，主动与国家丝路基金对接，基金投资期限长达12年，可有效支持需长周期回报的基础设施项目建设，重点支持广东省"一带一路"战略重大国际合作项目建设。

从投资项目领域来看，广东丝路基金主要投资于符合国家"一带一路"建设方向的项目，即重点国别产业园区、重大基础设施、农渔业、制造业和服务业等领域项目，兼顾国内"一带一路"交通枢纽型项目，并可跟投国家丝路基金及其新设子基金。根据广东丝路基金2017年度工作情况报告，2016年年底广东丝路基金向珠海港集团的集装箱海铁联运项目出资5.99亿元，成功实现了首个项目投资落地。2017年上半年，丝路基金在去年实现首个投资项目落地的基础上，继续按照省参与"一带一路"建设的工作重点，推进投资业务。丝路基金与省农垦集团、中国信达资本合作了规模为人民币50亿元的广垦农业思路基金，用于投资省农垦集团牵头的"一带一路"项目。其中，首笔资金投放11.12亿元，用于泰国泰华橡胶收购项目。

2. 广东政策性金融机构积极构建联盟共同参与"一带一路"建设

进出口银行广东分行、中国信保广东分公司积极打造各类金融机构共同合作的金融资源平台。围绕政策性信用保险机构承担风险为核心，搭建与银行、租赁公司、投资基金等合作的金融资源整合平台，更好地为广东参与"一带一路"建设提供金融支持。一是加强政策性银行之间的合作力度，建立"两行一保"的合作模式，通过"优惠贷款+商业贷款"的合作模式，扩大政策性银行"两优贷款"的规模。二是加强与国有银行、国内商业银行、国际银行、海外本国银行的合作，运用市场化手段撬动国内外银行金融资源和体量庞大的商业银行资金参与广东"一带一路"建设；同时加强与中外资商业银行沟通，打消商业银行对保单融资的风险顾虑。三是加强与广东丝路基金的合作，在广东"一带一路"重点项目共同合作、相互配合，发挥各自优势；中国信保广东分公司还为广东丝路基金全部海外项目的股权投资，面对海外国别的政治风险提供保险方案。四是加强与各类基金合作对接，为银行系、商业性的租赁公司提供海外租赁保险，鼓励租赁公司多为广东"走出去"项目提供融资支持。

进出口银行广东分行、中信保还积极参与企业"走出去"联盟，构建政府—金融机构—企业的紧密合作模式。作为"广东省'走出去'能源基础设施联盟"的发起单位，二者充分发挥联盟在资源配置、融资支持、组织协调等方面的优势，积极参与联盟的信息平台建设，支持广东企业积极开展能源和基础设施建设相关的境外投资、对外工程承包等方面提供风险保障和融资支持的解决方案。同时，作为"广东省境外园区企业合作联盟"的发起单位，进出口银行、中信保也积极参与联盟的信息平台建设，帮助广东企业在境外园区投资、建设及运营过程中抢先机、拓市场、谋发展，增强广东企业的国际竞争力，提高境外园区项目的水平和质量。

3. 积极发挥政策性机构的信息优势服务"走出去"

广东省各政策性金融机构依靠自身信息资源优势，为广东"一带一路"建设提供全面的风险和信息服务，帮助政府和企业了解海外国别、国际市场的相关信息，及时为投保企业提供风险预警以及风险管理咨询和培训服务，为"走出去"企业降低投资风险。

进出口银行广东分行为"走出去"项目提供全程跟踪服务。在部分项目进入建设初期及贷前调查期时，对项目建设所涉及的法律风险、政策风险等进行全面梳理，为客户提供法律风险意见。在项目建设前期，提供不同国别的政治、经济、文化、法律、政策等方面风险梳理，提供国别风险、海外投资风险的提示及信息。在项目进入运营期后，定期为客户提供国别风险报告，及时向企业提供地区的政治、经济、文化、法律及投资环境的变动信息及风险提示。

中国信保为"走出去"投资提供综合信息服务。自2005年开始每年定期发布《国家风险分析报告》，对全球200多个主权国家和地区进行风险评级，2015年还首次发布了《"一带一路"沿线国家风险分析报告》，2016年首次发布全球主权信用风险评级，推出了"一带一路"沿线国家政治风险报告以及16个国别的基础设施行业研究报告，为企业开拓海外市场和政府决策提供了强有力的支持。中国信保还建立了庞大的买方信息和风险数据库，形成了行业数据库、全球银行数据库、全球船舶信息数据库、全球企业并购信息库等众多数据库资源，汇集了700多万家企业及1.1万家银行的资信信息；拥有海外政府主权债务丰富的重组和追偿经验，以及海外200多家商业理赔追偿渠道，已建成覆盖全球的专业追偿网络。同时，通过审批和管理国外买方的信用限额，既能有效评估并控制国外买方的风险总额，也能对国外买方形成威慑和约束，更加关注其信用记录，加强广东企业参与"一带一路"的信用风险管控。

四、创新企业在"一带一路"沿线国家投资经营的商业性金融服务

广东省商业性金融机构结合自身特色和重点业务，积极参与配合"一带一路"建设，解决广东中小企业在"一带一路"沿线国家投资及经贸往来的融资难题，在参与"一带一路"建设中发挥重要作用。根据人民银行广东分行数据，2015—2017年该行综合运用货币信贷政策工具，引导广东金融机构加大对"一带一路"重点区域、重大项目建设的信贷支持。截至2017年末，

广东银行业（不含深圳）支持"一带一路"的项目183个，授信总额3294.24亿元，支持"一带一路"国际结算量为2384.11亿美元，有力地推动了"一带一路"沿线国家基础设施建设、重点区域发展、服务贸易往来、金融机构互设以及政银企全面合作。

1. 金融资源重点倾斜，提升"一带一路"信贷水平

参与"一带一路"建设五年来，在风险可控的基础上，广东省商业金融机构结合自身经营情况，加大对相关企业的信贷支持，持续推进信贷资源的择优投放，支持战略物资、重大技术设备进口和成套设备出口等贸易融资项目以及境外股权并购、项目投资、工程承包等符合国家经济发展政策的"走出去"项目。针对"一带一路"沿线国家和地区的建设项目，为相关企业提供低成本的融资资金和渠道，同时在营销资源配置、授信审批流程等环节给予必要支持，助力其优质项目顺利开展。例如，南粤银行提高了一批中小型外贸企业综合授信敞口额度，采用直接贷款投放、融资保函等方式，使企业从银行获得贸易融资用于采购，解决企业资金流动性困难，帮助外贸企业实现更好发展；广东农业银行通过开具400万美元投标保函支持兴业绿建太阳能竞标乌兹别克撒马尔罕100MW太阳能地面电站项目成功；平安集团参与多个重要"一带一路"项目，包括承保巴基斯坦水电站、卡洛特水电站恐怖主义责任及其完工延迟保险，首席承保了安哥拉卡古路·卡巴萨水电站项目建工一切险、设计师责任险、货运保险，首席承保巴基斯坦三峡卡洛特水电站，该业务是"中巴经济走廊"首个水电投资项目，也是"一带一路"倡议中首个落地项目。截至2017年年底，平安集团在海外承保项目457个，遍及105个国家和地区。平安集团将充分利用自身科技与专业化优势，帮助中资企业在"一带一路"经贸合作中发挥更加积极的作用。

2. 不断创新产品服务，适应企业"走出去"需求

投资"一带一路"的中资企业，往往在国际结算、保函、并购融资等方面有较多需求。对于跨境融资的便利度、海外投资的风险防控有较强的需求。广东省商业金融机构积极创新产品服务，适应企业"走出去"需求。

在降低企业融资成本方面，根据《中国广东企业"一带一路"走出去行动报告2018》，南粤银行加强产品创新，推出有利于优化企业财务结构、降低财务成本、规避汇率和利率风险的创新产品及产品组合。如开立信用证加转做福费廷、关税保函、跨境人民币结算等，拓宽外贸企业的融资渠道，降低融资成本。在支持出口的同时，也关注外贸企业对国内市场的业务拓展，有针对性地加强国内贸易融资产品的创新，提供国内保理、国内商票贴现、国内信用证等配套产品，为其内销给予融资帮助。根据国家的出口退税政策，推出了出口退税托管账户质押融资业务。这些新产品较好地促进和支持了外贸企业业务发展。此外，南粤银行制定了相关业务费率优惠审批事项流程，在充分的市场调查基础上，给予外贸企业一定程度的结算费率和结售汇汇率优惠。外贸企业在南粤银行通过信用证、保函、福费廷等结算和融资方式在境外银行获得了低成本融资，有效降低了企业成本。通过国内商票贴现、保理、国内信用证等国内贸易融资和供应链融资业务，提高了企业的资金周转效率。

在满足企业多样化的跨境金融需求方面，广发银行积极研发，创新推出了跨境人民币及外币资金池、个性化保函、外汇储备委托贷款、风参直贷等多种产品。进行海外并购的企业资金需求往往较大，银团项下内保外贷或外汇储备委托贷款，可以满足这些"走出去"客户的境外大额融资需求，降低客户融资成本。同时，广发银行制定了行内协同方案，加强境内外分支机构的跨境联动，借助丰富的海外代理行渠道、完善的跨境结算服务体系、全球化的现金管理系统，为企业提供一揽子外汇金融解决方案，全面服务于客户的外汇结算、融资及避险需求。目前广发银行的外汇金融产品已能全面覆盖客户进出口贸易、境外工程承包、境外投资、全球资金管理等生产经营、对外投资及资金管理过程中的各类核心需求。

在风险防控方面，平安集团积极为"走出去"的中资企业海外业务拓展和运营安全提供风险保障，成立了专门从事海外市场整体开发的团队，借助海外工程保险产品包和服务包，为中资企业海外工程企业的人员、财产等风险提供全面保障。目前，平安集团旗下平安产险已与五大洲、50多家国外保险公司建立合作关系，在当地出单、外汇结算、过程服务、赔款支付等环节为中国企业提供便利稳定的保险解决方案。同时，在"金融+科技"战略指引下，平安集团应用一系列科技创新方式，为海外企业提供风控管理服务。

五、完善金融支持"一带一路"建设的财税配套措施

除了政策性金融机构和商业银行的支持，省级财政还直接支持广东省企业"走出去"投资"一带一路"沿线国家，有效克服"一带一路"市场外部性的问题，很好地发挥了政府财政资金的公共产品功能。

1. "走出去"专项资金支持

为积极实施"走出去"战略，鼓励和引导企业有序开展对外投资合作，提高跨国经营水平，2017年广东省内外经贸发展与口岸建设专项资金安排"走出去"事项通过直接资助、贷款贴息、统保平台建设等多重方式，对企业、单位从事对外投资合作业务进行支持。专项资金的支持对象包括：从事对外投资、对外承包工程或对外劳务合作业务的企业、承担国家援外项目企业（机构）；纳入广东企业"走出去"信用保险平台支持的企业；省商务厅按政府采购程序向省内外具备相应资质资格条件的企业或机构购买有关国别产业需求、国别投资指南、政策实务培训、跨国经营专题辅导、风险预警信息以及法律、财务、金融、税务、保险、经纪、风险管理等专业服务，为省内企业开展对外投资合作业务提供公共服务。

2. 保费资助政策

为了充分发挥省级"走出去"专项资金的引导作用和信用保险的拓展服务和风险覆盖功能，广东省政府和中国信用保险广东分公司合作，通过提供出口买方信贷保险、出口卖方信贷保险、出口延付再融资保险、海外投资保险、特险等政策性保险产品支持企业"一带一路"建设，并以保费费率优惠和保费资助的形式，对企业开展海外投资、对外承包工程、对外劳务合作及涉外担保业务项目给予适当支持，帮助广东省企业利用政策性金融工具拓展海外市场、防

范海外风险、提高融资增信扶持力度，降低企业"走出去"成本。

3. 财政为大型基建项目提供资本金支持

为了支持"一带一路"航空枢纽和铁路货运项目建设，推动广东与"一带一路"的基础设施互联互通，广东省财政一方面投入资本金支持广州白云国际机场扩建工程建设，支持新开国际航线、加密国际长航线及加大国际货运承运量，打造广州国际航空枢纽；广东财政还支持广州市、东莞市开通中欧（中亚）班列，推动广货发往欧洲、中亚，打通"一带一路"经济通道。2017年，广州白云国际机场旅客吞吐量6583万人次，增长10.2%（其中国际旅客吞吐量1589万人次，增长17.6%）；货邮吞吐量178万吨，增长7.8%；全年新开及复航国际航线23条，并开通了中国民航第一条墨西哥航线。全省共推动中欧（中亚）班列发班174列，向境外运送1.6万个标箱，直接运输出口货值9.36亿美元。

第三节　广东与"一带一路"资金融通存在的问题与促进对策

"一带一路"建设五年来，广东省金融政策和金融产品不断推陈出新，为支持广东企业积极参与"一带一路"建设取得了明显成效。但是，广东省参与"一带一路"建设资金融通方面仍然面临不少亟待解决的问题，需要有新思路与举措进一步帮助广东企业突破"一带一路"建设中资金融通的瓶颈。

一、广东与"一带一路"资金融通存在的主要问题

1. 金融服务供给与企业需求不相匹配

"一带一路"建设项目具有资金需求大、投资周期长、金融风险高的特

点，因此"走出去"企业对外汇风险管理、保理、海外供应链融资等复杂金融业务的需求日渐增长。现阶段，广东金融体系主要以贷款支持企业"走出去"，业务种类较单一，产品同质化现象严重，且创新力度不足，对复杂金融业务缺乏相对成熟的经验，导致金融服务供给与企业需求存在差距。

具体来看，广东经济以民营中小企业为主，"走出去"资金需求量大、期限长、风险高，融资难问题更加凸显，融资成为他们参与"一带一路"建设的最大瓶颈。首先，广东民营企业参与"一带一路"的特色优势产业不是国际和国家层面金融支持关注的领域，不容易获得相关资助。其次，广东民营企业普遍缺乏跨国管理经验和跨国经营能力、技术含量低、抗御风险能力低，不被大型金融机构青睐。最后，他们在"一带一路"沿线国家项目投资经营刚刚起步，缺少信用记录；境外投资形成的土地、房产、股权、设备等资产评估和处置难，国内金融机构不愿意接受国外资产作为融资的抵押。因此，广东金融机构及金融政策机构应当为支持广东民营中小企业"走出去"提供与其需求匹配的金融创新制度与产品。

2. 金融机构国际化程度低，国际竞争力相对较弱

受到服务模式及应对国际市场风险能力的制约，广东金融机构"走出去"步伐有待加快，国际业务参与度有待提高。以两家总部在广东的银行为例，招商银行在境外仅在中国香港、美国纽约、新加坡、英国伦敦以及卢森堡设有分行，而广发银行也仅在中国澳门设有分行。招商银行截至2016年年初已与世界上113个国家（包括"一带一路"沿线59个国家和地区）的1468家银行分支机构建立了庞大的代理行关系，但在"一带一路"沿线国家的分支机构仅有1家。广发银行也制定了行内协同方案，加强境内外分支机构的跨境联动，借助丰富的海外代理行渠道、完善的跨境结算服务体系、全球化的现金管理系统。因此，相比花旗银行、汇丰银行等在全世界设有上百家分行并成熟优质的环球银行服务的领先金融机构，广东金融机构在金融理念、产品服务、网点设置等方面存在明显差距，开拓"一带一路"沿线国家金融市场业务面临较大竞争压力。

3. 金融创新的开放性和联动性有待进一步提高

具体表现在三个方面。其一，广东现有的金融创新大多为国内的金融产品创新和金融机构创新，没有联合"一带一路"沿线国家相关主体协同创新。其二，在岸产品创新多，缺乏离岸产品创新。推动金融服务"一带一路"建设，不能仅仅依靠在岸市场的金融产品，开发离岸市场的创新金融产品是重要措施。其三，缺乏在市场机制层面的创新，特别是对"一带一路"沿线国家基层金融市场联通层面的创新。金融创新的最终目的是服务产业和实体经济，不能局限于投融资模式，更不能为创新而创新。工业化国家的经验表明，以资本"走出去"带动优质产业和装备技术"走出去"，实现产能合作，是工业化发展的必经阶段，也是实现结构调整、形成全球产业链和价值链的主要途径。

二、促进广东与"一带一路"资金融通的对策建议

1. 整合金融资源，发挥杠杆效用

企业参与"一带一路"建设，一般都会面临风险与融资两大问题，而解决这些问题都离不开金融机构的支持。一是要发挥支持"走出去"政策性金融机构的作用。进一步发挥中国信保、进出口银行、国开行等三家政策性金融机构参与广东"一带一路"建设的金融支持作用。二是加强对接国家金融政策，争取让更多广东项目列入双边政府融资框架。三是加强商业银行参与广东"一带一路"项目融资支持力度，充分发挥广东丝路基金的引导作用和投资杠杆效应。此外，国家主权基金、银行投资基金和各类企业投资基金也是广东省企业可以利用的外部金融资源。应鼓励银行系的租赁公司、商业性的租赁公司参与广东省"一带一路"建设，积极利用各类商业金融资源服务广东"一带一路"建设。

国有商业银行总行在参与"一带一路"项目融资方面均有不少成功经验，而且国有银行均设有大量的海外分行。其中，在"一带一路"的分支机

构，截至2017年年末，工商银行拥有21家、中国银行24家、建设银行6家。因此，国有商业银行对承接海外项目、提供境外融资服务具备了先决优势。因此，要充分利用国有商业银行的优势支持广东参与"一带一路"建设。受到审批权限及海外经验的影响，广东辖区的国有银行分支机构不仅要发挥对广东本土企业参与"一带一路"建设的支持作用，也要加强与其总行的对接，充分利用好国有商业银行总行和海外分行的资源优势，为广东"走出去"提供更多的金融支持。另外，很多海外项目存在资本金的融资需求，各类基金是解决资本金融资、推动项目顺利实施的关键，建议充分发挥广东丝路基金的政策引导作用，调整其项目决策机制和投资方向，并在投资风险可控的基础上降低商业投资回报预期，发挥杠杆效用支持企业"走出去"。

2. 以金融创新鼓励广东不同类型企业抱团出海

深化"一带一路"国际合作，不仅需要驻粤央企、地方国有企业参与，也需要民营企业在其中发挥作用。广东民营企业对参与"一带一路"建设意愿强烈，而且民营企业是广东制造和参与国际产能合作的重要力量，在推动共建"一带一路"走深走实中发挥重要作用。但是，民营企业在国别甄选、市场分析、海外项目运作经验、金融资源利用、专业人才等方面缺乏深入分析、充分实践和相应的能力。对此，一是要加快推动广东境外园区建设，发挥好平台的作用，鼓励民营企业借力"抱团出海"，增强"走出去"信心，降低企业"走出去"风险和成本。二是鼓励行业龙头企业发挥作用，带动配套产业链的中小型企业共同"走出去"。要发挥龙头企业整合市场资源的能力，为上下游的中小型企业提供更多商业机会；还要发挥龙头企业对接金融资源的优势，为上下游的中小型企业"走出去"提供整体金融服务支持。三是鼓励民营企业与其海外实力较强的买方进行资本合作、共同开发市场。利用合作方在当地的销售网络和渠道，带动国内工业能力、制造能力输出。

金融机构需要进一步探索适合企业需求的金融产品。一方面，为广东企业提供充分的市场和产业信息，帮助企业分析投资和贸易风险；另一方面，为"抱团出海"的不同类型的企业提供多样化的投融资方案，为广东企业寻找优质资产和低成本的融资产品。因此，需要广东金融机构从根本上提高服务能力，加快网点建设，以及提升国际化水平。随着粤港澳大湾区发展规划纲要的实施，广东金融业应抓住湾区建设的机遇，加强与香港和外资银行紧密合作，学习并积累复杂融资结构的经验，提升国际竞争力。

3. 突出政策和财政资金的引导作用

改革开放40年，广东经济发展和产业结构调整进入了新阶段。在构建以"一带一路"为重点的全面开放新格局过程中，应加强对广东企业参与"一带一路"的重点和难点的评估，分析广东参与"一带一路"的优势产业。帮助和鼓励广东企业，特别是广东民营企业多利用国家政策性的金融工具分担风险、促进融资，提升自身"走出去"的能力。支持和鼓励广东自贸试验区就广东企业参与"一带一路"的金融需求进一步创新金融产品，适当扩大自贸区创新的政策空间。同时，发挥省级政府部门的协调功能，鼓励地方政府积极支持企业"走出去"。加强省级与地市政府部门的联动，充分发挥地方政府支持作用，与省级政府形成合力支持省内企业参与"一带一路"建设。推动地方政府出台与省级部门配套的鼓励政策和财政支持政策，指导地方政府部门提高服务企业"走出去"的能力，联合当地政策性金融机构、商业银行加大对地方企业参与"一带一路"建设的资金支持力度，强化政策性出口信用保险对当地企业的支持作用。

（本章作者：刘珺如，中山大学粤港澳发展研究院博士后，法学博士，主要研究方向为国际经济法、全球经济治理；荣健欣，中山大学粤港澳发展研究院副研究员，经济学博士，主要研究方向为机制设计理论、国际贸易、区域经济学。）

第六章

广东"一带一路"境外合作平台建设

以境外产业园区、经贸合作区为主的境外合作平台是"一带一路"建设的重要组成部分。境外合作平台以海外园区为主，指由我国各级政府或企业在境外合作建设的或参与建设的，基础设施较为完善、产业链较为完整、辐射和带动能力强的加工区、工业园、科技产业园、经贸合作区等各类园区的统称。根据商务部发布的数字，截至2018年4月份，中国在沿线国家建设境外经贸合作区75个，累计投资255亿美元，入区企业超过3800家，上缴东道国税费近17亿美元，为当地创造就业岗位近22万个。改革开放以来，广东的经济发展深深受惠于重点开放平台的建设，经济特区、产业园区、开发区和高新区等开放平台不仅作为吸引外商投资的产业功能平台，而且成为推动制度创新与探索营商环境改善的高地。"一带一路"建设五年来，广东积极探索"走出去"新模式，通过建设境外合作平台，形成"走出去"内外联动效应，在推动广东经济转型和产业升级过程中，也将自身改革发展经验和园区发展模式复制到"一带一路"沿线国家，带动了东道国的经济和就业增长。

第一节　境外合作平台对于"一带一路"建设的意义

国家发展改革委、外交部、商务部2015年联合发布的《推动共建丝绸之路经济带和21世纪海上丝绸之路的愿景与行动》强调，要"探索投资合作新模式，鼓励合作建设境外经贸合作区、跨境经济合作区等各类产业园区，促进产业集群发展"。为什么要通过支持境外合作平台的方式鼓励企业"走出去"？这主要是以海外产业园区为主的境外合作平台有利于中国企业"走出去"，也有利于中国和"一带一路"沿线国家的产业升级与经济发展。

一、推动中国企业"走出去"

首先，境外合作平台有助于企业"抱团出海"，以较低的成本克服对外投资的障碍。21世纪兴起的新新贸易理论（如Melitz, 2003）认为，企业国际化（包括绿地投资、对外并购和出口产品等形式）需要克服较大的固定成本，国际化企业的就业情况、工资水平、生产率和资本密集度均强于非国际化企业。这其中，直接在外设立分支机构的投资，即绿地投资，企业的生产率最高，表明所需投入的固定成本最高（Yeaple, 2008）。原因是绿地投资要求企业具备两种优势。第一，需要企业具备可转移的技术优势。第二，能够有优势在东道国建立市场营销网络。这两种优势分别对应企业的技术水平和市场营销能力。同时，企业直接对外投资，特别是绿地投资，需要克服海外经营涉及的物资输送、远程管理、基础设施、东道国政府关系、法律法规、语言文化等方面的问题，需要投入的成本远超过直接出口或者在国内的经营。而境外合作平台的功能之一，就是以平台身份帮助入驻企业解决对外直接投资需要解决的种种问题，从而实现对外投资的规模经济效应，降低对外投资的门槛，消除中小企业对外直接投资的障碍。例如，肯尼亚珠江经济特区通过与肯尼亚政府对接，设立一站式服务点，包括海关、移民局、工商管理、税务管理、环境评估、警察、建设许可等相关政府审批部门共同入驻园区，联合办公；各部门指派高等级官员入驻园区，建立绿色通道，批准相应的执照、许可、证明。[①]这就极大地降低了"走出去"中小企业与东道国

---

① 这个国家复制中国模式建起首个经济特区 还起了个名字叫珠江［DB／OL］.新华网，2017–07–20.

政府之间的信息不对称，消减了投资成本和不确定性。"一带一路"境外合作平台普遍提供了基础设施、员工招聘、政府沟通、公共关系等服务，是制造业中小企业"抱团出海"的良好载体。

其次，境外合作平台有助于发挥产业集群效应，形成"1+1>2"的投资效果。企业集聚于园区，通过在特定区域内协调企业投资和提供公共基础设施、公共产品、市场信息、专业化劳动力等，将经济活动集中在一个能够促进规模化和专业化的环境中，特别是那些针对国际贸易的经济特区，能够为企业提供更大的投入产出市场，有助于企业实现规模效益，并能专注于创造更多的商机和生产更多高附加值产品。同时，特区内劳动力的高度集中使企业能够以最有效的方式组织劳动力以提高劳动生产效率，密集的人员和企业网络还有助于创意和技术的扩散，增进知识溢出、思想交流，促进创新和企业家精神的产生和扩散。此外，产业链上下游的企业在园区集聚能够强化企业价值链的前向联系和后向联系，降低供应链成本，减少企业供应链风险，进一步增进产业集群的正面外部性。另外，产业集群能够吸引生产性服务业，例如金融、物流、商贸、技术培训等服务部门的集聚，发挥生产性服务业对制造业的支撑效应。规模经济、知识溢出、供应链外部性和生产性服务业集聚构成了境外合作区产业集群的正面效应。

最后，境外合作平台有助于弥补"一带一路"沿线国家营商环境的短板。随着全球范围内关税的降低和投资准入门槛的降低，营商环境、基础设施管理、贸易便利化等"关境之后"软环境成为贸易投资壁垒的主要组成部分。"一带一路"沿线国家普遍存在基础设施建设薄弱、官僚程序冗杂、权益保护过度超前（例如严苛的征地法和劳动法等）、资本流动管制等问题。如何改善基础设施、优化投资环境、提升投资管理模式成为许多"一带一路"沿线国家面临的难题。然而，无论是基础设施的建设还是营商环境的改善都非一时一日之功，在全国范围内大幅改进基础设施和营商环境，更是超出了发展中国家自身能力与水平。中国改革开放的成功经验之一，就是在既有制度条件下建立各类"特区"，"先试先行"适合外商投资的新制度，特区的狭小范围和与境外市场的紧密联系有助于最大程度消减基础设施建设不足的负面影响，也有助于减缓制度改革可能造成的大范围区域和大规模市场的冲击。因此，产业园区为代表的境外合作平台的建设价值，就在于通过在比较有限的空间内的先行先试，优化投资环境，改善基础设施，优先落实对园区内的外资企业的相关配套。

通过在"一带一路"沿线国家建设各种境外合作平台，初步形成了在小范围内突破现有政策、改善营商环境、建设基础设施的重大效应。例如，埃塞俄比亚东方工业园2007年即开始规划和建设，当时埃塞俄比亚尚未有建设和运营工业园区的成功经验，也没有配套的法律法规。东方工业园在充分借鉴国内工业园区发展经验的基础上，边建设，边运营，边与埃塞政府积极沟通。2015年4月，埃塞政府终于发布了《工业园法案公告》，该公告充分考虑了东方工业园在建设和运营过程中遇到的各种政策障碍，该公告不但解决了东方工业园发展遇到的问题，也为埃塞政府后期大规模建设其他工业园区奠定了法律基础。[①]尼日利亚广东经济贸易合作区则争取了"园区内禁止罢工"的规定，取得了权益保护与投资者利益的平衡。[②]这种阶段性的制度安排对于劳资双方和东道国经济发展都有益处。各海外园区还普遍争取设立"一站式"服务模式，通过设立一个专门的政府机构与投资者和企业进行对接，从而解决官僚体系效率低下的问题，使所有与贸易和投资相关的通关、税务、投资许可、土地征收、劳工雇用等业务信息和文件可以一并提交并高效处理，更进一步提升了营商环境。

二、促进产业升级与经济发展

在"一带一路"建设中，境外合作平台除了有益于企业"走出去"对外投资，以境外合作平台为基础的"抱团出海"方式对中国和东道国产业都有裨益。

一方面，通过境外合作平台促进对外直接投资，有益于中国产业转型

---

① 李俊. 东方工业园：助力埃塞经济发展［DB／OL］. 中非合作论坛网，2017-10-25.
② "尼日利亚自由区情况及我参与合作的建议"［E］. 驻尼日利亚使馆经商处，2010-02-04.

升级。改革开放以来，广东企业参与国际分工，融入全球价值链，在此过程中迅速提升国际竞争力，企业技术能力也快速升级。广东因此创造了巨大的经济奇迹，成为中国改革开放成就的缩影。近年来，随着劳动力要素价格的持续上升，原有的以发展劳动力密集型加工贸易为特征的国际分工与经济发展模式逐渐走到尽头。在国内外环境变化的新形势下，外向型企业需要实现产业升级，依靠技术创新掌握核心技术，推动向设计研发和销售的"微笑曲线"两端攀升，才能在国际产业分工格局中获取更大经济附加值，加快培育国际经济合作竞争新优势。以境外合作平台为基础加快向"一带一路"沿线国家投资，不仅能帮助广东企业扩大"一带一路"沿线国家的市场，还能以更优惠条件进入与东道国有特惠贸易协议（RTA）的发达国家市场。例如，欧美国家对于非洲产品普遍无配额并实施最优惠关税。这也是"一带一路"走出去的贸易转移效应，有利于规避当前少数发达国家对中国产品实行的贸易保护主义。

"走出去"形成的内外联动效应也有利于国内市场的产业升级。"一带一路"沿线国家有许多还处于工业化初期，通过"走出去"直接投资，将中国已失去或正在失去比较优势的产业转移到出去，有利于推动这些沿线国家的工业化。"走出去"市场的扩大有利于实现规模效益，可产生出口规模和出口结构效应，从而带动相关产品及服务出口，促进中国贸易结构优化，也有利于促进产业结构的升级。广东是制造业大省，"抱团出海"对于广东产业升级具有重大的意义。"走出去"可以为省内具有竞争优势的产业发展让渡出资源，释放出资金、人力、土地等生产要素，有利于培育和扶持新兴产业的发展，从而加快自身产业升级和技术进步，促使本省企业和业态转向依靠人才、技术、品牌、质量和服务的市场竞争优势。同时，产能的海外转移可以延长劣势产业的生命周期，带动相关原材料、零部件、生产设备、中间产品的出口，又可以利用东道国较为低廉的生产成本和优惠的投资政策获取高于国内的投资收益，通过利润汇回支持企业培育新兴产业业态，推动企业转型升级。

实证研究也证实了中国对外直接投资对本国经济发展、就业增长乃至产业转型升级具有正面效应。李俊久和蔡琬琳（2018）研究发现，对外直接投资对一国全球价值链升级有显著的促进作用。李磊等（2016）发现中国企业对外直接投资对国内就业产生了显著的正向促进作用。包括海外园区在内的境外合作平台可以极大降低中小企业对外直接投资的成本，从而大幅扩大中国企业对外直接投资的在经济发展、就业增长和产业转型升级方面的正面效应。

另一方面，境外合作平台的建设还有利于东道国的经济发展。根据国内外学者的联合研究："东方工业园的成功，几乎以星火燎原之势掀起了埃塞俄比亚的产业园区建设热情，短短数年，埃塞俄比亚从一个制造业几乎为零的国家迅速成为拥有十多个国际产业园区的'准'新兴工业国家。这是中国园区模式'走出去'最为成功的实践，而这一成功的经验主要在于：双方从国家到园区，在产业发展政策及管理运营经验方面的充分衔接；中方投资者积极参与埃塞俄比亚产业园区体系建设和基础设施建设。"[①]在这一过程中，中国企业建设的海外园区不仅带动埃塞俄比亚本国GDP以近十年来年均10%以上的高速增长，还大量雇用了当地工人，解决就业问题。此外，中国企业建设的海外园区成为埃塞俄比亚学习借鉴中国改革开放经验，改善自身基础设施和营商环境的重要助推器。通过学习中国经验，"埃塞俄比亚目前很多行政审批时间甚至比苏州工业园区还短，很多审批工作时间可以小时来计"。

这些境外合作平台不仅促进了东道国经济发展，还有利于中国在全球经济治理中发出"中国声音"，推进建设人类命运共同体。过去40年，以经济特区、各类开发区和园区等特殊功能平台为载体推动经济发展是我国经济高速增长的重要经验之一。"一带一路"作为中国提出的全球化方案，基于中国改革开放的成功经验和对过去数十年新自由主义全球化方案的借鉴和超越。有中国特色的产业园区在海外开花散叶，为广大发展中经济体提供了超越现有全球化模式的更包容、更互利共赢的经济增长和对外经贸合作方案，

---

① 徐嘉勃，乔基姆·迪特尔，王兴平. 从共建型园区视角论中国产业园区模式对埃塞俄比亚经济发展的影响［J］. 国际城市规划，2018（2）.

有助于增强中国在全球经济治理体系中的话语权。

实践证明，境外合作园区建设不仅是推动企业抱团"走出去"、避免企业"单打独斗"、规避海外风险的重要方式，而且成为能够推进本土企业通过扩展海外发展空间实现转型升级，并促进东道国经济发展的关键抓手。

第二节　广东"一带一路"境外合作平台建设基本情况

"一带一路"倡议提出五年来，广东加快与沿线国家及地区共建国际产能合作平台，取得阶段性成果。截至2017年年底，广东规划在建的境外经贸合作区16个，大部分位于"一带一路"沿线国家和地区，类型包括工业园区、农业综合开发产业园区、商贸物流园区等。[1] 广东打造境外国际产能合作平台，重点推进广东马六甲临海工业园、中国—沙特吉赞经济城、伊朗格什姆自贸区、中白工业园中国（广东）光电科技产业园、埃塞俄比亚华坚国际轻工业园、南非理查德湾工业开发区和杜贝贸易港、肯尼亚蒙巴萨经济特区等境外合作园区建设。此外，广东新南方集团在西非的尼日利亚和东非的肯尼亚分别投资建设广东经济贸易区和珠江经济特区。同时，广东省商务厅积极推动民营企业在尼日利亚、越南、乌干达等地建设一批境外产业园区。拟选取由外资、国资、民资不同所有制和不同行业的企业在亚洲、欧洲、非洲开发的三个不同的境外重点合作平台进行具体分析。

一、中国—沙特吉赞经济城

2016年，中国—沙特吉赞经济城产能合作项目应运而生，并被纳入广东省和宁夏回族自治区着力打造的重点境外合作项目。该项目也已被纳入中

---

[1] 陈晓，刘倩. 广东"软硬"设施兼顾　加强国际产能合作［DB／OL］. 南方网，2018-09-14.

国"一带一路"建设的重点项目清单，并被列为2016年中国重点推动建设的20个产能合作项目之一。吉赞经济城重点引进炼化、汽车、家电等领域的企业。广州泛亚聚酯有限公司计划在吉赞经济城投资非纤维用聚酯切片及其下游产业项目，并配套建设商用码头、污水处理厂、热电联产、石化重型装备制造等项目，该项目预计总投资约40亿美元。吉赞经济城规划面积103平方公里，拥有14个具体发展产业和33个远期发展产业，由南向北依次规划有重工业区、制造业、轻工业、物流区、预留用地和生活区。目前，重工业项目所需的水、电、路等基础设施基本具备，道路、炼厂及油电联合系统项目、港口码头、供水渠等项目正在施工建设当中。①中沙产能合作项目有利于推动广东省与沙特在产业园区方面展开合作，同时也为广东石化、汽车、家电、建材、建工等优势产业"走出去"提供了新机遇。2018年5月，由中国交建所属中国港湾总承包，天航局、四航局参建的沙特吉赞经济城人工岛工程主体完工。吉赞经济城人工岛项目的实施，将高效解决经济城港口疏浚弃土处理的难题，有力推动吉赞经济城的整体施工进度，同时进一步完善经济城的整体规划。②而广州泛亚聚酯有限公司投资的沙特"石油化工化纤一体化"项目，成为中沙产能合作的"开路先锋"——项目环评报告已获沙特审批并颁发项目建设许可，计划于2018年8月开工建设，具有"破冰"意义。

二、中白工业园中国 （广东） 光电科技产业园

位于白俄罗斯首都明斯克市近郊的中白工业园，是我国在海外建设面积最大的产业园区。首个"园中园"项目"中国（广东）光电科技产业园"已迎来3家企业，其中超频三（国际）技术有限公司已试产。2010年3月，时任国家副主席习近平访问白俄罗斯，双方就在白方境内合作建立开发区达成共识。2011年9月18日，时任人大常委会委员长吴邦国访白期间，两国签署

---

① 辛闻. 吉赞项目：沙特"愿景"与中国"倡议"契合下的中沙合作［DB／OL］. 中国网，2017–04–25.

② 中国交通建设集团有限公司. 沙特吉赞经济城人工岛工程主体完工［DB／OL］. 国资委网站，2018–05–18.

了《中华人民共和国政府和白俄罗斯共和国政府关于中白工业园的协定》，正式将该项目纳入两国政府间合作项目。[①]中白工业园位于白俄罗斯首都明斯克以东25公里，白俄罗斯作为欧亚经济联盟成员国，入园企业的产品可以免关税销往俄罗斯、哈萨克斯坦、亚美尼亚、吉尔吉斯斯坦等市场，涵盖人口总数超过1.7亿，还可以广泛进入欧盟及其他共同体成员国市场，市场拓展潜力巨大。经过中白两国相关部门和企业通力合作，目前，中白工业园一期开发区中的3.5平方公里首发区已经完成基础设施建设，基础设施建设正在向一期整体8.5平方公里扩展。包括招商局物流集团、中联重科、中国一拖、成都新筑、中兴、华为、弘福散热器、白俄纳米果胶、中航工业、潍柴动力等25家企业签署了入园意向协议。[②]广东省照明电器协会与白俄罗斯中白工业园合资公司于2016年10月签署合作协议，决定在中白工业园投资建设园中园项目"中白（广东）光电科技产业园"，通过企业抱团参与"一带一路"经贸合作和产能合作，在欧洲建立前沿产业基地。光电科技产业园区占地3000亩，首期开发1000亩，将由协会组织全产业链企业进驻，形成集研发、检测、生产、销售等一体化的照明产业基地。2017年5月15日上午，在北京举行中白（广东）光电科技产业园入园企业签约仪式，惠州超频三光电科技有限公司、广东亚一半导体应用科技有限公司、惠州沣元半导体有限公司分别与中白工业园管委会签订了入园协议。由广东新粤惠科技产业园发展有限公司投资成立的"中白（广东）光电产业园开发有限公司"项目公司也已正式注册成立并开始运营。

三、埃塞俄比亚华坚国际轻工业园

2012年东莞华坚集团正式在埃塞俄比亚投产建设鞋厂，投资用地面积5万平方米，建筑面积2.9万平方米。已经投资超过5000万美元，目前解决了当地6000多人就业。2013年出口115万双鞋，出口额1626万美元。2015年4月

---

① 赵娜. 中白工业园——丝绸之路经济带上的明珠［DB／OL］. 中国网，2017-04-20.
② 张翼. 中白工业园：数年磨砺明珠璀璨［DB／OL］. 光明网，2018-08-24.

16日，华坚集团投资的埃塞俄比亚—中国东莞华坚国际轻工业园在该园区举行盛大的奠基仪式。华坚国际轻工业园占地面积126公顷，总投资32亿元人民币，包括产业区、公寓住宅区、商务办公区、商业街区等9个片区，预计于2020年建成，将为埃塞俄比亚提供3万到5万个就业岗位。[1]

表6-1 广东"一带一路"典型境外合作平台

平台名称	中国—沙特吉赞经济城	中白工业园中国（广东）光电科技产业园	埃塞俄比亚华坚国际轻工业园
项目主体	广州开发区、银川开发区和沙特阿拉伯国家石油公司三方共建；广州泛亚聚酯有限公司为建设主体	总园区为招商局集团；中国（广东）光电科技产业园为广东新粤惠科技产业园发展有限公司	东莞华坚集团
项目级别	列入中国"一带一路"建设的重点项目清单；2016年中国重点推动建设的20个产能合作项目之一；广东省和宁夏回族自治区着力打造的重点境外合作项目	中白工业园是中国企业参与建设的最大海外工业园区；中国（广东）光电科技产业园是广东省"一带一路"工作领导小组办公室"2017年工作要点"项目	
平台规划	面积1亿平方米、投资额270亿里亚尔（80亿美元）、工作机会10万个、居民30万人；85%的采购在广州开发区完成，将为开发区配套机械、装备、物流、电子、电气、仪表材料工程安装等行业提供至少近30亿美元的商机	欧洲区域集研发、制造、检测、展览等功能于一体的光电产业基地；市场目标为欧亚经济联盟、欧盟和中东市场；园区规划土地面积3000亩，首期开发1000亩	总投资10亿美元，占地138公顷，2015年开始建设，预计2020年建成；有望创造3万到5万个就业岗位，出口创汇20亿美元

---

[1] 梁尚刚. 埃塞俄比亚中国东莞华坚国际轻工业园奠基［DB／OL］. 新华网，2015-04-17.

（续上表）

项目进展	"石油化工化纤一体化"项目于2018年8月开工； 锐丰音响、华亘控股、广东省电力设计院等企业也在考察投资	已有三家企业签订入园协议，其中超频三（国际）技术有限公司2017年9月试产	正在建设中，2015年奠基后不久已有16家东莞轻工业企业签约入驻
主打产业	重点引进炼化、汽车、家电等领域的中国企业	将由广东省照明电器协会组织全产业链企业进驻，形成集研发、检测、生产、销售等一体化的照明产业基地	出口导向型轻工业；该项目建成后，东莞部分的劳动密集型制造产能可转移至当地，埃塞俄比亚鞋业、服装、手袋等产品的六成以上将出自华坚国际轻工业园
投资优势	沙特给予泛亚公司的贷款支持高达75%，利率仅2%-3%，贷款期限长达20年； 投产后，沙特还将提供1-2年的还款宽限期； 仅征收两种税费：企业净利润20%的企业所得税和5%的增值税，远低于国内60%左右税率	园区享有特殊的土地和税收优惠政策，土地可租赁99年或者购为私有，免缴土地税、不动产税，企业所得税自盈利之日起10年免缴； 入园企业的产品可以免关税销往俄罗斯、哈萨克斯坦、亚美尼亚、吉尔吉斯斯坦等市场，涵盖人口总数超过1.7亿，还可以广泛进入欧盟及其他共同体成员国市场，市场拓展潜力巨大	员工工资为国内七分之一，电费为国内一半，产品可以免税进入欧美市场
投资劣势	前期投资成本高昂，雇佣成本高	交通不便，产业链不齐全	交通成本较高；埃塞俄比亚外汇管控导致中间品进口较难

190

（续上表）

相关政策	广州开发区积极协调解决沙特当地优惠政策优化的问题，建立赴沙特投资服务协调机制，为中方企业提供投资"一站式"窗口相关服务；同时，协调相关国家和省市有关部门，梳理"一带一路"企业"走出去"的扶持政策与备案流程指引，并解决合资公司招商面临企业资源不足的问题	2018年1月成立的"广东省走出去照明产业联盟"，以中白工业园广东光电科技产业园为载体，"抱团出海"推进国际产能合作；中白工业园管委会开始在园区内为入园企业、工业园投资者及建设者等开始全面提供"一站式"服务，在手续办理等方面提供巨大便利	

资料来源：作者根据相关材料整理。

　　"一带一路"建设五年来，广东省政府各部门以及地市政府为企业"走出去"和境外重点合作园区建设提供了大量政策支持与保障，具体体现在以下几个方面。

　　第一，对境外重点合作平台提供资金支持。境外合作平台具有公共产品属性，因此广东省安排一定的财政资金支持平台建设，服务企业"走出去"。据统计，2015年以来共安排资金4.27亿元支持"走出去"项目。其中2017年省级预算安排"走出去"资金1.7亿元，支持企业在境外开展对外投资面临的融资验证问题。这包括，支持境外股权投资项目，缓解企业对外投资融资压力；通过支持企业购买海外投资保险、担保保险、合同保险等，提升企业对外投资抗风险能力，同时提高企业征信、拓宽企业融资渠道，助推企业海外投资项目开展；支持贷款贴息项目，利用广东丝路基金引导带动社会资本投资，解决企业"走出去"的融资难和融资贵问题。2013年，中国信保广东分公司首次与广东省财政厅、商务厅共同搭建海外投资政府统保平台，为企业对外投资提供风险保障及保费扶持。据统计，2013年以来，中国信保广东分公司借助广东省财政扶持政策，带动企业向"一带一路"沿线国家出口、投资及工程承包业务规模累计超过460亿美元的投资，并带动项目融资超过100亿美元。因此，政府财政扶持政策对于促进"走出去"投资具有很好的带动作用，政策效果逐步显现。

在欧美和日本等发达国家促进对外投资过程中，政府的各类基金支持"走出去"发挥了重要的作用。借鉴发达国家的经验，广东省政府也应用省产业发展基金、促进经济发展专项资金（双向投资方向）等政府资金项目资助海外园区建设，克服园区建设的外部性问题。按照省政府的工作部署和要求，2017年广东丝路基金整合到省产业发展基金，整合后的产业发展基金把"一带一路"作为基金投资的五大领域之一，重点支持企业赴"一带一路"沿线国家开展制造业重大项目建设、国际产能合作等。[①]根据《广东省人民政府关于印发推进国际产能和装备制造合作实施方案的通知》（粤府〔2016〕65号）精神，"促进经济发展专项资金（双向投资方向）"每年对企业在"一带一路"沿线国家（地区）投资建设的境外经贸合作区或产业园区项目给予支持。

第二，积极推进成立"走出去"企业联盟和境外合作平台联盟。五年来，广东积极建立"走出去"产业联盟，推动境外园区和国际产能合作项目建设。为进一步提升广东企业"走出去"规模水平及国际市场整体竞争力，推动广东企业"抱团出海"，在广东省政府的指导下，中国信保广东分公司与两家驻粤央企作为牵头单位，相继发起广东省"走出去"能源基础设施产业联盟和广东省境外园区企业合作联盟。2017年11月成立的"广东省走出去能源基础设施产业联盟"，整合广东能源基础设施企业优势资源，在电力、石化、通信等领域签署了一系列项目合作协议。2018年1月成立的"广东省走出去照明产业联盟"，以中白工业园（广东）光电科技产业园为载体，"抱团出海"推进国际产能合作。专业机构也在积极行动。截至目前，广东

---

① 陈若萌. 破解"走出去"难题　广东财政多项措施支持企业参与"一带一路"〔DB／OL〕. 21经济网，2018-02-08.

省贸促会发起成立了3个区域性投资贸易联盟。其中，非洲投资贸易联盟成员单位已有80多家，在非洲多国设立批发中心、营销基地或产业园区，推动广东与非洲资源整合，有力促进了国际产能合作。[①]

第三，优化对境外合作平台和"走出去"企业的服务。首先是优化驻外经贸代表处分布。目前，广东省贸促会已在新加坡、马来西亚、印度尼西亚、泰国、柬埔寨、韩国、阿联酋、南非、肯尼亚、澳大利亚、新西兰、以色列及中国香港地区设立13个经贸代表处；在"一带一路"沿线推动成立12个境外广东商会，拥有海外粤籍会员企业近900家。其次是改善平台扶持政策透明度。省商务厅牵头制定广东省境外经贸合作区认定与考核办法及扶持措施，并重点建设完善多个服务国际产能合作的线上线下平台。通过整合广东驻海外经贸办事处、专业机构等部门的信息和办事程序，为广东省下放境外投资备案权限、简化备案程序、改进信息查询统计、加强跟踪服务等发挥了重要作用。特别是通过完善"走出去"信息服务平台，对接企业数据库与重点项目库，联结中信保和进出口银行的项目库，为境外平台争取"一站式"优惠政策提供便利。最后是为境外平台争取优惠政策和办事便利。广东省政府相关部门通过与东道国政府反复磋商，为入驻企业和园区争取优惠配套政策。省商务厅积极推荐符合条件的省级合作区参加商务部认定的国家级合作区考核。为合作平台在资金会出、设备进出口、商务人员因公出境等方面争取便利。省商务厅等部门还通过组织展会、联合香港贸发局组织企业赴境外合作重点平台对接等形式，鼓励境外平台的企业集聚。

---

① 陈晓，刘倩. 广东"软硬"设施兼顾　加强国际产能合作［DB／OL］. 南方网，2018-09-14.

第三节 广东"一带一路"境外合作平台建设的特点

广东"一带一路"重点境外合作平台的建设具有投资建设主体多元化、投资产业多元化、投资地域分布广泛、强调产业联盟形式、复制广东改革开放成功经验以及建设起步晚规模小等特点，一方面体现了广东市场体制发达、制造业体系完善和经贸合作市场多元等优势，另一方面也反映了广东参与"一带一路"走出去的短板。

一、投资建设主体多元化

民营企业"走出去"面临较严重的融资约束是一个普遍性的问题。这导致了现实中民营企业和国有企业对海外投资的不同偏好。例如，在东南亚，中国国有企业不回避政治风险较高的国家，倾向于开拓新的国家市场；相反，民营企业倾向投资政治风险低的国家，投资与中国贸易联系紧密、相对市场规模较大以及劳动力成本较低的国家（梁育填等，2018）。因此，在"一带一路"境外合作平台的建设中，国企更适合担当"冲锋陷阵"的角色，为后来者打好基础设施、政府关系等方面的基础。但国企忽略投资风险、政治导向的特点也可能导致平台投资不以市场为导向，提高项目风险，影响项目效益。

截至2017年，广东省拥有尼日利亚广东经济贸易合作区、越南中国（深圳—海防）经贸合作区、白俄罗斯中白（广东）光电科技产业园三个国家级境外经济贸易合作区。其中尼日利亚广东经济贸易合作区由广东新广国际集团有限公司（简称新广国际）建设，新广国际是广东省人民政府国有资产监督管理委员会监管的大型省属国有企业集团之一，是广东省开展国际经济技术合作的主要企业。越南中国（深圳—海防）经贸合作区的投资主体是深圳市投资控股有限公司收购的深越公司。这两者都是省市属国有企业。而白俄罗斯中白（广东）光电科技产业园的投资主体是广东新粤惠科技产业园发展有限公司，这是一家自然人控股的民营企业。前面列举的中国—沙特吉赞经济城以及埃塞俄比亚华坚国际轻工业园则分别由外资企业和民营企业投资建立。在广东省企业建立的境外合作平台中，省市属国企固然发挥了重要角色，但其他市场主体也发挥着不可小觑的作用。相对于其他省份，例如云南省、江苏省，通过建立云南省海外投资有限公司和江苏省海外合作投资有限公司主导境外合作平台的做法，广东省境外合作平台的建设主体更为多元，且从省政府各部门对白俄罗斯中白（广东）光电科技产业园、中国—沙特吉赞经济城和埃塞俄比亚华坚国际轻工业园等非国企主导的境外合作平台的关注来看，广东省政府在"一带一路"倡议的实施中较好地实践了"市场在资源配置中起决定性作用"这一原则。贯彻服务型政府的理念，对各类市场主体一视同仁。

相比其他省市区，广东省境外合作平台建设主体多元的特征体现了广东省海外园区的建设市场化、灵活度高的特点。华坚等民营企业通过自身海外建厂获取成功经验后，再建设海外园区带动其他企业"走出去"投资，这一模式彰显了在市场摸爬滚打的民营企业也能承担境外合作平台建设这种高投入、高风险、高溢出效应的任务。但是，国有企业的经营行业特征和公共产品属性在"一带一路"境外合作平台建设中具有天然的适合性和优势，相比于浙江、江苏等沿海省份，广东国企"一带一路"走出去建设境外合作平台的步伐明显滞后。因此，广东虽然是外向型经济和民营经济大省，但国家级境外经贸合作区和省级境外经贸合作区的数量远落后于浙江和江苏等省份，并且缺乏标杆性的境外合作园区。在国家严格把控境外经贸合作区总数的情况下，重点支持的园区名额不可避免向大型国企海外园区倾斜。广东省境外合作平台缺乏国企主导，可能影响境外合作平台享受国家级别的"走出去"优惠政策。

二、投资产业类型多元化

众所周知，广东省是全国制造业较为发达的省份。广东省的境外合作平台建设，体现了广东省制造业产业多元和产业链齐全的特点。广东省海外产业园区的产业导向也多以广东省的优势产业为主。例如中白（广东）光电科技产业园以照明产业为主，背景就是广东是全球照明产品生产制造基地，被称为"世界灯都"。照明产业年产值占全国总产值的60%，拥有比较完整的照明产品产业链、自主核心技术和知识产权。而埃塞俄比亚华坚国际轻工业园以皮鞋、箱包、服装等东莞优势制造业为主，中国—沙特吉赞经济城以炼化、汽车、家电等优势产业为主，很好地体现了广东省制造业的优势领域和产业多元化。发挥广东制造业优势推动境外合作平台建设，不仅适应了广东制造业拓展国际市场、实现转型升级的需求，也能为"一带一路"沿线发展中国家提供直接学习借鉴中国产业发展经验的机会，这符合利用动态比较优势发展经济的新结构经济学思路（林毅夫，2012）。当然，广东省境外合作平台建设仍处于初期阶段，产业集中于低技术含量的加工制造业，高端服务业集聚和科创合作则相当少。从长远来看，随着"一带一路"沿线国家的比较优势和要素禀赋的变化，广东境外合作平台也会同步升级，拓展与"一带一路"沿线国家的产业合作。

三、投资地域分布广泛

广东企业"走出去"的传统目标市场以东南亚为主。"一带一路"建设五年来，广东境外合作平台已分布在非洲的埃塞俄比亚、尼日利亚、肯尼亚等国，欧洲的白俄罗斯，东南亚的越南、马来西亚等国，以及西亚中东的伊朗、沙特等国家，投资地域分布多元化。这恰好体现了境外合作平台在新时期为广东形成全面开放新格局"探路"和"铺路"的功能。广东省境外合作平台的投资地域虽然多元，但都体现了市场导向的特征，充分贴合东道国在自然禀赋、要素成本和市场准入方面的优势。例如，华坚国际轻工业园以劳动密集型加工制造业为主，适合埃塞俄比亚劳动力要素丰裕、价格低廉、皮革等原材料丰富、对欧美市场有准入优势等特点。中国—沙特吉赞经济城以炼化、汽车、家电等资本密集型和资源密集型产业为主，充分贴合沙特石油资源丰富、资本充足的特点，有助于企业享受东道国沙特的优惠廉价信贷。中白（广东）光电科技产业园以照明产业为主，贴合白俄罗斯劳动力成本无优势，但对欧洲市场有准入优势的特点。

四、强调以产业联盟形式建设和投资境外合作平台

由于广东境外合作平台多以制造业中小企业为主，因此搭建产业联盟有助于扩大中小企业参与，健全平台的产业链，发挥产业集群优势。同时，境外合作平台之间也强调建立联盟关系，加强彼此在政府沟通、机制创新、招商引资方面的资源和信息共享。在广东省政府的指导下，中国信保广东分公司与两家驻粤央企作为牵头单位，相继发起广东省"走出去"能源基础设施产业联盟和广东省境外园区企业合作联盟。2017年11月成立的广东省"走出去"能源基础设施产业联盟，整合广东省能源基础设施企业优势资源，参与中国—沙特吉赞经济城投资。中白（广东）光电科技产业园以广东省照明协会主导招商，2018年1月又成立广东省"走出去"照明产业联盟，以中白（广东）光电科技产业园为载体，"抱团出海"推进国际产能合作。广东省贸促会还发起成立了3个区域性投资贸易联盟。其中，非洲投资贸易联盟成员单位已有80多家，推动了在非洲的广东省境外合作平台之间的合作。

战略联盟通过集体行动降低了单一企业的市场风险，为中小企业"走出去"开展"一带一路"市场提供了有效的组织方式。例如，深圳市"走出去"战略联盟包括比亚迪、海能达、华大基因、传音控股等知名企业，以及安永、德勤、毕马威等专业服务机构约260家企业和机构。该联盟与100多个国家和地区的商务代表处、投资促进局以及官方商务机构等（如德国、加拿大、美国、瑞士、英国、泰国、埃塞俄比亚、南非等）建立了长期联系。该战略联盟还着力推动在非洲建立人民币结算试点以及为参与"一带一路"的中小企业建设全球路演平台，建设政府投资基金，为企业降低投资风险，解决融资难的问题，同时力争为企业对外投资提供包括投资备案、金融、会计、法律、安全预警等全方位的服务。

五、境外合作平台复制了广东改革开放的成功经验

改革开放40年来，广东在产业发展、经济和就业增长以及体制改革等各方面，都极大地受益于包括产业园区等各类功能平台的建设。在深圳、珠海等经济特区的改革进程中，不仅吸引了港澳资企业入驻，也吸收了港澳资企业带来的技术和管理经验，形成了强大的学习效应与制度创新效应。在参与"一带一路"建设中，广东境外合作平台在园区规划、产业集聚、招商引资、政府服务、基础设施建设等方面，同样也在复制与借鉴广东改革开放以来的成功经验。例如，招商局集团在吉布提共建"东非的蛇口"，复制深圳蛇口"前港—中区—后城"模式，系统解决了制约吉布提当地产业发展的短板。中白（广东）光电科技产业园建立多级管理委员会的管理形式，也学习了改革开放初期蛇口等片区的管理经验和模式。

六、广东境外合作平台建设起步偏晚

相比于其他沿海省份，广东境外合作平台建设起步较晚。提出"一带一路"倡议五年来，中白（广东）光电科技产业园刚有企业试产；中国—沙特吉赞经济城基础设施才基本完成，主体产业项目正在建设；埃塞俄比亚华坚国际轻工业园和越南中国（深圳—海防）经贸合作区尚在前期工程建设中。相比之下，华坚选择投资埃塞俄比亚，华坚国际鞋城于2012年初在东方工业园投产，东方工业园就是江苏张家港其元集团于2007年投资建设的境外产业园区。广东建设较早的尼日利亚奥贡园区也是于2010年才开始运营，晚于2007年中标商务部境外经贸合作区的埃塞俄比亚东方工业园。广东境外合作平台规模也小，缺乏标杆性项目。尼日利亚奥贡园区目前仅完成第一期2.5平方公里园区的开发，吸引50家企业入驻，就业的当地员工5000人，年产值超过20亿元；而埃塞俄比亚东方工业园规划面积5平方公里，已入园企业83家，实现总产值9亿美元，创造就业岗位1.5万个。由于建设起步晚，我们还难以评估广东众多境外合作平台的经济效应，但从推动共建"一带一路"向高质

量发展转变的要求来看，境外合作平台建设需要加强规划与产业定位，加强"走出去"的内外联动，助力广东产业转型升级，促进东道国经济发展。

第四节　广东境外合作平台存在的问题和政策建议

在参与"一带一路"建设过程中，广东企业是"走出去"对外投资的重要组成部分。改革开放40年来，广东企业对外直接投资不仅可以优化国际产能合作，促进东道国经济发展，还可以促进广东经济转型和产业升级。同时，境外产业园区通过复制和吸收中国改革开放以来产业园区建设的成功经验，在很大程度上可以为中小企业参与海外投资消除障碍、发挥海外产业集群效应、推动广东中小企业"抱团出海"。因此，是否减少了企业对外投资障碍是评价"一带一路"境外合作平台建设成功与否的主要衡量指标。更具体要看是否有利于对接政府各级部门、政策性金融机构和一般金融机构、东道国政府与劳工组织以及上下游产业链。总之，要看境外合作平台是否充分发挥了"平台"的"对接"和"服务"功能，为广大中小企业在"一带一路"沿线国家的投资减少障碍。在调研和考察广东参与"一带一路"建设的企业、行业组织与支持部门的基础上，我们总结了境外合作平台自身存在的问题和企业"走出去"普遍面临的问题，探讨了境外合作平台帮助企业投资"一带一路"沿线国家的能力，并提出了发挥境外合作平台效应助力"一带一路"走出去的思路。

一、境外合作平台自身存在的问题

1. 主导产业类型和商业模式单一，盈利模式有待改善

当前境外园区虽然涉及众多产业，但总体而言仍主要以劳动和资源密集型产业为主，缺乏技术密集型产业和服务业；大部分园区盈利模式基本以开

发矿产资源和出租开发土地、厂房为主，缺乏高盈利项目导致企业利润有限且盈利模式不可持续。

2. 园区区位选择邻近效应显著，且主要集中在发展中国家，国别结构有待进一步优化

广东省投资的境外合作重点平台多指向邻国，邻近效应显著，增加了投资风险。如马来西亚、越南、印度尼西亚等东南亚国家占了广东省境外合作平台的相当一部分。虽然园区区位选择集中有利于形成投资合力，但增加了投资风险且存在重复投资的问题。

3. 基础设施、相关产业配套和信用环境不完善导致引资困难

由于园区多建立在经济发展水平较落后的发展中国家，历史原因和经济发展现状导致其基础设施存量低，产业基础薄弱，信用环境较差，这加大了园区建设难度和引资难度。且相关重点平台由东道国政治决策推进，未必符合经济理性。如中白工业园区反映，园区距离市区30公里，而每天只有一班公交车往来，加之当地产业基础差，许多设备和产品需要从广东运到白俄罗斯，增加了企业成本。这不仅导致园区招商困难，也导致已入驻园区的企业招工困难。

4. 东道国对园区发展模式缺乏了解，导致谈判效率低下

园区作为企业"走出去"的一种形式并没有像其他对外直接投资方式一样被广泛应用，东道国对园区发展模式缺乏足够了解，导致谈判效率低下，许多优惠政策不能落实。在调研过程中，马六甲皇京港工业园和中国越南经济贸易合作区均反映由于东道国不了解园区发展模式而导致谈判效率低下，争取相关优惠政策困难和已承诺政策难落实。

二、企业"走出去"面临的共性普遍问题

1. 企业融资困难

企业对外投资前期投入规模巨大，但由于资产在境外，难以在境内金融机构抵押，导致其国内融资困难；而"一带一路"沿线国家大多数属于发展中国家，融资渠道有限，东道国难以满足投资者的融资需求。广大中小企业

固定资产不足，缺乏信用担保，在国内很难享受到金融机构的"走出去"融资的优惠政策，直接融资也困难重重。

2. 企业与政府间存在信息不对称

国家部委和广东省各部门对于"一带一路"的"走出去"有各种优惠政策。例如，2017年省级预算安排"走出去"资金1.7亿元，支持企业在境外开展对外投资。这包括，支持境外股权投资项目，缓解企业对外投资融资压力；通过支持企业购买海外投资保险、担保保险、合同保险等，提升企业对外投资抗风险能力，同时提高企业征信、拓宽企业融资渠道，助推企业海外投资项目开展；支持贷款贴息项目，利用广东丝路基金引导带动社会资本投资，解决企业"走出去"的融资难和融资贵问题。由于企业缺乏相关信息了解渠道或政府信息披露不及时，境外园区对许多国内相关优惠政策获取困难而并不能有效利用。马六甲皇京港工业园等园区反映，园区及入驻企业对国家许多相关政策并不了解，不能充分利用国内有利政策，增加了"走出去"的机会成本，也降低了政策经济效应的发挥。

3. 专业服务供给缺失

企业"走出去"是一项复杂的工程，事前、事中和事后均涉及许多专业服务，例如通关、税务、政府关系、公共关系、会计、研发、经销等。单个企业甚至企业联盟均无力独自完成。当前，国内仍然缺乏对"走出去"企业提供廉价、可信的"一站式"专业服务。而"一带一路"沿线国家地理范围广大，国情差异巨大，营商环境复杂，第三方机构也难以提供标准化的投资对接服务。

4. 上下游产业链不全

"走出去"的企业普遍反映在"一带一路"沿线国家很难享受如中国国内这样齐全的产业链。上下游产业链不齐全导致企业投资风险剧增，普遍对"走出去"产生顾虑。即使在东道国形成了初步的产业链，但由于其产业基础远比中国境内薄弱，同一产业位置的竞争不足，企业往往担心被迫与单一企业"绑定"，影响自身利益。

5. 东道国政治风险

"一带一路"沿线国家大多数为发展中国家,一些国家政局不稳,政权更迭频繁,这无疑增加了企业的政治风险、经济风险和法律风险。即使在政局稳定、东道国政府努力改善营商环境的国家,例如埃塞俄比亚,也存在朝令夕改,影响企业投资环境的现象。例如,根据华坚集团的反映,埃塞俄比亚政府为平衡国际收支,要求工业园的产出全部出口,这影响了工业园内形成健康的上下游产业链。

6. 国有企业的商务人员出境管控

国有企业的管理层面临较严格的出境管控。办理因公出访护照周期长,出访时间受限导致公司高管及商务人员出行不便。企业经营过程中意外状况难免发生,但因公护照办理周期长导致海外突发事件不能及时得到处理,从而对企业经营管理不利。在对广东"走出去"企业调研中,我们发现因公护照办理事件过长影响企业海外业务决策是国企及央企普遍反映的一个问题。

三、境外合作平台解决投资企业面临问题的能力分析

境外合作平台在这些方面能否帮助"走出去"的企业消除困难?我们将根据广东境外合作平台的实际情况逐一分析。

1. 广东境外合作平台解决企业融资问题的能力分析

现有境外合作平台仍难以解决企业"走出去"融资困难的问题。首先,境外园区的建设需要在政府关系、基础设施、招商引资方面做大量投入。园区建设方本身面临较大的融资压力。其次,园区建设方也需要解决"抵押资产在海外,难以从国内获取融资"以及"东道国缺乏融资渠道"的问题。即使融资建设方作为大型国企(例如建设中白工业园的招商局)自身不缺乏资金,或者获得了政策性金融机构的融资,也难以将自身的融资能力扩展到需要进入园区投资的众多中小企业。

2. 广东境外合作平台解决企业—政府信息不对称问题的能力分析

中小企业"走出去"面临与政府信息不对称的问题。境外合作平台在

理论上可作为企业和政府的中介，帮助中小企业缩短信息鸿沟，获取政府支持政策信息。然而，政府部门的不少"一带一路"相关政策并未公开。例如《广东省推进国际产能和装备制造合作实施方案》、《广东省参与"一带一路"建设实施方案优先推进项目清单》都未公开。这妨碍了境外平台向中小企业介绍相关政策。此外，平台作为企业和政府的中介也并非利益完全无涉的第三方，"走出去"的企业不可能百分百信任平台方的介绍和承诺。

3. 广东境外合作平台解决专业服务缺失问题的能力分析

境外合作平台可以通过自身的投资经验，以及与东道国政府的良好关系，为入驻平台的中小企业提供尽可能良好的专业服务。然而，平台所能提供的专业服务类型仍有局限。中交建等基建领域央企主导建设的园区提供的服务往往集中于基建等"硬环境"，对于会计、税务、翻译、研发、经销等"软服务"供给能力不足。由于"一带一路"沿线国家分布广泛，以及中国涉外专业服务人才的总体匮乏，当前境外合作平台无法有效解决中小企业"走出去"专业服务缺失的问题。

4. 广东境外合作平台解决产业链配套问题的能力分析

境外合作平台有望通过集齐上下游产业链的企业"抱团出海"，减少中小企业对于"走出去"的产业链缺乏的顾虑。但是，"一带一路"沿线国家的境外合作平台普遍处于初始阶段，要召集众多企业共同"出海"，本身需要解决集体行动问题和信任问题。当前各大境外合作平台招商引资构建产业链的努力，只能说尚在起步阶段。此外，政府部门的相关政策也影响了园区产业链问题的解决。例如，外事部门只给园区建设方商务人员出境开通绿色通道，不给园区内中小企业商务人员出境"开快车"，影响了境外合作平台产业链的构建。

5. 广东境外合作平台解决东道国政治风险问题的能力分析

境外合作平台以国企甚至是央企主导，往往与东道国政府有较稳固的关系。但是面临较大的政局变动，仍无法有效保护入驻园区企业的合法权益。如中国—沙特吉赞经济城、马六甲皇京港工业园和埃塞尔比亚华坚国际轻工业园等园区均反映因当地政局不稳、与周边国家关系紧张或合作主体变化导致谈判和园区建设困难,风险增加。且发展中经济体政策多变、营商环境不佳的普遍痼疾也难以完全为平台所消除。

6. 广东境外合作平台解决国企商务人员出境问题的能力分析

由于入驻平台企业从事行业、业务的多样性,平台难以越俎代庖以常驻人员代替园区企业经营。入驻平台的企业也难以对平台形成如此高的信任水平。同时,如果境外合作园区以国企甚至央企主导,平台本身也面临商务人员难以便捷出境的问题。

四、发挥平台效应,助力"一带一路"投资的思路对策

发现和分析了境外合作平台面临的问题,就可以对症下药,找到充分发挥广东境外合作平台效应,助力中小企业参与"一带一路"投资的思路对策。

1. 科学制定平台产业规划

坚持以广东产业转型升级为导向,结合"走出去"企业产业优势与东道国的区位优势、资源禀赋、产业基础,科学编制各类园区规划和确定产业定位,遴选园区主导产业及关联配套产业,推动产业集群和规模经济发展,减轻产业定位不明确导致的无效率投资、重复建设和资源浪费问题。在培育壮大主导产业的同时拓展延伸产业链,逐步推动由专业化特色发展向综合化方向演进,促进园区持续健康发展。要进一步发挥龙头企业在园区建设中的引领示范作用,带动更多的广东企业"走出去"投资经营,提升其国际化发展能力,助推广东开放型经济转型升级。

2. 构建双向多层面沟通渠道

从国内政府与东道国政府、企业与东道国政府、企业与东道国企业三个层面建立沟通渠道,强化协调,强化官方共识,加强对境外合作平台宣传,减少东道国政府和民众因对园区不了解所造成的各种问题。落实共建"一带一路"双边协议,推进双边自由贸易协议和投资协议,特别是明确投资争端、风险防范等相关条款,最大限度避免和降低东道国法律政策变动的

风险。进一步与东道国政府部门协商落实好境外合作平台的税收政策，帮助企业享受东道国正常的国民待遇和境外园区特殊优惠政策，减轻企业的税收费用负担。进一步完善信息共享制度，协调整合双方政府、行业商协会、企业、中介服务机构等信息资源，为境外园区建设发展提供全方位的信息支持和服务，增强入驻平台企业及时掌握政府相关优惠政策。进一步建立健全境外园区的风险评估、防控及应急处理机制，及时发布东道国风险评估报告，综合运用外交、经济、法律等手段，切实维护好企业境外投资合法权益。

3. 落实一站式服务安排

由政府牵头建立第三方服务平台为企业"走出去"提供一站式服务。对接中国政府、东道国政府、第三方平台、专业服务机构，帮助解决"走出去"企业面临的信息不对称、东道国政治风险、专业服务需求不足、融资困难等突出问题，从全链条消除"走出去"企业面临的障碍。在商务出访方面，平台要与政府对接，建立高管因公出行绿色通道，试点龙头企业高管因公出访实行备案制，缩短因公通行证审批时间，以确保海外突发情况能得到及时处理。在融资方面，通过增强专项资金补助项目透明度、推动人民币结算、提高国内金融机构对"一带一路"境外合作平台放贷的权限等政策组合，减轻"走出去"企业融资压力。

4. 大力培育引进国际化人才

坚持培养与引进并重，努力造就懂技术、会外语、能交流的国际化复合型人才队伍。一方面，要充分借鉴华坚集团经验，将企业社会责任与企业人才培育结合，通过培训当地员工、选送当地留学生入华就读等方式，培育本地化的专门人才；另一方面，利用东道国语言培养环境，由企业与国外学校签约，采取委托代培或联合培训等方式，着力培养具有当地语言基础的中国籍人才。此外，加大海内外高层次人才引进力度。

（本章作者：荣健欣，中山大学粤港澳发展研究院副研究员，经济学博士，主要研究方向为机制设计理论、国际贸易、区域经济学。）

第七章

广东与"一带一路"人文交流合作

民心相通是"一带一路"建设的社会根基和长久保障。民心相通有利于沿线各国增强政治互信，有利于沿线各国凝聚丝路共识。民心相通的核心是人员的交流、交往、交好和文化的相识、相容、相融两个方面内容，其关键在于开展多层次、多领域的人文交流合作，推动文明互学互鉴和文化融合创新，努力构建不同文明相互理解、各国民众相知相亲的和平发展格局。广东不仅是中国海上贸易和移民出洋最早的省份，也是全国第一侨乡，现有3000多万海外侨胞，占全国的三分之二，遍及世界160多个国家和地区，具有血脉相通的优势。同时由于广东与众多国家在文化上拥有共通性和认同感，岭南文化在沿线各国得到很好的传播，在海外不少国家华人圈里，粤语至今仍是一门最为通用的语言，因此广东对接和服务"一带一路"民心相通具有天然优势。"一带一路"建设五年来，广东在友城交往、重大交流活动、教育与文化、旅游等方面的合作成效明显，很好地促进了广东与"一带一路"沿线国家的经贸投资合作。随着"一带一路"国际合作的稳步推进，广东要及时总结人文交流合作存在的问题，以改革开放40周年为新起点，深化"一带一路"人文交流合作，发挥"向世界展示我国改革开放成就的重要窗口和国际社会观察我国改革开放的重要窗口"的作用，服务国家构建全面开放新格局。

第一节 友好城市合作发展

一、广东"一带一路"友城状况

"一带一路"倡议提出五年来，各省、自治区、直辖市积极传承和弘扬丝绸之路友好合作精神，开展城市交流，互结友好城市。从全国来看，截至2018年4月底，我国各地与海外国家城市缔结友好城市关系共计2546对，与"一带一路"国家缔结友好城市关系共计1023对（图7-1）。其中，江苏与"一带一路"沿线国家缔结87对友好城市，占总数的8.50%，居全国第一；广东与"一带一路"沿线国家缔结66对友好城市，居全国第四位。通过与"一带一路"沿线港口城市与节点城市建立长期、稳定和多层次、宽领域的友好合作关系，有利于全面加强友城之间的人文交流和经贸合作，助力"一带一路"民心相通。

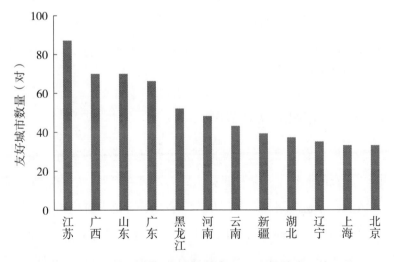

图7-1 "一带一路"友城数量高于平均数的省、市、区

资料来源：中国一带一路网。

友好城市是加强"一带一路"文化交流、推动相互理解的重要途径，是促进民心相通的重要手段。除了与"一带一路"沿线国家的文化交流以外，友城的其他效应也在逐渐凸显，贸易投资往来也促进了中国与"一带一路"沿线国家的相互了解。"友城搭台，经贸唱戏"是友城效应的具体体现。广东是海上丝绸之路的重要节点，其在海外设立的经贸代表处达到23个、旅游合作推广中心15个，驻外机构已覆盖了欧美主要发达国家、东南亚和太平洋岛国；成立海外广东国际商会12个、双边企业家理事会18个，基本覆盖世界主要目标市场和新兴市场国家；与"朋友圈"国家签订经贸合作项目1599个，协议金额886.1亿美元，进出口总额6310.6亿美元，年均增长6.4%。

自2014年起，广东在全国首创并连续3年成功举办广东21世纪海上丝绸之路国际博览会，共达成各类签约项目1831个，签约金额5833亿元。依托友城开路，广东通过产业园区建设带动产能合作集聚发展。如马来西亚广东—马六甲皇京港及临海工业园、沙特吉赞产业集聚区、伊朗格什姆自贸区、白俄罗斯中白工业园、埃塞俄比亚华坚工业园等境外重点产业合作园区建设稳步推进。依托友城搭桥，广东企业在"走出去"方面表现不俗。如华为、中兴、美的等企业在沿线国家初步完成战略布局和品牌输出；中广核、粤电、广晟等参与沿线国家基础设施建设和资源开发取得初步成效，实现由产品输出到产业输出的战略提升。

二、广东各市建立友城情况

自1979年广东省与澳大利亚新南威尔士州建立第一对友好城市以来，广东的国际"朋友圈"在不断地稳步扩大，与友城在经贸、教育、文化交流、旅游等领域的合作也越来越坚实。从广东省累计缔结友好城市的整体发展趋势图可以大致看出广东改革开放以来的对外交流合作情况（图7-2）。同时列出广东省各市缔结的友好城市及其建立的时间（表7-1），以此分析友城发展状况及各市参与"一带一路"的差异性。通过图表对比分析广东在人文相通领域、友城发展的成就，可反映广东与"一带一路"沿线国家的交流与合作情况。

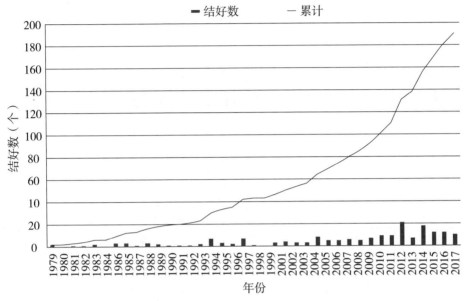

图7-2 广东省历年（1979—2017）缔结友好城市数量统计

资料来源：广东省外事办。

首先，改革开放以来广东主动适应国际经济合作和竞争的深刻变化，友城事业发展硕果累累，对外开放格局取得明显突破。从图7-2可以看出，截至2017年，广东一共缔结了190个友好城市。自2010年以来，广东缔结的友城数量呈快速增长趋势。2010—2017年累计缔结的友城数为98个，占总数的51.58%，超过一半。由此表明了随着中国经济的快速发展，对外交流也愈发频繁，更为重要的是"一带一路"倡议提出之后，广东友城发展迅猛，成果丰硕。

表7-1 广东省与"一带一路"沿线国家缔结的友好城市

中方缔结方	外方友好省（州）、市、区	国别	签字时间	"一带一路"时间点（2013年9月7日）
广东省	伊斯坦布尔省	土耳其	2001年6月18日	0
广东省	西滨海省	波兰	2001年7月12日	0
广东省	北苏门答腊省	印尼	2002年3月11日	0
广东省	宿务省	菲律宾	2009年10月23日	0
广东省	胡志明市	越南	2009年11月12日	0
广东省	亚历山大省	埃及	2010年10月21日	0
广东省	基辅州	乌克兰	2012年9月17日	0
广东省	哈巴罗夫斯克边疆区	俄罗斯	2012年11月27日	0
广东省	伏伊伏丁那省	塞尔维亚	2012年11月27日	0
广东省	明斯克州	白俄罗斯	2012年11月27日	0
广东省	圣彼得堡市	俄罗斯	2014年1月13日	1
广东省	古吉拉特邦	印度	2014年9月17日	1
广东省	万象市	老挝	2015年4月28日	1
广东省	马六甲州	马来西亚	2015年9月21日	1
广东省	南摩拉维亚州	捷克	2016年4月26日	1
广东省	奥什州	吉尔吉斯斯坦	2016年7月5日	1
广州市	马尼拉市	菲律宾	1982年11月5日	0
广州市	叶卡捷琳堡市	俄罗斯	2002年7月10日	0
广州市	泗水市	印尼	2005年12月21日	0
广州市	维尔纽斯市	立陶宛	2006年10月12日	0
广州市	汉班托塔区	斯里兰卡	2007年2月27日	0
广州市	曼谷市	泰国	2009年11月13日	0

（续上表）

中方缔结方	外方友好省（州）、市、区	国别	签字时间	"一带一路"时间点（2013年9月7日）
广州市	迪拜市	阿联酋	2012年4月18日	0
广州市	喀山市	俄罗斯	2012年7月6日	0
广州市	伊斯坦布尔市	土耳其	2012年7月18日	0
广州市	罗兹市	波兰	2014年8月20日	1
广州市	艾哈迈达巴德市	印度	2014年9月18日	1
广州市	博克拉市	尼泊尔	2014年11月29日	1
深圳市	波兹南市	波兰	1993年7月30日	0
深圳市	卢克索	埃及	2007年9月6日	0
深圳市	萨马拉州	俄罗斯	2008年12月19日	0
深圳市	海法市	以色列	2012年9月10日	0
深圳市	明斯克市	白俄罗斯	2014年1月22日	1
深圳市	普罗夫迪夫市	保加利亚	2014年3月24日	1
深圳市	比什凯克	吉尔吉斯斯坦	2016年10月24日	1
深圳市	金边	柬埔寨	2017年12月11日	1
珠海市	茹科夫斯基市	俄罗斯	2012年8月27日	0
珠海市	瓜达尔地区	巴基斯坦	2015年4月20日	1
珠海市	格丁尼亚市	波兰	2017年5月17日	1
汕头市	芹苴市	越南	2005年8月1日	0
汕头市	海法市	以色列	2015年12月15日	1
佛山市	斯达洛加勒德市	波兰	2014年6月10日	1
佛山市	纳罗福明斯克区	俄罗斯	2017年2月27日	1
汕尾市	日里昔利冷县	印尼	2009年11月12日	0

（续上表）

中方缔结方	外方友好省（州）、市、区	国别	签字时间	"一带一路"时间点（2013年9月7日）
湛江市	谢尔普霍夫市	俄罗斯	2007年5月24日	0
肇庆市	德米特罗夫斯克区	俄罗斯	2015年5月15日	1
广宁县	诗巫市	马来西亚	2013年6月28日	0
潮州市	曼谷市	泰国	2005年11月23日	0
揭阳市	南邦市	泰国	2006年8月14日	0

资料来源：广东省外事办（数据截至2018年7月）。

其次，广东是21世纪海上丝绸之路的重要节点，与"一带一路"沿线国家交流合作加强，友城数不断增加。如表7-1所示，截至2018年7月，广东与沿线国家缔结49个友好城市，占全部沿线国家的25.8%。而在"一带一路"倡议（2013年9月7日）提出之后缔结的城市有19个，占全部沿线国家的38.78%，由此表明了"一带一路"沿线国家是广东友城发展的重要方向。从覆盖的国家来看，涉及东南亚、中亚、东欧、非洲及西亚，表明广东友城联系范围较为宽广。广东最早与菲律宾马尼拉建立友城，时间为1982年，其次是1993年与波兰的波兹南市建立了友城关系，其余均在2000年以后建立的。其中2010年以后建立的友城达30个，占总数的61.2%，表明2010年以后广东与"一带一路"沿线国家的文化交流密切，友城关系发展密切。另外，省级层面缔结的友好城市为16个，其余除广宁县外均为市级层面缔结的友好城市，表现出广东省各市通过缔结友好城市，推动对外文化交流，促进外国对广东文化的理解。

图7-3为广东各市与"一带一路"沿线国家缔结友城的情况。其中省级层面缔结友城数占比33%，其次为广州占25%，深圳为16%，珠海为6%，其余城市只有1—2个，占比较小。由此表明，广东省内各市参与"一带一路"

友城建设存在内部的差异性，除了省属，广州、深圳因其经济发达，与东南亚、东欧等国家缔结了20对友城关系，而肇庆、潮州、揭阳等城市均只有1对友好城市，略显单薄。尽管区域内部存在差异，但从整体来说，广东省缔结的友好城市较多，涉及"一带一路"不同宗教、民族及文化的国家，突出了广东积极参与"一带一路"建设。

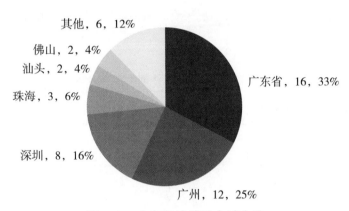

图7-3 广东各地缔结友城占比

目前，广东省同友好城市间的往来已占全省主要涉外活动的70%左右，在经贸、科技、农业、文化教育、基础设施建设、装备制造、环境保护等领域开展了富有成效的合作。广州作为省会城市，在全省城市中居于前列，不仅以"一带一路"为主线积极扩容，而且还优化友城布局，涉及全球各个国家，通过优势互补推动广州乃至广东省经济文化建设。五年来新增友城30对、总数达65对，友城间建立了众多姐妹学校、友好图书馆、友好医院关系，人文领域的交流认同，为经贸的深度合作奠定了厚实基础。当然，广东其他城市在对外交流合作方面也发挥了积极作用，深圳作为改革开放的前沿阵地，拥有22个友城；粤东、粤西及粤北也均与其他国家建立了友好城市。

广东是对外开放的窗口，缔结友城不仅能够促进广东文化"走出去"，而且通过优势互补，促进广东经济发展和文化交流。"一带一路"建设在国际社会受到高度关注，为了能够辨析"一带一路"倡议提出前后，广东省缔结的友好城市是否存在差异，为此列出广东省及其各市在"一带一路"倡议提出前后签订友好城市的变化情况（表7-2）。可以发现，"一带一路"倡议提出之前，省级层面有10个，广州9个，深圳4个；倡议提出之后，广东省层面缔结的友好城市为6个，居第一，分别与白俄罗斯、俄罗斯、老挝、马来西亚、印度和捷克形成友好城市关系。其次为深圳4个，广州3个，珠海2个，佛山2个，其他城市1—2个。其中佛山从无增加至2个，表现了佛山对外友城发展较快。从友城的分布情况来看，遍及东欧、西亚、南亚、东南亚和中亚。

表7-2 "一带一路"倡议前后缔结友城分布

时间节点	广东省	广州	深圳	珠海	汕头	佛山	其他
2013年9月前	10	9	4	1	1	0	5
2013年9月后	6	3	4	2	1	2	1
合计	16	12	8	3	2	2	6

为了有效判断"一带一路"倡议前后对广东省友城的影响，特做了倡议前后的卡方检验（表7-3）。卡方检验表明，"一带一路"倡议提出前后友城变化的卡方值为6.877，其对应的P值为0.332，接受原假设。这说明"一带一路"对广东省对外交流合作、发展友城关系的影响不明显，也反映了广东省与"一带一路"沿线国家的交流合作一直较为稳定，展现了广东省重视与广大发展中国家进行文化交流，促进人文相通。当然友城活动不仅助推广东走出去，而且引进来也同样做得亮眼。截至2017年，广东自贸试验区累计新设外商投资企业5879家，其中世界500强投资企业302家；开通国际集装箱班轮航线213条，通达全球100多个国家和地区的200多个港口，全球排名前20的班轮公司均已在区内开展业务；广东国际航空航线共计149条，旅客吞吐量达1274.3万人次，较2012年增长67.4%。地方友城交流促进了经济上共赢共享，有助于增进人民友谊，共同推进社会进步，维护世界和平。

表7-3　卡方检验

	值	df	渐进 Sig.（双侧）
Pearson 卡方	6.877	6	0.332
似然比	7.683	6	0.262
有效案例中的 N	49		

　　缔结友好城市是广东与"一带一路"沿线城市深化交流合作的重要方式。友城关系不仅有利于不同城市间的民心相通，也具有降低交易成本的作用。国际经济交易的频繁和复杂性，特别是地区间经济交易的风险性及法律的高昂成本，使得地区之间经贸活动的交易成本巨大，而通过发展友城关系可以增进地区之间的人员、文化交流，为地区间经贸合作奠定社会基础，进而减少经贸合作的交易成本。事实证明，友城联络为广东在经济、教育、旅游等各方面的国际合作带来了巨大的影响。通过国际友好城市之间的地方领导人互访等各个层次的交流，为广东与沿线相关国家之间的经贸合作奠定了基础。通过交流与合作，为吸引外资，引进先进技术和管理经验，吸纳优秀人才提供了便利条件。缔结国际友好城市为广东企业"走出去"搭建平台、开辟渠道，提供咨询服务提供了帮助，为协助企业积极开拓国际市场，提高国际竞争力，保护企业在国外的合法利益提供了条件。

第二节　重要交流活动情况

　　广东与"一带一路"沿线国家的重要活动分为两种，其一为民间主导，其二为政府间主导。广东是中国改革开放先行地和第一经济大省，是全国重点侨乡，华侨资源丰富，大部分民间活动以侨胞为载体。根据不完全统计，旅居海外160多个国家和地区的粤籍侨胞有3000多万，省内归侨侨眷也有3000多万，粤籍华人华侨一直是参与广东改革开放的重要力量。广东参与“一带一路”建设具有天然的地缘、人文、经贸、融通中外等独特优势，与“一带一路”沿线国家和地区形成了紧密的人文交流关系。

一、以华人华侨为纽带的重要活动

围绕在“一带一路”建设中“发挥华人华侨作用”的要求，广东着力深化与沿线国家华侨华人的交流合作。承办或协助举办系列涉侨经贸交流活动，促进广东与“一带一路”沿线国家经贸合作。“一带一路”建设五年来，邀请“一带一路”沿线华商企业参加了“中国（深圳）华人华侨产业交易会”、“21世纪海上丝绸之路国际博览会”、粤东侨博会、中国（广东）—东盟华商交流会、世界客商大会等经贸交流活动，达成一大批合作项目。还举办“世界华商500强广东（广州）圆桌会”、“世界华侨华人企业家南沙自贸区圆桌会”、“侨商与广东自贸区建设座谈会”等活动，以服务“一带一路”建设、创新驱动、自贸区建设等为主线，发挥海外华侨华人企业家优势，推动广东与海丝沿线国家的经贸交流与合作。

2017年11月7日，广东省侨办主办了海外侨胞助推“一带一路”建设合作交流会，来自43个国家和地区的150多名知名侨商、广东省海外交流协会海外理事、华侨华人专业人士等应邀参会，围绕“一带一路”经贸合作和创新发展主题与广东省发展改革委、科技厅等部门和相关企业对话交流。此次交流会取得了积极成果，进一步凝聚了海外侨胞参与“一带一路”建设的共识和力量，签订合作项目金额达54亿元，对接40多个项目，对加强沿线侨商的招商促贸，深入参与家乡发展具有重要的积极作用。

2018年9月20日，广东省侨办主办了海外侨胞助推“一带一路”和粤港澳大湾区建设合作交流会。该交流会作为广东“华侨华人合作交流系列活动”之一，共有来自55个国家和地区近300位海外侨胞、港澳同胞代表应邀参加会议。交流会贯彻落实新发展理念和高质量发展要求，加强共建“一带一路”同粤港澳大湾区建设的战略对接，深入推进广东与沿线国家和地区交通基础设施互联互通和经贸、科教、文体、旅游等多领域务实合作，全面提升参与"一带一路"和粤港澳大湾区建设的质量和成效。同时希望广大海外侨胞、港澳同胞一如既往关心支持广东改革发展，积极参与广东对外合作重大项目，投身粤港澳大湾区建设，促进人文交流合作。

广东健全完善"一带一路"建设信息发布平台、华侨华人跨境电商合作联盟等一系列平台机制，助力侨胞更好发挥熟悉当地语言、营商信息、法律规定、商业规则、社会习俗和广泛人脉等独特优势，发挥民心相通的作用，从而同心协力构建人类命运共同体。依托"一带一路"经贸合作交流会、"一带一路"华商广东行、"2017智汇广东—海外华侨华人专家助力广东创新驱动发展活动"、"广东省海外交流协会海外理事广东行"等系列活动，进一步增进侨胞对广东创新创业环境的认识了解，推动各种项目、技术落地和人才对接。

在侨商合作项目方面，主要以侨为桥共同推动广东与"一带一路"沿线国家的合作。第五届世界客商大会、第三届中国（深圳）华人华侨产业交易会等活动，以华侨为纽带积极促进广东与沿线国家经贸合作，推动匈牙利国家贸易署在广东设立经贸办事处。广东协会与英国李贞驹律师联合在广州举办"一带一路"之英国投资环境推介会，推动环境保护合作。通过举办海外华裔青年企业家中国经济研修班，加强华裔青年对建设"一带一路"的共识。通过组团赴南非、毛里求斯和肯尼亚慰问侨胞并宣传广东"一带一路"建设情况，在当地引起了侨胞的极大反响，对推动民心相通具有积极作用。同时，为了配合省属国有企业，广东组织代表团赴印尼进行招商活动，取得了良好的效果。

以"侨梦苑"为依托，吸引包括"一带一路"沿线国家在内的海外华商和华侨华人专业人士来广东投资创业。2015年12月，国务院侨办重点支持的侨商产业和华侨华人创新产业聚集区——广州增城"侨梦苑"和江门"侨梦苑"分别挂牌成立。"侨梦苑"的建设使广东的以侨引资、引智、引技工作更加有针对性，更加灵活。例如，支持中国旅美科技协会在粤成立办事处，搭建了引导旅美专业人士来粤创新创业的新平台。大力开展"智汇广东"系列活动，与省侨创会合作举办"千人计划专家智汇深圳"活动，邀请华侨华人专业人士参加中山"3·28"人才节，推动多个人才和科技项目对接、落户。

密切对在粤华侨华人创新创业专业人士和侨资企业的联系和服务，组织侨商参加"侨资企业西部行"考察新疆和四川藏区投资环境。开展"智汇广东—海外华裔专家助力广东创新驱动"系列活动。邀请美国、加拿大两批华侨华人高层次人才30多人次到广州天河高新区、深圳南山与龙华开发区、汕头华侨经济文化合作试验区等地进行考察，并进行了3场项目对接，推动了10多个高新科技项目对口洽谈交流。广州增城"侨梦苑"已成功引进6个高层次华侨华人项目，2个"千人计划"辅导项目，在谈优质项目30多个，为"侨梦苑"持续健康发展提供原动力。江门"侨梦苑"先后创建国家电子信息产业基地、广东省LED产业基地、国家火炬计划江门半导体照明特色产业基地。目前，区内拥有侨资企业293家，累计引进资金超过20亿美元。

华侨华人具有融通中外的重要优势，既熟悉住在国的政策法规、风土人情，又与故乡亲人血脉相通、同根同源，通晓双方贸易规则的惯例，在"一带一路"建设中具有重要作用。基于侨文化的交流，拉近了广东与沿线国家的经贸往来、产能合作及民心相通。从追求共赢的视角出发，引导"一带一路"沿线国的海外侨胞发挥独特作用，意义重大。

二、政府主导的交流活动

政府间活动，较为出名的是"广交会"，广交会一直致力于深化与"一带一路"沿线国家的经贸合作，是连接中国与沿线国家经贸往来的桥梁和纽带，在推动双边经贸发展中发挥着不可替代的重要作用。改革开放以后，尤其是中国加入世贸组织以来，每届广交会沿线国家采购商人数均超过当届与会总人数的1/3。近年来，随着"一带一路"倡议的不断推进，沿线国家采购商人数的增长态势越发明显。如第120届广交会不仅与沿线国家合作取得良好效果，而且采购商到会81604人，同比增长7.93%，高于总体平均水平，占报到总人数的44%。对"一带一路"沿线国家出口成交82.5亿美元，同比增长1.5%，占成交总额的39.6%。广交会上展出的大批物美价廉、适销对路的产品，深受沿线国家采购商青睐。

官方主导民间活动不仅开拓多元化渠道，而且努力扩大对沿线国家的招商。第123届广交会加大精准邀请力度，对沿线国家采购商直邮邀请量约占直邮邀请总量的48%。采购商到会203346人，来自214个国家和地区，比2017年春交会增长5.3%，为五年来最高水平[①]。各大洲采购商到会人数分别为：亚洲112585人，占55.37%；欧洲34830人，占17.13%；美洲33426人，占16.44%；非洲15888人，占7.81%；大洋洲6617人，占3.25%。各大洲到会人数全面增长，美洲增长12.76%、欧洲增长8.07%、非洲增长7.24%、大洋洲增长4.19%、亚洲增长2.29%。我国十大贸易伙伴国家和地区到会人数，占到会总人数的61.44%。广交会期间"一带一路"沿线国家参展企业364家、展位616个，占进口展区参展企业比例约58.7%、总展位数比例约61.72%，环比均略有增长，采购商到会90576人，同比增长3.86%。对"一带一路"沿线国家出口成交96.7亿美元，增长8.8%，占总成交额的32.2%。

广交会推进了全球招商，聚焦印度、乌克兰、乌兹别克斯坦、白俄罗斯、阿塞拜疆、黎巴嫩、沙特阿拉伯等7个沿线国家，通过开展精准营销、社交媒体、搜索引擎等手段重点覆盖沿线国家，根据不同国家精准推送不同内容。同时在沿线国家推广"广告惠新客"活动，为更多新采购商提供与会便利。近年来，在互惠互利的基础上，双方在招商推广、互访、展览、商旅和咨询服务等方面开展更高层次的交流与合作，广东陆续与32个沿线国家的46家商协会建立合作伙伴关系，加强了沿线国家招展力度及推广力度。

广交会作为中国最重要的对外展示平台之一，在与"一带一路"沿线国家的贸易往来中发挥着重要的桥梁作用。从企业层面看，随着"一带一路"倡议的深入实施，沿线国家和地区机场公路、石油化工等基础设施建设项目

---

① 第123届广交会于2018年4月14日开幕，具体统计数据来自广交会官网。

的投建明显增多，促进了我国五矿建材和机电产品出口空间的拓展。比如以焊条为外贸主营业务的天津金桥、世纪五矿和大桥焊材三家企业联合组建了研发团队，分别研发了适应俄罗斯寒冷环境、中东干燥多风沙环境以及东南亚地区多雨潮湿环境的不同型号焊条、焊丝和焊药，在广交会上受到了"一带一路"沿线国家和地区采购商的热烈欢迎，促进企业"走出去"。

第三节　教育及文化交流合作

共建"一带一路"倡议提出以来，中国实施《推进共建"一带一路"教育行动》，每年向"一带一路"沿线国家提供一万个政府奖学金名额。中国与"一带一路"沿线国家共同举办"国家文化年"等人文交流活动20次，签署了43项文化交流执行计划等政府间合作协议。截至2016年年底，中国在"一带一路"沿线国家设立了30个中国文化中心，新建了一批孔子学院。作为改革开放的先行地区，广东重视教育对外开放工作，加强教育国际交流与合作，深化粤港澳台教育合作交流，加快培养国际化人才。"一带一路"建设五年来，广东与"一带一路"国家在加强国际教育、文化交流等方面取得了初步成效。

一、广东教育国际合作交流

首先，广东积极参与海外孔子学院建设，成果丰硕。在国家汉办的统一领导下，广东目前共有7所高校在国外合作设立了18所孔子学院和1个孔子课堂，分布在美国、法国、英国、加拿大、日本、菲律宾、墨西哥、南非等多个国家，遍布亚、非、美、欧等各大洲，许多孔子学院所在国家也是"一带一路"沿线国家。海外孔子学院以文化交流合作为纽带，促进了中国与"一带一路"沿线国家的交流合作，也提升了广东在"一带一路"沿线国家的知名度与影响力。例如，中山大学与海外高校先后合作共建了四所孔子学院，包括菲律宾亚典耀大学孔子学院、墨西哥尤卡坦自治大学孔子学院、美国印第安纳波利斯孔子学院和南非开普敦大学孔子学院。暨南大学与南非罗德斯大学共建的罗德斯大学孔子学院，先后举办了"罗德斯大学孔子学院优秀学生中国文化、历史体验之旅暨夏令营"项目、"中国周"项目、"中非经济研讨会"项目、"广东与东开普省两地乡土情对比摄影展览"项目、"中国语言文化系列讲座"项目等。广州大学与意大利帕多瓦大学共建的孔子学院举办的"中国饮食文化节"活动，在当地引起了热烈反响，不仅密切了孔子学院和当地各界的关系，也掀起了帕多瓦市民及学生了解中国文化、学习中国语言的新高潮。

其次，广东着力加强与海外华侨华人文化教育机构的交流合作，举办"华侨华人广东文化行"活动，15个国家20家主要华侨华人文教机构高层应邀来访，就共同促进广东文化"走出去"等达成共识。涉侨文化交流平台建设取得积极进展，顺德职业技术学院、广州华商学院成功创建国侨办"中餐繁荣基地"，首批"广东书屋"在美国、德国、南非、秘鲁等10个国家落地。积极推动广东中医文化"走出去"，广东中医团赴苏里南、斐济等国慰侨义诊受到好评，华侨华人与广东中医药"走出去"交流会成功举办。办好海外华教高层研修班、海外华文幼师培训班、"华文教师证书"泰国培训班，培训华教管理人员和华文教师150余人，精心选派了38名华文老师赴海外华校任教。

联合广东广播电视台拍摄制作"根魂梦——海丝·粤桥"专题片，大力宣传海外侨胞在促进广东对外经贸、人文交流等方面的重要贡献。遴选22名外派教师赴印尼、泰国、委内瑞拉、马达加斯加任教。邀请来自印尼、泰国、柬埔寨56名学员在广州幼儿师范学校、广东省华侨职业学校接受为期一年的培训。组织举办"2017年华侨华人广东文化行"活动，邀请了15个国家的中华文化中心、华人社团和华文学校21位代表到广东进行文化交流，其中有12人来自"一带一路"沿线国家，共同探讨如何在"一带一路"建设中更好地发挥华侨华人的本土化优势，推动广东文化"走出去"。

最后，广东推进共建"一带一路"教育行动三年规划。实施"丝绸之路"留学推进计划，设立"一带一路"留学生奖学金专项，每年向沿线国家提供1000个奖学金名额。到2020年沿线国家在粤留学生力争超过9000人，广东成为沿线国家学生出国留学首选目的地之一。支持非通用语种人才培养，促进沿线国家语言互通，探索推进"一带一路"高等教育合作联盟建设。同时办好香港中文大学（深圳）、广东以色列理工学院、深圳北理莫斯科大学等高水平中外合作办学，支持暨南大学伯明翰大学联合学院等中外合作办学机构建设。支持开展粤港澳姊妹学校缔结计划，力争到2020年规模达到500对，每年开展活动1000项。制订办学推进计划，配合21世纪海上丝绸之路建设和广东企业"走出去"，支持广东省输出优质的职业教育资源，探索开展多种形式的境外合作办学。

例如，中国有色矿业集团与高职院校联合开展的"走出去"项目即将在非洲赞比亚落地，中赞职业技术学院（以下简称"中赞职院"）预计于2019年1月9日正式开学。该院主要面向当地中资企业员工和赞比亚社会开展职业培训与学历教育，为我国在赞比亚企业的经营发展、中赞产能合作、中国装备更好地走进赞比亚提供本土化人才保障。学院首期招生规模为200人左右，远期招生规模或达3000人，届时将成为赞比亚当地最大的学校之一。广东高职院校积极参与中赞职院建设，满足"一带一路""走出去"企业国际化人才需求。其中，广东建设职业技术学院参与共建中赞职院及建设其二级学院之一的建筑工程学院，又称"鲁班学院"，未来学校将派出建筑工程分院院长及专业任课教师参与中赞职院的教学管理工作，并与中国有色金属工业人才中心共建首个校企协同的职业教育"走出去"研究中心——"一带一路"鲁班学院研究中心。

二、广东文化"走出去"现状

除教育外，广东文化"走出去"稳步增长，成绩突出。文化产品出口年均增长约20%，初步形成完备的文化出口体系，培育了一批重点文化企业和文化出口品牌，其中入选国家2017—2018年度文化出口重点企业31家，入选重点项目2个，广州天河区成功申报国家文化出口基地。2017年，广东文化产品进出口总额为437.6亿美元，其中，文化产品出口420.4亿美元，进口17.2亿美元。全省有出口业绩的文化企业共13257家，有进口业绩的文化企业有4235家。"一带一路"建设五年来，广东初步形成了较为完备的文化出口产品体系。

广东文化产品出口覆盖160多个国家和地区，前四位出口文化产品的贸易伙伴依次为美国、中国香港、欧盟、东盟，前四位出口贸易伙伴的贸易总和占比78.6%，其中，美国占比31.2%，中国香港占比23.3%。对"一带一路"沿线国家出口66.94亿美元，同比增长28.5%，从"一带一路"沿线国家进口1.16亿美元。广东在出版、动漫游戏、创意设计、文化设备制造等领域培育了一批具有国际竞争力的重点出口企业和品牌，仅游戏业出口营收就达176亿元，出口的国家和地区有100多个。UC浏览器服务150多个国家和地区，海外用户超过1亿。YY着力开拓海外视频直播市场，旗下基于移动终端的音视频实时互动应用BIGO LIVE上线后成为泰国iOS免费下载总榜第一名。

广东文化会展交易平台逐渐完善健全。2018年5月10日举办的第十四届中国（深圳）国际文化产业博览交易会在办展规模、质量效益和影响力等方面取得了明显成效，市场化、专业化和国际化水平进一步提升。本届文博会主展馆、分会场及相关活动的总参观人数达733.26万人次，比上届增长10.08%，实质性成交2338.15亿元，比上届增长4.43%，比2004年第一届文博会增长7倍。其中，合同成交2238.57亿元，零售及拍卖成交99.58亿元。出口交易金额176.972亿元，同比增长7.35%。亿元以上出口交易项目23个，如深圳华夏动漫科技有限公司与日本世嘉株式会社签订VR游戏内容及设备出口合约1.05亿元。除港澳台地区外，主要出口国家以新加坡、埃及、日本、韩国、德国、美国等为主，主要出口产品为陶瓷、家居饰品、装饰画等工艺美术品以及影视、动漫、游戏等内容产品。其中，"一带一路"沿线国家和地区出口总额为137.38亿元，占文博会出口总额的77.63%，比上届增长34.89%。

广东省还积极加强与"一带一路"沿线国家和地区的海外华文媒体的联系和合作，打造广东侨务外宣传的重要平台，讲好广东故事。积极推进"一带一路"沿线国家和地区的海外华文媒体与广东省深化合作，省侨办与40家海外华文媒体签署了深化侨务外宣合作备忘录，并牵线推动6家海外华文媒体与《南方日报》、《羊城晚报》、广东广播电视台签署合作意向书，深层次多领域合作讲好广东故事，宣介广东发展。进一步擦亮做实"侨乡广东"专版、"广东向世界问好"春节贺年特辑等侨务外宣品牌，全年面向包括"一带一路"沿线在内的五大洲50多个国家和地区的40家主要华文媒体编发《侨乡广东》专版超过2000个，深受侨胞欢迎和好评。成功举办"海外华媒看广东——海丝·广府文化行"活动，40多家海外华文媒体高层应邀深入广州、肇庆、云浮采风访问，推出相关新闻报道100多篇（条）、专题专版30多个。承办国侨办第七期中央媒体"走基层·侨乡行"活动，深入宣传报道广州、江门等地侨乡文化建设和创新驱动发展。推动广东侨网改版和手机版建设，发挥好侨刊乡讯、侨务微信等平台作用，为沿线国家和地区的海外侨胞提供丰富的乡情乡音。

"一带一路"建设五年来，广东艺术品交流愈加频繁，加快"走出去"的步伐，没有国界的艺术品，成为各国人民相互了解、沟通、交融与合作的重要载体。"2017中国非遗文化周系列活动"在曼谷中国文化中心举办。广彩广绣非遗大师现场授课，场场爆满。语言不通的泰国民众，对广府文化的浓厚兴趣超乎主办方的想象。2017年7月"感知中国·广东文化欧洲行暨'一带一路'中国（广东）品牌世界行"先后走进俄罗斯、德国、比利时。所到之处，当地民众对来自广东的当代艺术品赞不绝口，之后"广东文化欧洲行"系列活动之一"许鸿飞雕塑世界巡展·汉堡站"在汉堡斯特格剧院举行，广东雕塑家许鸿飞创作的"肥女"系列共16件雕塑作品在汉堡多个公共空间展出。在多种文化交流、文化传播中实现美美与共，促进相互理解。

第四节　旅游合作与交流

"一带一路"建设五年来，中国与"一带一路"沿线国家互办"旅游年"，开展各类旅游推广与交流活动，相互扩大旅游合作规模。举办世界旅游发展大会、丝绸之路旅游部长会议、中国—南亚国家旅游部长会议、中俄蒙旅游部长会议、中国—东盟旅游部门高官会等对话合作，初步形成了覆盖多层次、多区域的"一带一路"旅游合作机制。中国连续四年举办"丝绸之路旅游年"，建立丝绸之路（中国）旅游市场推广联盟、海上丝绸之路旅游推广联盟、中俄蒙"茶叶之路"旅游联盟，促进旅游品牌提升。广东积极参与"一带一路"建设，五年来全面加强与沿线国家的旅游合作与交流，积极推动创新合作，促进产业投资、合作规划，推动邮轮游艇合作，开发跨界旅游产品，推进基地、滨海旅游区建设等，努力建设粤港澳大湾区世界级旅游区，为拓展面向"一带一路"的旅游市场、促进"一带一路"民心相通提供了条件。

一、广东旅游业发展现状

广东旅游业一直处于国内领先地位。自全域旅游创建工作启动以来，广东先后有两批共14个市、县、区入选国家全域旅游示范区创建单位。与此同时，还有48个市、县、区入选省级全域旅游示范区创建单位，全省形成了全域旅游矩阵，发展态势强劲。2015年以来，广东全域旅游工作在乡村旅游、"旅游+"、产业融合、精准营销、共创共享等多个领域进行了有益的探索和开拓，取得了宝贵的经验和丰硕的成果。

根据《广东国民经济和社会发展统计公报》显示，2016年广东省全年接待入境过夜游客3518.39万人次，增长2.1%。国际旅游外汇收入185.77亿美元，增长3.9%。国内过夜游客3.62亿人次，增长10.4%；国内旅游收入9200.24亿元，增长15.3%。按照同期汇率折算，2016年广东省旅游业总收入达到10359.45亿元。2017年，全年接待入境过夜游客3647.56万人次，增长3.7%。国际旅游外汇收入196.50亿美元，增长5.8%。国内过夜游客4.07亿人次，增长12.5%；国内旅游收入10667.02亿元，增长15.9%。广东旅游业总收入连续5年占全国旅游总收入20%以上，人均旅游消费呈逐年递增趋势（图7-4）。

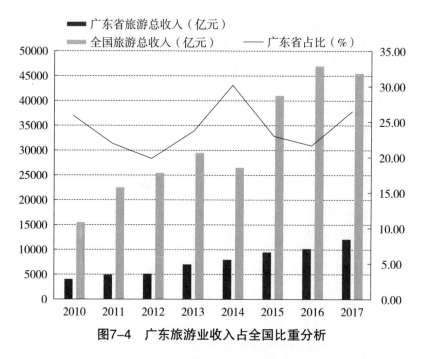

图7-4　广东旅游业收入占全国比重分析

2010—2017年广东旅游收入总体呈现递增的变化趋势，占全国的比重维持在25%的水平，表明了广东旅游发展较为稳定。尽管全国在2014年呈现下降特征，但是广东省仍保持增长，由此表明了广东旅游资源丰富，具有较大吸引力。坚持"创新、协调、绿色、开放、共享"五大发展理念，扎实推进全域旅游和旅游供给侧改革，着力扩大旅游投资和消费，对推动广东旅游业创新发展、提质增效，开创旅游业改革发展奠定了基础。

二、广东旅游合作特征

改革开放以来，广东与亚太地区的旅游交流与合作关系密切，广东成为我国重要的旅游接待中心和旅游创汇中心。随着广东省旅游开放能力的逐年提升，其与"一带一路"沿线国家的旅游合作也在不断加强，总结起来，广东旅游对外合作呈现以下几大特征。

首先，广东省在不断提升旅游开放合作水平。广东海上丝绸之路博物馆在科学保护"南海I号"中加快与旅游产业的高度融合，加强"南海I号"景区建设，深化对外交流合作，积极参与"一带一路"建设工作。加强"南海I号"文化品牌建设，提升景区"海丝文化"知名度。推出多项有影响力的对外展览，包括"在最遥远的地方寻找故乡：13—16世纪中国与意大利的跨文化交流"展览、"东西汇流：13—17世纪的海上丝绸之路"展览等。

积极开发文创产品，丰富旅游产品的供给形式。广东海上丝绸之路博物馆结合中国传统文化理念，开发出一系列造型精美独特、富有时代精神的文创产品，为广大国外游客提供了可带回家的"中国文化"。广东大力发展邮轮游艇旅游业，2017年7月，在广州南沙举行了广东自贸区粤港澳游艇自由行首航活动；2017年12月，深圳湾游艇会举行了广东自贸区深圳片区粤港澳游艇自由行首航活动，粤港澳游艇自由行正式启动拉开序幕。

其次，广东积极推动重点旅游企业赴"一带一路"沿线国家开展旅游产业投资合作，与当地旅游管理部门和旅游企业就护送客源、联合开发旅游产品、打造跨境旅游线路等方面进行深入对接，并签署相关合作协议。2017年3月，组织广之旅、华侨城旅投公司等旅游业界代表团赴印尼、菲律宾、马来西亚开展旅游交流，就旅游产品销售及景区开发等方面达成合作意向。同年8月，哈萨克斯坦世博会广东周期间，组织广东中青旅等旅游企业赴哈萨克斯坦、俄罗斯开展交流活动，与两国旅游业界进行了广泛的交流，并与当地旅游企业签署合作协议。

当然，广东省也积极配合国家旅游外交战略，组织业界代表参加国家旅游局组织的捷克南摩拉维亚洲旅游交易会、俄罗斯莫斯科国际旅游交易会等重要国际旅展；参加"中澳"、"中东"、"中哈"、"中丹"等系列旅游年活动及欧洲、东盟、非洲等旅游宣传推广活动，推广广东海丝精品线路。积极与"一带一路"沿线国家驻穗领事机构及旅游局代表联络，深化交流合作，先后与土耳其、阿联酋、斯里兰卡等23个国家和地区的驻穗机构和旅游局代表进行会谈交流，邀请驻穗领事机构出席旅博会、文化节等重要旅游活动，积极为尼泊尔、以色列、马达加斯加等沿线国家在广东举办的旅游推广活动提供便利和支持，深化与各国旅游交流合作关系，为旅游企业"走出去"搭建合作平台。

最后，广州市对推进与"一带一路"沿线国家的合作也做出了巨大贡献。为提升广东旅博会和海博会旅游文化展区国际化、专业化水平，提升两个展会的国际知名度和影响力，广州市贸促会每年积极邀请"一带一路"沿线国家旅游主管部门和企业来广东参加旅博会和海博会。如2017年9月，广东旅游产业博览会共吸引来自55个国家和地区参展商，包含大部分"一带一路"沿线国家，旅博会期间成功举办中国（广东）—东盟旅游推介交流合作活动，签署中国（广东）—东盟品质旅游宣言，推动"一带一路"区域旅游信息互联互通。还有就是每年9月底的海丝博览会上，旅游文化区近五年平均有27个国家或地区的115家参展商参展，300多家境内外旅游采购商申请旅游洽谈采购，取得了丰厚成果，促进了广东与"一带一路"沿线国家的旅游交流与合作，加强了双边国家的文化交流，有利于民心相通。

随着广东与"一带一路"沿线国家的交流合作不断深入，旅游合作将成为沟通广东乃至中国与沿线国家关系发展的一条重要纽带。广东参与沿线国家旅游合作，能够在高速公路和铁路等交通基础设施领域给予极大的支持，不仅可以提高和增加商品流的速度和数量，而且能够促进中国与沿线国家间的人文交流。沿线国家需要中国游客，同时中国也需要外国游客，因此双方在空中、陆路和水上搭建了交通渠道，拉近了双方人民的友好关系，从而有利于提升双方经济社会发展水平。随着双方游客的友好往来，广东与沿线国家的相互了解不断丰富，山水相连的传统情谊也在不断加深。进入新时代，广东与"一带一路"沿线国家应在维护经济合作良好势头的基础上，加强与东南亚、东欧、中亚等国家在基础设施建设领域合作，同时加快中国与沿线国家间的互联互通，从而带动沿线经济社会事业，特别是旅游业的发展。

第五节　人文交流存在的问题与建议

"国之交在于民相亲，民相亲在于心相通。"民心相通的内涵是指"一带一路"沿线国家和地区的人民通过交流交往增进了解，通过交流合作建立友谊，通过交流获得友好信任，在情感、理念上相互理解、相互认同，在文化上相互尊重、相互包容，最终形成平等、和平、繁荣、文明和绿色的人类命运共同体。近年来广东各类丝绸之路文化年、旅游年、艺术节、影视桥、研讨会、智库对话等人文合作项目百花纷呈，人们往来频繁，在交流中拉近了心与心的距离。"人之相知，贵在知心。"沿线国家人民心灵距离的拉近将成为"一带一路"建设最为坚实的基础。然而，广东在人文交流方面依然存在一些问题，不仅有共性问题，也有广东特有的问题。

一、人文交流存在的问题

1. 交流合作偏官方主导为主，民间参与相对薄弱

广东省当前的对外人文交流中，过于重视政府的主导作用，交流的内核政治性过重，形式比较呆板，导致活动受众有限；同时各种活动的参与群体重合度较高，造成一定程度的资源浪费。政府主导权意识较为强烈，对民间团体在人文交流中的重要作用认识不足，交流合作范围比较有限。

2. "以侨为桥"的作用发挥不充分

当前，虽然广东省积极通过海外华人华侨为媒介加深与各国的人文交往，但总体上看，尚未能够充分撬动海外华人华侨中的精英高端人群的作用，有质量、高层次的交流机制尚未完全建立。此外，针对"一带一路"侨务工作

仍延续过去思路，导致一些偏差，例如过度强调招商引资的"引进来"方向，忽略华侨华人在广东企业"走出去"中可发挥的"引桥作用"；过度关注粤籍华侨华人，忽略改革开放以来在海外就业创业的外省籍华侨华人的潜能。

3. 国际宣传能力较弱

民心相通的前提是增进了解，在参与"一带一路"建设过程中，国际传播能力的同步发展是促进民心相通的必备条件。但广东省当前在国际宣传上仍然存在宣传模式简单、宣传力量分散、宣传渠道单一、宣传实效性不强等短板，影响国际形象的推广，岭南文化特色也未能得到充分"包装"宣传。

4. 语言学习受限

"一带一路"沿线60多个国家有50多种通用语和200多种民族语言，由于设施建设落后、民众交流少等原因，广东与沿线国家之间并没有设置足够的小语种专门语言学校，影响广东与沿线国家的深度交流。

二、促进人文交流的相关建议

民心相通是"一带一路"建设的关键，人文交流合作可以促进民心相通。在所有"走出去"的业务中，可以说文化"走出去"最能凸显软实力。随着"一带一路"国际合作步伐稳步推进，广东要发挥历史、区位和文化等方面的优势，促进广东与"一带一路"沿线国家民心相通，推动广东企业"走出去"。为此，我们提出以下几点建议。

1. 重点发挥华侨华人的"桥梁"作用

发挥侨乡优势资源，加强与海外侨胞、华商组织和民间团体的交流合作互动。进一步扩大与沿线国家和地区华文媒体的联系与合作，支持沿线国家华文教育发展，实施华裔政要广东寻根工程，促进涉侨公共外交。鼓励各地市采用多种方式加强本地祖籍的海外华侨华人的联系，充分利用现有的全球华人网络，形成服务于"一带一路"建设的人才支撑。

2. 发挥粤传媒在丝路精神中的"扩音器"作用

发挥媒体在传播信息、增进互信、凝聚共识等方面不可替代的重要作用。通过解读政策、沟通信息、传播文化、促进友谊等推动各国相互理解、相互尊重、相互信任，夯实民意基础。发挥粤语传媒自身独特优势，讲好广东故事，大力宣传丝路精神、广东文化特色、改革开放成就。积极构建新媒体宣传体系，鼓励广东媒体争做丝路故事的讲述者、丝路文化的传播者和经贸合作的宣传者，促进沿线国家的人文交流、文明互鉴和共同发展。

3. 提高外籍人士在粤的社会归属感

重点关注在粤外籍高管、非洲籍客商等重点人群在粤生活状态，为在粤外籍人士营造良好的人文环境，提升其在粤归属感。对外国人子女入学、就医、出入境等提供一定的便利条件，进一步提高广东国际化生活水准。积极探索"以外国人管理外国人"的工作新模式，加强与外国在粤商会沟通联系。建立专门的外国人志愿者团队，加强对外国人群体的涉外法律法规宣传工作，引导外国人积极主动融入广东文化氛围，建立"自我教育、自我管理、自我约束、自我提高"的互助模式。

4. 优化机制，推动政府、企业、民间机构形成合力

统筹"民心相通"工作的协调机制，把政府相关部门、相关的民间机构和重点企业单位组织起来，齐心协力做好"民心相通"的工作。对内协调各省、市、区工作，对外与沿线国家建立相应的合作关系，同时分别在科技教育、医疗卫生、文化旅游、青年、智库、媒体等各个领域分别下设专项小组，由各专项小组在各自领域分工开展具体工作。

5. 用好民间社会团体力量

充分发挥具备对外交流功能的民间社会团体力量，加强政策引导，鼓励其发挥主观能动性，打造民间文化交流品牌，以民众视角宣传广东，讲好"广东故事"，从而有效提升广东的国际认知度。

（本章作者：梁经伟，中山大学粤港澳发展研究院博士后，管理学博士，主要研究方向为区域经济系统和全球价值链。）

第八章

广东在"一带一路"建设其他重要领域的合作

"一带一路"建设是一项系统工程，"一带一路"国际合作涉及不同领域方方面面的问题。"一带一路"建设五年来，广东发挥自身优势积极参与，对接"政策沟通、设施联通、贸易畅通、资金融通、民心相通"。同时，广东在海洋合作、电子商务合作、科技创新合作和知识产权保护合作等"一带一路"建设的其他重要领域也积极参与，扩大了与"一带一路"沿线国家的密切联系，助推广东成为"一带一路"经贸合作中心、战略枢纽和重要引擎，服务广东加快形成全面开放新格局。

第一节　海洋合作

海洋是建设21世纪海上丝绸之路的基础和载体。立足海洋，深刻认识建设21世纪海上丝绸之路的重大意义，有效推进21世纪海上丝绸之路建设，是当前和今后一个时期摆在我们面前的重要命题。进入新世纪，各国以海洋为纽带，更加密切地开展市场、技术、信息等方面的交流，一个更加注重海洋合作与发展的新时代已经到来。中国提出建设21世纪海上丝绸之路，是为了适应经济全球化新形势，扩大与沿线国家的利益汇合点，与相关国家共同打造政治互信、经济融合、文化包容、互联互通的利益共同体和命运共同体，实现地区各国的共同发展、共同繁荣。建设21世纪海上丝绸之路是一个跨地区、具有全球视野、谋求合作共赢的倡议，将其放在世界多极化、经济全球化、合作与竞争并存的时代背景下去考察，具有多重意义。

一、广东海洋产业发展现状

广东是海洋大省，海域空间广阔，海岸线漫长，海洋资源丰富。海洋经济是广东省国民经济的重要支柱之一。2018年国家正式实施《粤港澳大湾区发展规划纲要》，提出建设富有活力和国际竞争力的一流湾区和世界级城市群，把大力发展海洋经济作为构建国际竞争力产业体系的重要内容。同时，广东具有先行先试的政策优势，拥有《珠江三角洲地区改革发展规划纲要》、《广东海洋经济综合试验区发展规划》和《中国（广东）自由贸易试验区总体方案》等国家层面的宏观规划，并且拥有南沙、前海、横琴三个以海洋经济为主的国家新区，是建立海洋经济强省的重要实验田。广东成为我国走向太平洋和印度洋的重要通道，是融入世界市场的重要桥梁。

广东海洋经济发展迅速，成绩喜人。近年来，广东积极创建全国海洋经济示范区，打造了一批海洋产业集聚区和海洋产业园区。从2012年到2017年，广东省海洋生产总值由1.1万亿元增长到1.78万亿元，年均增长11%，占广东生产总值的20%，占全国海洋生产总值的22.6%，连续23年居全国首位。海洋三次产业比例调整为1.8∶41.8∶56.4，呈现出第二、三产业并驾齐驱的均衡发展格局，基本形成了门类齐全、优势突出、以现代产业为主导的海洋产业体系。同时加强科技交流研发与人才培养的合作，拓宽广东与沿线各国在海洋与渔业科研、技术开发方面的合作领域，加强与沿线各国海洋人才的交流与合作，培育海洋产业重点人才，并且推动广东高等院校与沿线各国大学院校开展联合办学，共同培养海洋类技术管理人才。

广东海洋科技投入逐年增加，成果转化明显。近五年海洋领域研究与实验经费投入平均为11.2亿元，海洋新型酶类、新型生物功能制品等52项成果得到转化应用，海洋科技实力在全国排名前列。深圳、湛江等城市获批全国海洋创新示范城市，广州南沙区被认证为国家科技兴海产业示范基地。伴随着科技创新的发展，现代渔业建设步伐也在加快。2016年省级财政安排11亿元建设一批示范性渔港和区域性避风锚地，建成渔业船舶信息管理系统和渔港高清视频监控系统，渔业信息化水平走在全国前列，建成省级以上水产良种场63家，培育推广新品种27个。其中水产品出口保持占广东大农业出口的1/3，每年提供鲜活水产品超过800万吨，广东现有122家省级渔业龙头企业，163个涉渔产业获得省级以上名牌产品称号。

二、广东与"一带一路"沿线国家的海洋合作

广东与海上丝绸之路国家的海洋合作也相当密切。由广东省人民政府和国家海洋局主办的中国海洋经济博览会（简称"中国海博会"），是中国唯一的国家级综合性海洋博览会、国际性经贸展会，被誉为"中国海洋第一展"。中国海博会致力服务建设21世纪海上丝绸之路、粤港澳大湾区、北部湾经济圈和广东海洋经济综合试验区，促进国内外政府及涉海企业、机构之间的务实合作，促进海洋资源开发、海洋产业提升、海洋科技创新、海洋环境保护和生态文明建设，打造中国海洋科技创新和海洋产业融合发展的新高地和21世纪海上丝绸之路海洋经济合作发展的新品牌。自2012年举办以来，对于促进广东与海上丝绸之路国家开展交流合作、实现多方共赢具有积极的推动作用。

广东21世纪海上丝绸之路国际博览会（简称"海丝博览会"）是广东省参与"一带一路"建设的又一重要平台，也是广东开展"一带一路"海洋合作的重要载体。2014—2018年海丝博览会已经连续成功举办了五届，国际影响力逐年扩大，积极推动了广东省与"一带一路"共建国家在经贸、投资、旅游、文化、物流、航运等方面的交流合作，树立了"做生意、谈合作、到广东"的新形象。海丝博览会采取"展览会+主题论坛"模式，展览会在东莞市举行，主题论坛在广州市举行。广东海丝博览会邀请海上丝绸之路沿线国家商协会和跨国公司代表参会参展，对于广东深化与丝绸之路经济带和海

上丝绸之路沿线国家的海洋产业合作具有积极的促进作用。

与此同时，广东的海洋渔业对外合作还突出技术输出引进，提高交流合作水平。近年来，积极与"一带一路"沿线国家开展海水养殖和水产品加工技术研发、海洋资源保护开发等方面的合作。成功承办了多期东盟和太平洋岛国养殖技术培训班，培训东盟和太平洋岛国渔业管理和水产技术人员200多人次。组织深圳市联华种苗有限公司与美国夏威夷海洋研究所合作，在美国塞班进行南美白对虾亲虾选育技术合作。另外，省盐业协会与法国GO高科技公司合作，投资5亿元在阳江市海陵岛建设集贝类育苗养殖、加工销售、科普教育、产业链建设一体化的综合性项目；中山大学和中国水科院南海水产研究所先后牵头实施"中国—东盟海水养殖技术联合研究与推广中心"和"中国—东盟现代海洋渔业技术合作与产业化开发示范"项目等技术合作。

三、海洋合作具体案例分析

"一带一路"建设五年来，作为海洋大省的广东积极参与海洋合作，探索了有效的合作机制与可行模式。其中，广东与东盟国家海洋渔业合作，近年来已经取得了长足的进步，深化了广东与东南亚国家的合作交流。

第一，广东与东盟国家搭建政府交流合作平台，构建合作长效机制。积极开展海洋与渔业对外交流与合作，通过出访考察、举办经贸洽谈会等多种形式，搭建起政府间合作的平台，构建合作长效机制，达到"政府搭台、企业唱戏"的目的，促进广东与东盟有关国家的经贸交流和技术合作。目前，广东已与马来西亚、印尼、菲律宾和文莱等国建立了形式多样的交流与合作，在以上国家举办了多次渔业商务论坛和渔业经贸合作交流会，而且为了加强互利合作，还分别与文莱、菲律宾等国家渔业局签订了渔业合作备忘录。此外，广东省也正在研究申请设立"中国—东盟海洋经济合作示范区"，以广东海洋经济综合试验区作为基础来研究与东盟国家的海洋合作，并已召集专家结合广东省发展海洋经济的优势和东盟国家发展海洋经济的需求，就海上互联互通、港口建设、渔业、海洋科技、生态保护等领域同东盟开展合作的模式征求方案。广东与东盟各国的多样化政府交流平台的搭建对海上丝绸之路的建设无疑有着巨大的推动作用。

第二，推进渔业合作项目的实施，对外合作取得丰硕成果。根据广东与东盟国家自然条件相似，资源基础、渔业技术、经济发展水平与市场的互补性较强的特点，利用广东在水产养殖技术、市场等的优势，重点加强了与文莱、马来西亚、菲律宾、越南等国政府及企业的渔业交流与合作，推进了广东省渔业"走出去"战略的实施，取得较为明显的成效。如广东省企业积极开拓东盟市场，分别在文莱、菲律宾等国家建设了深水网箱养殖基地，开展石斑鱼等高值鱼类的养殖合作，在马来西亚、越南等国开展了罗非鱼和宝石鲈种苗繁殖和育苗技术研究合作等。与此同时，我国亦与东盟各国不断深化海洋科技方面的合作，以此推动海洋渔业合作的进一步深化。2013 年11 月，在"首届中国—东盟海洋科技合作论坛"上，我国提出关于共同制订和实施《中国—东盟国家海洋合作未来十年行动计划：增强海洋知识、服务与创新》的提议，得到与会国家的热烈反响。该次会议使得中国与东盟在海洋合作计划、海洋科技合作领域以及海洋生态环境等方面的合作得到拓展和巩固，也对推进广东省与东盟在渔业资源开发和利用战略、渔业科技合作以及渔业资源生态资源环境等项目的实施，起到了良好效果。

第三，积极到东盟等国家和地区投资，开展海上网箱和岸上设施养殖合作。广东企业在文莱投资并成立文莱美林养殖公司，与当地企业合作实施"中文合作网箱养殖基地"项目，养殖基地建设在文莱达鲁萨亚国摩拉区，拥有内海及外海共计50.5公顷海域的养殖规模，其中外海养殖场40.5公顷、内海养殖场10公顷。目前，外海养殖场投放深海抗风浪圆形网箱28只，内海养殖场现投放深海抗风浪四方形网箱320只，放养水产有金鲳鱼、鞍带石斑、东星斑、海鲡、紫红笛鲷、老虎斑及龙虾，养殖基地建设情况良好，养殖产量增收，并在当地打造了清真食品品牌。恒兴集团在越南投资建设2家饲料生产、鱼虾苗养殖、饲料贸易基地，马来西亚基地项目也正在筹备中。

该公司还与NSPO（埃及国家服务项目组织）合作，在埃及建设渔业产业园项目。恒兴集团负责整体项目的规划、设计、设备供应及安装调试，人员培训、经营指导等，双方根据合作内容共签订4份合同，合同总金额为8600多万元。目前已在进行项目调试，准备正式投产。广东海大集团在马来西亚、越南、印度等国家投资建设饲料生产、鱼虾苗养殖、饲料贸易基地。

第四，举办渔业养殖技术培训班，为东盟国家培养渔业技术和管理人才。为了加强与东盟国家的渔业技术交流与合作，广东近年来举办五期中国与东盟养殖技术培训班，培训国外水产技术人员100多人。培训班的举办，进一步加深广东与东盟国家在渔业领域的交流，加强双方的信任，增进友谊，为推动广东与东盟国家开展全方位的渔业合作及海上丝绸之路的建立创造了有利的条件。然而，海洋合作的形式较为单一，仅通过举办渔业养殖技术培训班的形式，单方面为东盟及"一带一路"沿线国家培养渔业技术和管理人才的合作层次、深度都是不够的。为此，需拓展海洋合作的领域，进一步在海洋渔业捕捞和后勤基地的共同建设和协调、海洋渔业应急管理配套设施技术以及海产品的保鲜、储运、销售等方面寻求合作范围、内容的拓展和突破，从而实现通过建设21世纪海上丝绸之路达到双方共赢的目的。

第二节　电子商务合作

2008年国际金融危机过后至今，全球整体经济形势疲软。宏观方面，欧美市场复苏缓慢，人民币汇率不断波动，贸易摩擦率多年来持续居高不下；微观方面，原材料价格上涨，劳动力和生产要素等成本增加。在多重因素的影响和作用下，中国传统进出口贸易的增速出现下滑。与此形成鲜明对比的是，中国与"一带一路"沿线国家的进出口贸易额保持着持续稳定增长，其中跨境电子商务的交易额和规模增长率更是逐年攀升。推动"一带一路"

跨境电商和数字贸易发展，对于缩小数字鸿沟，建设开放、包容、普惠、平衡、共赢的经济全球化具有重要意义。

一、"一带一路"为跨境电商发展提供了重大机遇

跨境电商既有传统国际贸易的基因，也带有电子商务的新兴血统。相较于传统的国际贸易，跨境电商通常具有信息获取成本降低、支付便捷等优势；通过跨境电商这一载体，一国商品跨境交易减少了大量中间环节，提高了交易效率。因此，跨境电商成为我国对外贸易的新增长点。随着"一带一路"国际合作的推进，各地政府大力推动基础设施建设，改善贸易环境，这些政策都将利好跨境电商的发展。具体来说，"一带一路"的红利主要有以下几大方面：

1. "一带一路"提供了政策高地

"一带一路"倡议提出后，作为重要落脚点的跨境电商也越来越受到政策的重视。近年来，跨境电商的支持政策不断升级，监管模式已经初成体系。在政府推动下，部分电商走出国门，开始在海外建立仓储和配送基地，推动我国外贸突破逆境，在更大的范围、更深的领域中展示互联网电商的真正力量。

2. "一带一路"促进跨境物流建设

物流是电子商务发展的支撑，由于消费者与供应商的空间距离远、跨度大，对现代物流建设提出了更高的要求。在"一带一路"的推动下，通过从国家层面形成协议、达成共识、建立互信，大规模跨境物流建设成为可能。为了降低商品运输风险，提升消费者的体验满意度，可以促进我国物流产业改变传统的物流运营模式，用信息技术建立起智慧物流体系。

3. "一带一路"有利于消除贸易壁垒

通过建立"一带一路"沿线国家间的协商机制，我国能够牵头建立跨境电子商务国际合作机制，为企业开展跨境电子商务创造必要条件，还能够促进电商企业发展，帮助国内企业处理跨境电子商务贸易纠纷，加强国别间跨

境电商合作。通过与"一带一路"沿线各国开展互利共赢的合作,我国可改变以往大量出口低端工业品的模式,进一步深化外贸转型。

4. "一带一路"为跨境电商提供了广阔的市场

一方面,"一带一路"沿线国家发展水平不同,发展模式不同,东亚、中亚的一些新兴的发展中国家受生产能力的限制,本国产品的数量和质量无法充分满足消费者的需求,通过跨境电子商务能够促进多边贸易,开拓广阔的国际市场。另一方面,"一带一路"使国与国之间的直接贸易成为可能,为跨境电子商务发展提供了前所未有的机遇。

"一带一路"建设五年来,中国跨境电商行业保持快速发展态势。根据海关的统计数据,2017年通过海关跨境电商管理平台零售进出口总额达到902.4亿元,同比增长80.6%。其中,出口336.5亿元,增长41.3%;进口565.9亿元,增长116.4%。作为我国外贸的新增点,2017年政府工作报告把跨境电商发展作为"坚持对外开放的基本国策"的工作项目之一。从全球范围内来看,中国、美国、英国、德国和日本是全球跨境电商的主要出口国,中国作为"世界工厂",在产品品类的丰富度、价格以及产能上具备竞争优势,网购产品受到各国热捧,因此具备良好的发展基础。

二、广东跨境电商总体发展特征

"一带一路"建设五年来,广东依托自贸试验区、跨境电商综试区制度创新,立足珠三角地区雄厚的外向型制造产业基础和毗邻港澳的优势,全省跨境电商行业保持快速发展态势,呈现出交易规模持续攀升、市场主体壮大、聚集效应增强、模式创新活跃的特点,形成了一批可复制推广的经验。

1. 产业规模增长迅速

"一带一路"建设以来,广东省跨境电商发展延续良好势头,广东省跨境电子商务交易额占全国交易总额的七成,继续保持了跨境电商第一大省的规模。据海关统计,2014年广东省跨境电商的交易额对全国贡献率超过一半;2015年进出口总额为167.3亿元;2016年广东达到228亿元,同比增长

35.7%；2017年为441.9亿元，同比增长高达93.8%，规模继续居全国首列。据不完全统计，中国跨境电商60%邮政包裹来自广东，亚马逊上广东卖家占全国70%。广东省从事跨境电商及相关支撑服务的企业有8万—10万家，基本涵盖跨境电商产业的全链条，从业人员过百万。

根据2017年中国网络零售市场数据监测报告，中国出口跨境电商卖家在地域上分布为广东24.8%、浙江16.8%、江苏11.3%、北京8.6%、上海6.5%、福建5.4%、山东3.6%、河南3.2%，其他省份占19.8%。从图8-1可以看出，广东、浙江、江苏沿海三省的跨境电商卖家贡献的收入占全国52.9%，而广东优势较为明显，脱颖而出。广东庞大的经济基础、高度集中的生产制造基地、丰富的外贸人才储备成为出口电商卖家集聚地的主要因素，品类丰富及完善的产业链是其显著特征。

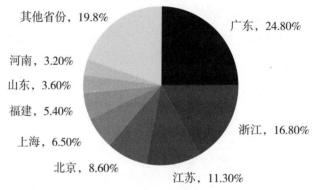

图8-1　2017年中国出口跨境电商的地域分布

资料来源：根据《中国网络零售市场数据监测报告》数据绘制。

2. 跨境电商综试区建设初见成效

广东省政府于2016年5月印发广州、深圳跨境电商综试区建设实施方案，建立广东省跨境电子商务综合试验区工作联席会议制度。广州、深圳均成立市级跨境电子商务综试区工作领导小组，珠海市和东莞市也于2018年7月被国务院批准设立跨境电子商务综合试验区，跨境电商综试区建设呈现业务试点模式不断扩展、监管制度不断创新、综合服务体系不断完善的特点。凭借跨境电商发展的良好基础和综试区政策效应，2017年广州跨境电子商务进出口总值227.7亿元，同比增长55.1%，占全国25.2%，继续保持试点城市首位。其中进口总值151.9亿元，增长1.5倍，占全国比重为26.8%，全国排名第一。而深圳的跨境电商活跃卖家则占据全国的40%，包括环球易购、百事泰、择商、傲基、有棵树、通拓、浩方、赛维、爱淘城、汇配通、海翼（Anker）、蓝思科技、左岸、价之链、万方网络等知名的大卖和上市企业，成为全国跨境电商的"第一市"。目前来看，广州、深圳两市的综试区建设开局良好，有效发挥其跨境电商发展的聚集效应，培育一批跨境电子商务综合服务企业和集聚园区，跨境电子商务监管体制逐步创新。

3. 产业集聚效应不断加强

跨境电商领域龙头企业发展势头强劲，唯品会、天猫、亚马逊、京东、苏宁、当当网等大型电商平台纷纷开通全球购业务，逐渐成为广东省跨境电商的主力军；卓志供应链、威时沛运等龙头跨境电商服务平台吸引了近400家电商企业入驻；广东邮政跨境电商零售出口额在全国同类型企业中排名第一。全省现有建成或在建跨境电商园区（不含电子商务园区）超过20个，已有包括平台、物流、金融、摄影、配送、翻译、搜索引擎等各类型企业进驻园区，产业集聚效应明显。

4. 业务新模式不断涌现

目前，广州和深圳综试区已成功开展了网购保税进口（B2B2C）、直购进口（B2C）和零售出口（B2C）等跨境电商业务，跨境电商B2B出口和网购保税出口（B2B2C）业务已测试成功并开始全面推进。随着国内外市场竞争加剧，广东跨境电商企业充分利用互联网、新技术，积极探索创新行业发展新模式，在跨境电商B2B、产业链融合发展、渠道拓展等方面涌现出一批独具特色的商业新模式。例如广州市贝法易商贸有限公司开创跨境电商海外仓模式，整合国内外海空运、邮政快递等第三方物流企业资源，建立第四方物流平台，在英国、美国、德国、澳大利亚、俄罗斯、加拿大六大主流外贸市场设置10个海外自营仓储物流中心，帮助跨境电商企业产品直接进入境外零售体系；深圳保宏电子商务综合服务有限公司依靠深圳前海保税港区"境内关外"的监管特点，搭建全新跨境B2B交易体系，将海关监管数据、银行及支付企业的资金流数据、保税区的物流数据以及线上交易平台的订单数据进行重新整合，实现跨境贸易电子商务线上结付汇功能，推动制造企业的跨境电商出口业务。

5. 形成了一批可复制推广的经验

广州综试区率先切换跨境电子商务零售进口总署统一版通关系统，广州标准成为全国标准；率先推出以"智检口岸"为核心的商品溯源体系；率先探索一机双屏、关检协作的新型监管方式；率先开通"微警认证"消费者身份信息验证功能。深圳综试区明确以前海自贸片区为龙头试点区域先行先试，在前海湾保税港区启动跨境电商"特殊区域出口"模式下的"供应链协同"服务模式创新，以及"全球中心仓"项目建设，探索实现保税与非保税货物同仓存储、进口与出口同仓调拨、小额交易（2C）与大宗贸易（2B）同仓交割、内贸与外贸同仓一体，"一区多功能、一仓多形态"的监管创新。这些特色与创新为全国跨境电商综试区创建探索了可复制推广的经验。

三、广东跨境电商发展面临的问题与制约因素

随着"一带一路"建设的深入推进，国内大量高铁、机场、港口等基础设施建设项目启动，贯穿亚、欧、非大陆，义新欧、渝新欧等国际铁路的建成，大大完善了国际物流大通道，为我国与"一带一路"沿线国家的电子商务合作发展提供了硬件支撑。因此，国内开展跨境电商业务的城市不断增多，优惠政策不断复制推广。尽管广东跨境电商业务规模走在全国前列，但广东先行先试的优势已逐步弱化，还面临着政策因素的制约。目前，跨境电商占外贸进出口的比重还不大，对外贸转型升级的带动作用还有待进一步加强。

1. 广东先行先试的优势逐步弱化

随着跨境电商逐渐成为国际贸易的新趋势，省外城市跨境电商发展势头迅猛。2016年，全国开展跨境电商进出口的城市增加到60个，进出口超20亿元的城市达到6个。杭州作为国务院最早批复设立的跨境电商综试区，诸多

政策得到国家相关部门的大力支持，并且杭州联合阿里巴巴集团大力推进跨境电商B2B业务发展，发展势头迅猛，在全国12个已开展业务的综试区中，杭州无论在机制、氛围、政策环境还是在政府管理、服务、培训等方面都已处于全国领先位置。郑州综试区主要依托新郑综合保税区、出口加工区等区域，推动综试区与航空港、郑欧班列和内陆口岸联动发展，并给予企业仓储、检测费优惠及通关便利，形成具有较大竞争力的跨境电商发展模式。

2. 跨境电商B2B模式不清晰

推动跨境电商B2B模式是国家对下一阶段跨境电子商务发展的明确要求之一。但由于跨境电子商务B2B模式的定义和相关技术标准尚未明确，各监管部门之间也未达成共识。跨境电商B2B发展仍处于线上展示、线下交易的阶段，交易支付环节等数据不能留存在平台上，业务闭环仍未形成。B2B模式的发展滞后导致跨境电商占广东外贸进出口的比重还很小，对外贸转型升级的带动作用效果不明显。

3. 跨境电商进口商品存在同质化问题

据广东相关行业协会反映，各家跨境电商体验店主打产品多数是奶粉、纸尿裤、零食和红酒等，在超过九成的海淘电商销售产品中，奶粉和纸尿裤比重较高。每家跨境电商在产品经营方面的简单复制，缺乏差异化和特色经营，让消费者出现"疲劳消费"之余，还降低了跨境电商的整体吸引力。

4. 跨境电商出口存在税收政策瓶颈

税收政策是影响跨境电子商务零售出口阳光化发展的最主要问题。国务院在2017年5月出台的《关于促进外贸回稳向好的若干意见》中指出："总结中国（杭州）跨境电子商务综合试验区和市场采购贸易方式的经验，扩大试点范围，对试点地区符合监管条件的出口企业，如不能提供进项税发票，按规定实行增值税免征不退政策，并在发展中逐步规范和完善。"但据了解，目前各地（跨境电商综试区）政策落地进度较慢。

5. 跨境电商出口结汇存在困难

跨境电商平台受到关税、清关等政策、不同国家币种汇率等影响大，这直接影响货品的利润率。跨境电商在海关以物品而不是货品方式通关，因此缺少必要的证明，难以按传统贸易的方式直接通过银行正常结汇。目前，多数企业选择从降低流通成本和减少流通环节上发力。如何有效降低汇率波动带来的风险，针对各国政策制定不同的策略调整，解决跨境支付流程是目前平台方最大的发展阻力之一。

6. 跨境电商进口政策不稳定

跨境电商进口政策一直处于调整和变化中，全国各地跨境电商进口政策存在不一致，不同地区的进口监管部门，在实际操作层面也存在尺度不一的情况，导致部分中小企业盲目追随政策洼地，不利于进口业务的稳定有序发展。特别是跨境电子商务保税进口业务，由于未有明确的检验检疫环节的实施细则，也导致不少大型企业或平台仍处于观望态势，影响了行业的持续快速发展。

4. 推动广东跨境电商发展的建议

面对全球化进程的不确定性、"一带一路"贸易畅通的新机遇和广东外贸进入深度调整期的挑战，建议广东要把握好跨境电商全产业链服务在线化发展的趋势，依托出口产业基础，围绕促进广东制造"提质增效、行销全球"的目标，通过资源整合进一步优化跨境电商产业链，大力推动跨境电商公共海外仓建设，依托综试区拓展跨境电商业务新模式，完善综试区跨境电商发展政策体系，开展粤港澳及"一带一路"沿线跨境电商合作，推进跨境电商综合服务支撑体系建设，积极参与跨境电子商务国际规则制定，把自贸试验区建成国家级跨境电商产业示范基地。

1. 通过资源整合进一步优化跨境电商产业链

鼓励企业在欧美等主流外贸国家市场及"一带一路"沿线国家市场建设线下海外商品展示中心、仓储配送中心，实现跨境电商自主品牌商品境外本地化配送，建立健全售后服务体系；大力推动制造企业利用"互联网+外贸"转型升级，鼓励和支持有实力的跨境电子商务企业建设境外销售管理、供应链管理、资金结算、增值服务、售后服务的营运中心；支持跨境电商企业和制造企业在境外申请商标，提高知识产权保护和品牌意识。

2. 大力推动跨境电商公共海外仓建设

强化跨境电商海外仓政策支持，加强顶层设计，推动落实省商务厅出台的《广东省促进海外仓发展实施意见》，引导跨境电子商务海外仓在境外合理布局；培育海外仓发展新模式，加强与港澳地区的合作，探索"前店后仓"、"双店双仓"的发展模式，依靠广东自贸区、跨境电商综试区保税港区的政策优势，探索"境内关外"海外仓模式。

3. 依托综试区拓展跨境电商业务新模式

依托综试区继续做大做强B2B2C跨境进口模式，积极拓展水果、肉类、乳制品、冰鲜及鲜活水产品等生鲜产品跨境电商进口的新模式；推进B2C直购进口模式顺利开展，促进B2C直邮通道进口业务量增长；积极试行跨境电商B2B出口和B2C出口模式，推动广州、深圳综试区跨境电子商务B2B方式相关环节的技术标准、业务流程、监管模式和信息化建设等方面先行先试，为推动跨境电子商务的阳光化、规模化发展积累经验，拓展外贸企业的出口方式。

4. 完善综试区跨境电商发展政策体系

联合海关、检验检疫等相关部门，充分利用广州、深圳、珠海、东莞等综试区政策优势，积极完善相应的海关监管、检验检疫、退税、跨境支付、物流等支撑系统，加快推进跨境电子商务配套平台建设；进一步完善跨境电商监管制度，构建监管信息共享机制和平台，为优化管理流程、提供高效便捷服务、加强事中事后监管提供支撑。

5. 开展粤港澳大湾区及"一带一路"沿线跨境电商合作

发挥粤港澳大湾区开放合作平台的政策优势，强化粤港澳跨境电子商务合作，研究提出粤港澳跨境电子商务融合发展的政策及公共服务导向，推进三地跨境电子商务的协作与发展；找准广东跨境电商在"一带一路"建设中的发展定位，为广东跨境电商企业及制造业企业提供海上丝绸之路跨境电子商务资讯服务、物流服务、国内外港口信息服务、金融服务、其他跨境电子商务贸易便利化等相关支撑服务。同时逐步打造"一带一路"产业孵化和交易基地，建立电子商务营销服务基地，集聚面向全球的跨境电商营运企业，推动中国造产品走向全世界。

6. 推进跨境电商综合服务支撑体系建设

一方面要打造全流程综合性跨境电商公共服务平台。进一步引进、培育、整合大型跨境电商企业、物流企业、报关报检、退税、外汇代理服务等企业，为跨境电商企业提供基本信息备案、商品信息备案和免税备案等在线综合服务。另一方面要打造配套跨境电商发展的金融体系。充分发挥金融、保险机构作用，建立适应跨境电商发展的多元化、多渠道投融资机制。鼓励引入和设立以跨境电商为重点的风险投资基金，吸引社会资本投资跨境电商，拓宽跨境电商企业融资渠道。另外，要鼓励科研院所、行业中介组织、产业技术联盟和龙头企业等加强合作，编写典型案例，培养专门人才，建立跨境电商大数据体系，服务跨境电商企业做强做大。

7. 积极参与跨境电子商务国际规则制定

充分发挥广东跨境电商产业的优势，积极参与电子商务国际规则制定，适时将中小企业、跨境电商等体现贸易便利化的新元素融入其中；培育跨境电商相关行业组织发展壮大，发挥其在行业联盟、知识产权保护、标准制定、贸易摩擦应对等方面的积极作用，加强与国外咨询服务机构、法律机构、贸易协调机构的沟通联系，切实保护跨境电商企业在境外的合法权益。

8. 把自贸试验区建成国家级跨境电子商务产业示范基地

发挥广东自贸试验区产业创新高地的优势，在广州南沙新区片区、深圳前海蛇口片区和珠海横琴片区出台产业扶持政策，吸引跨境贸易供货商、上下游企业在自贸试验区集聚发展。发挥广东自贸试验区制度创新"先行先试"的优势，建立跨境电商供应链系统的标准体系，制定发布满足市场和创新需要的产品和服务标准，探索建立跨境电商供应链系统的标准体系，选择跨境电商产业园区、海外仓、冷链物流等领域开展标准化试点。

第三节 科技创新合作

自2008年金融危机爆发以来，新一轮科技革命和产业变革正在重塑世界经济结构和竞争格局。在全球化、信息化和网络化深入发展的背景下，创新要素开放性、流动性显著增强，科技研究与产业化的边界日趋模糊，科学技术加速在全球的普及与扩散，推动世界经济成为一个紧密联系的整体，用科技促进经济社会发展成为国际共识。在2017年5月召开的"一带一路"国际合作高峰论坛上，国家主席习近平提出要将"一带一路"建成创新之路，进一步强调"我们要坚持创新驱动发展，加强在数字经济、人工智能、纳米技术、量子计算机等前沿领域合作，推动大数据、云计算、智慧城市建设，连接成21世纪的数字丝绸之路。我们要促进科技同产业、科技同金融深度融合，优化创新环境，集聚创新资源。我们要为互联网时代的各国青年打造创业空间、创业工场，成就未来一代的青春梦想"。创新是推动发展的重要力量。"一带一路"建设本身就是一个创举，搞好"一带一路"建设也要向创新要动力，因此中国科技部制订出台了《"一带一路"科技创新行动计划》。

经过改革开放40年的高速发展，广东经济已全面进入到依靠科技创新驱动经济高质量发展的阶段。"一带一路"建设五年来，广东加强科技创新能力开放合作，扩大与"一带一路"沿线国家的科技交流与合作，构建与国际高标准技术规则接轨的国际技术合作体制机制，着力打造国际水平的技术合作高地，加大先进技术、优质管理和高端人才引进力度，加速高端生产要素集聚和创新资源集聚，培育有全球竞争力的国际技术合作中心。具体来看，广东与以色列、欧盟、东盟、独联体等国家在科技合作方面取得了不错的成绩。

一、广东与以色列的科技合作

中以科技创新投资大会是广东与以色列日渐升温的科技合作的缩影。为推动广东与以色列企业间技术创新合作，广东省政府与以色列政府于2013年4月签署产业研发双边合作协议，设立广东以色列产业研发合作计划，加速企业间合作。东莞中以国际科技合作产业园是中国唯一以水为主题的国际创新园，致力于打造成为中国乃至世界"水谷"，集聚全球先进技术、人才、高端企业和优质资本，形成集水处理产业链上下游为一体的新兴产业集群。

广东以色列理工学院的设立开创了省、市人民政府与以色列理工学院史无前例的合作关系。把广东工业、汕头工业直接和以色列的创新科技对接，让以色列创新科技进入中国，共同开发和引领新技术，更成为中以（汕头）科技创新合作区建设最强有力的基础和支撑。广东以色列理工学院已于2017年8月迎来首届新生。作为国内第一所理工类中外合作大学，广东以色列理工学院首年招收的222名学生来自12个不同省份，其中化学工程与工艺专业76人，生物技术专业71人，材料科学与工程专业75人。新生中151人来自广东。

二、广东与东盟国家的科技合作

21世纪海上丝绸之路是中国与世界各国建立的海上贸易通道及对外贸易关系网络，不仅连通东盟、西亚、南亚、东非等各大经济板块，还包括与大洋洲、拉丁美洲和北美洲的联系。而东盟是21世纪海上丝绸之路的必经之地和首要发展目标。在国家政策引导下，广东通过举办科技合作研讨会，签订协议、互访、开展科研项目，及举办博览会、建立产业园及创意园等方式，与东盟科技合作逐步走向全方位、多层次和宽领域。

早在2008年广东省政府已与东盟签署《中华人民共和国广东省人民政府与东南亚国家联盟秘书处合作备忘录》，推动广东与东盟合作迈上一个新的台阶。2010 年，在出台的《中共广东省委办公厅、广东省人民政府办公厅关于深化与东盟战略合作的指导意见》中，把与东盟的科技合作确定为重点合作领域，重视与东盟国家的双边及多边政府间科技合作、人才交流、建立完善科技合作示范基地，提高科技合作水平。据2017年《广东统计年鉴》数据统计，广东与东盟国家外贸进出口额6.82万亿元，同比增长8%；据不完全统计，1979—2015年与新加坡、马来西亚、泰国、文莱、印尼直接投资签订协议（合同数）共4922个。近年来，广东省在与东盟的关于蚕业科技、农业科技、渔业科技、海洋科技、生物质能源开发、生物医药、产能合作、新能源领域、信息资源、境内外产业园区建设等科技合作方面均有所发展及突破。根据广东省政府的规划，到2020年推动与东盟战略合作实现区域内要素流动快速化、区域经济国际化，使产业国际竞争力增强，联合港澳地区成为中国对东盟开放最重要的门户之一。

三、广东与独联体国家间的科技合作

广东与独联体国家也有科技合作。在"政府引导，搭建平台，企业运作，面向产业化市场，大规模的国际技术转移和科技创新"的原则指导下，我国首个跨国国际技术转移和科技创新社会组织——广东—独联体国际科技合作联盟（下称"联盟"）于2009年11月21日诞生。在这8年间，联盟秉持"激情创新、合作共赢"的精神，在广东省先后完成了多项国内与独联体科技合作的创举。联盟向广东省推介了独联体各国的最新科技成果和项目2000余项，实现项目对接185项、签约90多项、产业化17项，产值达数十亿元。在联盟带动下，广州无线电集团、白云电器集团、中国电子集团第七研究所、广州浩宇化工实业有限公司、中国电器科学研究院、广州市弘宇科技有限公司等多家企业完成了对独联体技术引进和产业转化，取得了良好的社会和经济效益。此外，联盟大力开展国际高端人才智力引进工作，采取技术交流、技术咨询和担任课题负责人等方式，为企业在研发设计上取得突破，发挥"画龙点睛"的效果。据统计，联盟累计引进独联体高级专家500人，其中院士75人，高级研究员120人。

四、粤港澳科技合作领域分析

携手港澳参与"一带一路"建设是广东参与"一带一路"建设的优势与特色。自2003年CEPA（《内地与香港关于建立更紧密经贸关系的安排》）实施以来，广东不断推进粤港澳科技领域合作，根据不同地市科技需求与港澳资源供给，开展了定位精准、各具特色的科技合作，逐步形成了以"粤港科技创新走廊"为核心的发展格局。例如，广州与香港签署战略科技合作项目46个，总投资金额为115.19亿元。深圳加强港深合作，打造国际科技产业创新中心。珠海鼓励企业、研究机构与澳门特区科研院所共建联合实验室。佛山联手香港科技大学、香港科技园等战略合作伙伴，大力引进高新技术与高端人才，加快香港创新成果在当地产业化。东莞联合香港贸易发展局、投资推广署、工业贸易署等机构，开展系列宣传推广活动，推动莞港合作。中山市则与澳门共建中药质量研究国家重点实验室，在人才培养、实践教学、异地注册等方面开展全面合作。

五、广东"一带一路"科技合作的态势

纵观广东科技创新发展历程，可以发现广东逐渐从跟随到合作，跻身全球顶尖创新梯队。除了在加强自主创新能力、构建区域创新体系之外，对外科技合作正在成为广东省实施创新驱动发展战略，构建对外开放型经济体的重要推力。通过梳理"一带一路"建设五年来的成就，可以看到广东对外科技合作正在向深度拓展。

1. 产业从低端到中高端，科技合作质量不断攀升

因广东产业转型升级的加快和新旧动能转换的需求，广东对外科技合作正在不断往全球顶尖创新梯队延伸，产业合作领域也正在从劳动密集型向资金、技术密集型的价值链高端迈进。"一带一路"建设为广东加快科技创新合作提供了机遇，如中以科技创新投资大会上签署的科技投资基金、加速器和航空合作等都属于此类。

2. 从引进消化吸收到协同创新、共同攻克科技难题

以往一些企业在对外科技合作中只是想着照搬照抄外国的先进技术，但在"一带一路"科技创新合作指引下，更多企业转变思路，对外国技术进行适合本土的"二次创新"，并共享庞大市场。如广东中以水处理环境科技创新园有限公司共同开发适合中国环境、气候、标准、法律的水处理方案，避免相关技术在中国"水土不服"。

3. 从被动应对到主动出击，深度整合全球创新链

过去一些企业担忧外国企业入华抢占市场，但在"一带一路"建设背景下，越来越多的广东企业已经不惧竞争，甚至主动在全球范围内寻找新的创新点，进行开拓性创新。如美的近期对德国、以色列等企业的海外并购，代表了广东企业深化对外科技合作的最新趋势。

第四节　知识产权保护合作

知识产权保护是影响国际贸易的重要因素。随着"一带一路"建设的深度推进，相关国家通过相互"引进来"和"走出去"，极大地促进了彼此间商品、技术和服务的流通与贸易。对于"走出去"的企业而言，参与国际经贸合作的机会越多，各种知识产权纠纷和冲突的风险越大。"一带一路"创新之路驱动了区域价值链的发展，知识产权保护已成为"一带一路"建设的目标和重要内容，加强知识产权保护的合作已成为热点问题。各国知识产权机构和学术界在关注国内如何开展保护的同时，也开始把重点放在了国际合作与协调上。

一、广东知识产权发展状况

广东科技创新资源丰富，是知识产权大省，历来重视产权保护，知识

产权保护指数全国第一。"一带一路"建设五年来，广东已建立了7个国家级快速维权中心，为打造知识产权保护高地，实施最严格的知识产权保护制度，助力广东在新一轮创新发展中赢得先机。包括加强打击侵权假冒统筹协调，开展"清风"专项行动，加大互联网、车用燃油、外商投资企业等重点领域侵权假冒的打击力度。广东各级知识产权局开展的"护航"等专项行动，受理各类专利案件5866件，同比增长45.27%。由此可见，广东知识产权保护成就突出，有助于创新发展，科技进步。"一带一路"知识产权保护合作是广东当前的重要战略机遇。

二、广东对外知识产权交流合作

围绕21世纪海上丝绸之路建设，加强与新加坡等东盟国家在知识产权领域的合作，推动重大合作项目实施。持续推进新加坡与广东知识产权领域的高层互访交流，支持新加坡知识产权局在中新广州知识城筹建新加坡知识产权局中国代表处，深入推动中新广州知识城"知识产权运用和保护综合改革试验"等重大项目的贯彻实施工作，打造高品质知识产权合作品牌活动。

搭建与日韩等亚洲知识产权强国的交流合作平台。保持与日本特许厅、日本贸易振兴机构、日本知识产权协会的良好合作关系，先后举办中日企业知识产权研讨会、中日知识产权官民代表团座谈会等。例如，2016年成功探索举办首届中日互派专家知识产权研讨活动；2017年在国家知识产权局的支持指导下，与日本贸易振兴机构继续共同主办广东与日本知识产权保护的相关研讨活动，互派知识产权专家介绍知识产权制度、战略及保护的经验。进一步深化与韩国在知识产权领域的合作，加强与韩国驻广州总领事馆知识产权专员的沟通联络，筹划系列交流合作活动，与韩国知识产权战略院、韩国贸易振兴馆合作举办中韩知识产权交易研讨会，中韩知识产权保护座谈会、韩国真假品鉴别会等活动，促进双方在知识产权领域的了解互信，加强知识产权领域的合作。

加快与欧美发达经济体的知识产权交流合作。组织省内访问团赴欧洲英国、意大利、德国及荷兰进行知识产权交流，访问英国知识产权局、德国专利局、欧洲AIPEX知识产权代理服务机构等，全面深化与相关国家在知识产权领域的交流合作。加强与美国在知识产权领域的交流合作，接待美国驻华知识产权专员来访，如邀请了美国专利商标局知识产权律师王伟柏参加2017广东知识产权交易博览会暨珠江论坛并做主题演讲。围绕美国307报告和337调查，积极与美国相关官员开展交流，了解相关动向，积极消除误解，增进双方了解。

三、开展"一带一路"沿线知识产权贸易合作

推进知识产权贸易合作，有助于扩大广东与沿线国家的进出口贸易。无论是货物贸易还是服务贸易，无论是技术交流还是产业合作，知识产权保护都是不可或缺的基础与前提。通过加强知识产权保护，实行严格的知识产权保护政策，才能更好地搭建与各方交流、合作、共赢的桥梁，为国内外各类创新主体创造良好营商环境。

针对"一带一路"沿线的贸易风险问题，出台多重举措，加强产权保护。对"一带一路"沿线国家进出口贸易营造良好知识产权环境，支持"走出去"企业知识产权海外布局，促进PCT专利申请工作，做好海外专利分析预警，防范海外投资知识产权风险。实施"广东省出口贸易专利预警分析计划"，开展重点出口产品专利预警分析；建立与"一带一路"沿线国家的知识产权交流合作机制，部署开展海上丝绸之路国家知识产权法律研究；构建知识产权维权援助体系，强化海外知识产权护航和涉外应对；加强对外贸易活动事前知识产权风险防范培训和辅导，为企业应对海外知识产权纠纷提供必要支持和服务。

"一带一路"建设五年来，广东与沿线国家的知识产权贸易合作取得了显著成效。2017年知识产权交易博览会期间，海内外189家知识产权运营及服务机构参展，展示项目9143个，参展产品8223个，涉及专利18855件。交

易会专设海丝之路知识产权展区，来自俄罗斯、法国、日本、韩国、立陶宛等国家的共18家境外机构参展。交易博览会期间，特设"海丝之路与知识产权"与"一带一路"倡议推进等分论坛，来自于美国专利商标局、日本贸易振兴机构、韩国知识产权战略研究院、墨西哥经济部驻华代表处、新加坡国立大学、香港知识产权署等国家与地区的资深专家围绕知识产权合作等主题进行主题演讲。

（本章作者：梁经伟，中山大学粤港澳发展研究院博士后，管理学博士，主要研究方向为区域经济系统和全球价值链。）

第九章

粤港澳携手参与"一带一路"建设

改革开放40年来，粤港澳紧密合作推动了区域经济一体化发展，富有活力和国际竞争力的一流湾区和世界级城市群的雏形初现。在构建以"一带一路"为重点的全面开放新格局中，粤港澳区域拥有独特优势，打造成为"一带一路"重要支撑区域，携手参与"一带一路"建设。"一带一路"建设五年来，粤港澳三地达成了携手参与"一带一路"建设的政治共识，建立了携手参与"一带一路"建设的制度安排，深化粤港澳合作的体制机制创新取得了新进展。对标"五通"任务与需求，建立粤港澳携手参与"一带一路"建设的联动机制，设计好科学的合作路径，粤港澳发挥各自优势，可在公共关系与经济治理、基础设施建设、贸易投资促进与贸易便利化、"走出去"与国际产能对接、人文交流与旅游服务等多个领域开展合作，携手参与"一带一路"建设。当前，粤港澳合作参与"一带一路"建设在沿线市场开发、湾区要素便捷流动、合作意向落地和政策措施对接等方面仍然面临一些重要的问题和挑战。因此，以粤港澳大湾区建设为契机，加速湾区贸易投资便利化、加快完善携手"一带一路"建设的制度化机制、加强粤港澳三地在"一带一路"具体政策推进中的合作对接，对于粤港澳大湾区建设成为"一带一路"重要支撑区域具有重要的意义。

第一节　粤港澳携手"一带一路"建设的优势分析

从全国范围来看，港澳是"一国两制"下的特别行政区，粤港澳是我国对外开放程度最高的区域，区位优势特别明显，国际化人才和专业服务高度集聚，是全球重要的国际金融、贸易和航运中心。因此，在构建对外开放新格局中，能够担当重要角色服务国家"一带一路"建设。在对接"一带一路"建设的"五通"任务中，粤港澳三地有重要的优势。

一、制度优势

港澳与内地实行"一国两制"。在"一国两制"下，香港和澳门将长期实行与内地不同的社会制度，包括经济政策和制度的差异性将长期存在。香港和澳门司法独立，具有自由港和独立关税区地位。就粤港澳区域整体而言，该区域涵盖两种制度，连接两个市场，具有与国际接轨的法律体系和市场规则，又可辐射国内广阔市场。这种制度上的优势和高度开放优势便于开展公共外交，为"一带一路"沿线各经济体之间的政策沟通提供平台，服务国家参与全球治理，助推"一带一路"全球化方案。

具体来看，香港国际化程度高，跨国公司总部云集，国际商业网络发达。香港已经与67个国家签署民用航空协议、35个国家签署避免双重征税协定、17个国家签署投资保护协定，多年来位居世界银行全球营商环境排名前列，被认为是全球最开放、最具活力、最具竞争力的经济体之一。广东是改革开放先行地，是国内市场化程度最高、市场体系最完备的地区。长期以来，在激烈的市场竞争中造就了粤港澳企业家敏锐的市场触觉和把握机遇的能力，与"一带一路"建设重视市场机制作用一致。

二、区位优势

粤港澳区域的地理区位条件优越，被称为我国的"南大门"。粤港澳三地与越南、马来西亚、印度尼西亚、菲律宾等国隔海相望，是我国通往东南亚、大洋洲、中东和非洲等海上丝绸之路沿线国家海上往来距离最近的发达经济区域，完全可以建设成为21世纪海上丝绸之路的枢纽平台。随着中国—东盟自贸区的深化发展和中国香港—东盟自贸协定签署，粤港澳的区位优势更加凸显。粤港澳区域又通过东莞石龙铁路国际物流中心，以及规划建设中的广州北站综合交通枢纽与丝绸之路经济带沿线经济体的市场相连接。

粤港澳区域拥有国际级的海港群和空港群，粤港澳的航运和空运优势是"一带一路"建设的可靠依托。香港是国际航运中心，国家重要中心城市广州是名副其实的国际性综合交通枢纽城市。深圳港、广州港等枢纽口岸现已开辟国际集装箱班轮航线300条左右，覆盖世界各大航区主要港口。粤港澳大湾区拥有全球最为密集的港口群。按吞吐量计，深圳港、香港港、广州港在2017年全球十大集装箱港口排序中分列第3、第6和第7位，总吞吐量突破6500万标准箱，超过世界三大湾区的总和。

粤港澳区域还拥有全球最为繁忙的空港群。其中，香港国际机场2017年的货运量达505万公吨，排名全球第一，连续第八年成为全球最繁忙的航空货运枢纽；接待旅客达7266万人次，国际旅客输送量居全球第三位。广州白云国际机场是国内三大枢纽机场之一，已开通国际客货运航线120多条，直达航线覆盖全球五大洲30多个国家和地区的80多个城市。2017年广州白云国际机场旅客吞吐量达到6589万人次，深圳宝安国际机场的旅客吞吐量达到4561万人次。

三、专业人才优势

专业服务业是香港四大支柱产业之一，拥有较强的国际信誉和市场竞争力，能够满足"一带一路"基建、商务、投资对专业服务的需求，配合内地企业"走出去"开拓第三方市场。数据显示，在2004—2014年的十年间，专业服务对香港本地生产总值的贡献由3.6%上升至4.8%，增长超过三成；十年间专业服务界别平均每年增长8.7%，增速比金融服务、贸易及物流业还快。一是专业服务机构数目多，从业人员素质较高，专业服务的国际化程度高。建立了完善的建筑师、设计师、律师、工程师、测量师、规划师、园艺师等专业资格的自我监管制度。二是专业分工细致，专业化程度高。香港法律服务专业人员由律师及大律师两类专业人士组成。律师负责一般法律事务，而大律师则专司出庭及诉讼。三是大部分的港澳设计公司都输出服务，而我国内地是其最大的市场，其次是东南亚。港澳地区还拥有发达的高等教育和职业培训体系，包括法定大学、法定学院、注册专上学院、职业训练局院校和一般院校，加上中文和英语都通行的工作语言，以及与国际通用的职业认可规则与制度，能够为"一带一路"沿线国家和地区提供人才培养和职业培训服务。香港回归以来，特区政府兴建了科技园等一批科技基础设施，推动了香港作为国际企业的亚洲运营中心，集聚了一批高科技产品营销人才和企业管理人才，结合珠江三角洲地区的大量科技产业园区与基地的优势，粤港澳区域可以成为"一带一路"科技产业合作的重要平台。

四、贸易投资优势

粤港澳区域具有贸易投资优势，能够推进"一带一路"贸易畅通，服务"走出去"，担当起"一带一路"建设的区域运营中心角色。粤港澳区域是我国外向型经济发展程度最高的地区。港澳都是自由港，香港是国际贸易中心和国际航运中心，澳门与葡语系国家的经贸关系密切。在我国对外开放进程中，港澳地区一直发挥着重要枢纽和主要门户的作用。近年来，仍然有高达75%的外商直接投资来源于香港，同时有65%的中国内地对外直接投资经过香港。粤港澳也是全球投资最活跃的区域，香港是全球第三大外商直接投资市场，广东2017年吸引的实际使用外商直接投资金额1383.5亿元，占全国比例超过1/6。据联合国贸易和发展会议（UNCTAD）《2018年世界投资报告》，2017年香港吸纳的直接外来投资达1040亿美元，全球排第三位，亚洲排名仅次于中国内地的1360亿美元。在对外直接投资流出方面，香港在亚洲排第三位，金额达830亿美元，在日本（1600亿美元）及中国内地（1250亿美元）之后。

除了港澳作为自由贸易港扬名世界外，自古以来，商贸发达、对外交流频繁也是广东的一大特色。唐宋时期，广州是世界著名的东方港市，由广州经南海、印度洋，到达波斯湾各国的航线，即是当时世界上最长最重要的远洋航线。清朝闭关锁国时期，广州十三行是清政府唯一特许经营管理对外贸易的机构。"山东人闯关东，广东人下南洋"，广东不仅是外贸活跃之地，也是热衷于"闯世界"群体之一。遍布世界的华人华侨成为广东"引进来"、"走出去"的一大优势。广东最早实行改革开放，外向型经济发达。2017年广东货物进出口总额68155.9亿元，占全国的 1/4，是进出口贸易超过万亿美元的唯一省份。

五、国际金融中心优势

香港是国际金融中心，结合广东实体经济优势，有利于推动人民币跨境使用和人民币国际化，服务于"一带一路"的资金融通需求。金融业是港澳的支柱产业之一，香港是国际金融中心，证券资本市场发达，2017年港交所IPO集资总额达到1282亿港元，高居全球第三。香港的外汇市场发展成熟，交易活跃，以成交额计是全球第七大外汇市场。由于没有外汇管制，香港投资者可以全天24小时在世界各地的外汇市场进行交易。港澳的债务市场近年发展迅速，成为亚洲区内流通量最高的市场。目前，香港已形成包括银行体系、外汇市场、货币市场、证券市场、债务市场、金银贸易、保险业以及投资管理等金融运作系统，并形成了一整套有效的金融监管制度。珠三角地区是全球重要的制造业基地，号称"世界工厂"，在全球产业体系中已形成较强的分工协作网络。

六、人文纽带优势

粤港澳区域具有独特的人文纽带优势，有利于促进与"一带一路"沿线的民心相通，传承和弘扬丝绸之路友好合作精神。粤港澳区域具有侨乡、英语和葡语三大文化纽带，是连接"一带一路"沿线国家的重要桥梁，有利于开展公共外交，更好地服务国家战略。粤港澳区域与海上丝绸之路沿线国家地缘相近、人文相通，东盟、南亚等国家的粤籍华侨占华侨总人数的50%以上，是建设海上丝绸之路的重要人文资源。广东多个地市具有宝贵的海丝资源，广州的南海神庙、阳江的"南海I号"、湛江的徐闻古港等遗迹是珍贵的历史遗产，有利于粤港澳地区建立"一程多站"的海丝文化旅游。香港和澳门是东西文化荟萃地，在促进中国与英联邦和葡语国家的经贸往来中具有重要作用。

第二节　粤港澳携手"一带一路"建设的进展情况

粤港澳合作是内地与港澳合作的缩影与典范。香港、澳门发展同内地发展紧密相连。一方面是发展港澳独特优势，提升在国家经济发展和对外开放中的地位与作用。香港一直是内地最重要的融资平台，近年来内地高达75%的外商直接投资来源于香港，同时有65%的内地对外直接投资经过香港，这表明香港在中国对外开放新格局中仍然扮演着积极的角色。另一方面是支持香港、澳门融入国家发展大局，建设粤港澳大湾区，拓展港澳发展新空间。"一带一路"倡议五年来，粤港澳三地达成了携手参与"一带一路"建设的政治共识、建立了携手参与"一带一路"建设的制度安排、港澳在"一带一路""五通"任务中发挥出重要作用，深化粤港澳合作的体制机制创新取得了新进展，初步形成了粤港澳三地携手参与"一带一路"建设的良好局面。

一、达成了携手参与"一带一路"建设的政治共识

五年来，基于支持港澳融入国家发展大局，扩大粤港澳合作新空间，中央政府出台的"一带一路"和其他相关文件中，都明确支持粤港澳携手参与"一带一路"建设；粤港澳三地也出台系列政府间协议，发挥各自的优势打造合作新平台，携手参与"一带一路"建设，达成了三地合作共同参与"一带一路"建设的政治共识。

2015年4月2日，国务院发布《中国（广东）自由贸易试验区总体方案》，提出广东自贸试验区的战略定位，"依托港澳、服务内地、面向世界，将自贸试验区建设成为粤港澳深度合作示范区、21世纪海上丝绸之路重要枢纽和全国新一轮改革开放先行地"。在广东自贸试验区建设任务方面，强调粤港澳合作"建设内地企业和个人'走出去'重要窗口"。要依托港澳在金融服务、信息资讯、国际贸易网络、风险管理等方面的优势，将自贸试验区建设成为内地企业和个人"走出去"的窗口和综合服务平台，支持国内企业和个人参与21世纪海上丝绸之路建设。加强与港澳在项目对接、投资拓展、信息交流、人才培训等方面交流合作，共同到境外开展基础设施建设和能源资源等合作。探索将境外产业投资与港澳资本市场有机结合，鼓励在自贸试验区设立专业从事境外股权投资的项目公司，支持有条件的投资者设立境外投资股权投资母基金。

2015年3月28日，国家发展改革委、外交部、商务部经国务院授权颁布《推动共建丝绸之路经济带和21世纪海上丝绸之路的愿景与行动》，提出"充分发挥深圳前海、广州南沙、珠海横琴、福建平潭等开放合作区作用，深化与港澳台合作，打造粤港澳大湾区。发挥海外侨胞以及香港、澳门特别行政区独特优势作用，积极参与和助力'一带一路'建设"。以国家政策文件的形式肯定港澳特区参与"一带一路"建设的重要意义，并提出"打造粤港澳大湾区"，推动粤港澳深度合作的愿景，从而为粤港澳三地增进彼此在

"一带一路"建设中的合作奠定了原则框架。

2017年6月28日，内地与香港签订《CEPA经济技术合作协议》。该协议针对香港业界十分关心的香港参与"一带一路"建设设置了专章，将通过建立工作联系机制、畅通信息沟通渠道、搭建交流平台、改善合作环境、联合参与项目建设和开拓"一带一路"沿线市场等措施，支持香港参与"一带一路"建设；并规定"推进和深化两地在泛珠三角区域及前海、南沙、横琴等重大合作平台的经贸合作，共同推进粤港澳大湾区城市群建设"。同样，2017年12月19日内地与澳门签订的《CEPA经济技术合作协议》也单列章节进行阐述。就"中葡商贸合作服务平台"建设设置专章，明确通过推进澳门"中葡商贸合作服务平台"建设，依托"中葡论坛"，使澳门在深化中国与葡语国家经贸合作中不断提升国际竞争力。就"一带一路"建设设置专章，强调通过建立工作联系机制、畅通信息沟通渠道、搭建交流平台、联合参与产能合作和开拓"一带一路"沿线市场等措施，支持澳门参与"一带一路"建设。还规定设立次区域经贸合作专章，指出除共同推进泛珠三角区域、粤港澳大湾区及自贸试验区的经贸合作之外，根据澳门需要，支持粤澳全面合作示范区、珠澳合作园区建设，实现互利共赢。总之，内地与香港和澳门分别签订的《CEPA经济技术合作协议》将港澳与内地联手参与"一带一路"建设纳入2003年以来规范内地与港澳合作的CEPA框架，并明确了粤港澳合作在发挥港澳优势、参与"一带一路"建设中的重要意义。

2017年7月1日，在香港回归20周年庆典上，国家发改委以及广东省政府和香港、澳门特区政府签订《深化粤港澳合作 推进大湾区建设框架协议》，规定"充分发挥港澳地区独特优势，深化与'一带一路'沿线国家在基础设施互联互通、经贸、金融、生态环保及人文交流领域的合作，携手打造推进'一带一路'建设的重要支撑区。支持粤港澳共同开展国际产能合作和联手'走出去'，进一步完善对外开放平台，更好发挥归侨侨眷纽带作用，推动大湾区在国家高水平参与国际合作中发挥示范带头作用"。再次强调了港澳地区在"一带一路"建设中的独特优势，以及粤港澳三地联手，通过建设粤港澳大湾区强化彼此在"一带一路"建设中合作的重要意义和实施路径。

2017年12月14日，国家发改委与香港特区政府签署《支持香港全面参与和助力"一带一路"建设的安排》（以下简称《安排》）。根据《安排》，香港在"一带一路"建设中有了十分清晰的定位，包括融资、人民币国际化、海运服务、基础设施、区域经济合作等九大方面。具体包括：一是融资平台，未来将聚焦金融与投资、基础设施与航运、经贸交流与合作、民心相通、推动粤港澳大湾区建设、加强对接合作与争议解决服务等，支持有关方面利用好香港平台，为"一带一路"建设提供多元化融资渠道；二是推动基于香港平台发展绿色债券市场；三是发挥香港作为全球离岸人民币业务枢纽的地位，推进人民币国际化；四是支持香港发展高增值海运服务；五是进一步推动内地和香港在信息、公路、铁路、港口、机场等基础设施领域加强合作；六是支持香港参与有关区域经济合作机制；七是支持香港举办高层次的"一带一路"建设主题论坛和国际性展览；八是支持香港积极参与和推动粤港澳大湾区建设；九是支持香港建设亚太区国际法律及争议解决服务中心等。此外，作为推动落实《安排》的保障机制，香港特区政府还将与国家发改委、国务院港澳事务办公室及其他相关部委建立联席会议制度，作为落实《安排》的保障机制。

在粤港澳三地政府层面也签署了携手"一带一路"建设的文件。2016年9月15日在粤港合作联席会议第十九次会议上，粤港双方签署了《粤港携手参与国家"一带一路"建设合作意向书》；2016年6月21日在粤澳合作联席会议上，粤澳双方签署了《粤澳携手参与国家"一带一路"建设合作意向书》。两个意向书进一步确立粤港澳携手参与"一带一路"建设的政治共识。

二、建立了携手参与"一带一路"建设的制度安排

在《支持香港全面参与和助力"一带一路"建设的安排》文件中，规定

香港特区政府与国家发改委、国务院港澳事务办公室及其他相关部委建立联席会议制度，作为落实《安排》的保障机制。内地与香港、澳门分别签订的《CEPA经济技术合作协议》也明确规定，"建立工作联系机制，加强两地关于'一带一路'建设信息的交流与沟通"。文件《深化粤港澳合作推进大湾区建设框架协议》规定要"完善协调机制"，包括"编制《粤港澳大湾区城市群发展规划》，推进规划落地实施。四方每年定期召开磋商会议，协调解决大湾区发展中的重大问题和合作事项"。以及"健全实施机制"，包括"四方每年提出推进粤港澳大湾区建设年度重点工作，由国家发展和改革委员会征求广东省人民政府和香港、澳门特别行政区政府以及国家有关部门意见达成一致后，共同推动落实。广东省人民政府和香港、澳门特别行政区政府共同建立推进粤港澳大湾区发展日常工作机制，更好发挥广东省发展和改革委员会、香港特别行政区政府政制及内地事务局、澳门特别行政区政府行政长官办公室在合作中的联络协调作用，推动规划深入实施"。

根据上述文件要求，粤港澳三地建立了基于相关政府间协议的磋商沟通机制、联络协调机制和实施机制，初步构建了粤港澳三地共同参与"一带一路"建设的政府间合作机制。2018年8月，粤港澳大湾区领导小组正式成立，8月15日召开了"粤港澳大湾区建设领导小组全体会议"，中央和粤港澳三地高层领导共聚一堂，探讨湾区发展大局。会议提出粤港澳大湾区要"构筑丝绸之路经济带和21世纪海上丝绸之路对接融汇的重要支撑区"。确立了通过中央高层会议沟通磋商湾区三地合作参与"一带一路"建设的重要创举。作为合作参与"一带一路"建设的制度保障，粤港澳三地政府都成立了"一带一路"相关专责机构。例如，广东省在发改委设立了"一带一路"建设工作领导小组办公室，香港特区政府在商务及经贸发展局下设"一带一路"办公室，澳门特区政府设立由行政长官担任主席的"一带一路"建设工作委员会，从而增强了粤港澳三地在携手参与"一带一路"建设过程中的政策对接。

三、支持港澳在一带一路"五通"任务中发挥重要作用

"一带一路"建设五年来，中国政府支持香港发挥独特优势，在政策沟通、设施联通、贸易畅通、资金融通和人文相通等各个领域全面参与"一带一路"建设，巩固和升级香港作为国际金融、贸易、航运中心的地位以及作为国际性专业服务的角色，支持澳门发挥"一中心、一平台"的功能地位。

在政策沟通方面，支持港澳特区举办相关高峰论坛，在"一带一路"的政策沟通中发挥独特优势。2016年以来，香港特区政府和香港贸易发展局已连续合办了三届"一带一路"高峰论坛。2018年6月27日的第三届高峰论坛除促进接近500场具体项目的洽谈会以外，香港还牵头成立了"'一带一路'国际联盟"，以拓展"一带一路"倡议下的合作机遇。该联盟汇聚了来自香港、内地及海外的商会、行业协会、投资推广机构和智库组织，联盟成员来自29个国家及地区，总数超过110个，香港贸易发展局担任联盟秘书处。

在设施联通方面，2018年广深港高铁香港段以及港珠澳大桥分别通车。前者将香港纳入国家高铁网，后者增进了粤港澳三地以及珠江东西岸的联系。由此同时，东莞石龙中欧班列通过水铁联运、空铁联运等方式，也将港澳纳入与丝绸之路经济带的陆路交通网络中。同时，香港企业也积极参与"一带一路"国家的基础设施建设。例如，港资企业伟能集团国际控股有限公司，作为香港第三家电力公司，投资东南亚、南美和中东的电站，至2018年已建立八个电站。港铁则在2017年与中国铁路总公司（中铁总）签署合作意向书，共同竞标新马高铁。

在贸易畅通方面，中央政府支持香港以独立关税区的方式对外商签自由贸易协议，积极参与"一带一路"经贸往来的政策沟通。2017年11月12日，中国香港与东盟正式签订自由贸易和相关投资协定，涵盖货物及服务贸易、投资、经济和技术合作及争端解决机制等方面，为彼此双向投资和经贸合作交流提供了更完善的法律保障。2018年6月28日中国香港与格鲁吉亚签订自

由贸易协定，格鲁吉亚将对香港原产货物撤销占其96.6%关税税目的进口关税，并扩大包括金融服务、电讯服务、各种商业服务、批发及零售服务、仲裁服务、视听服务、建造及相关工程服务、环境服务、运输服务、印刷和出版服务等香港服务业的市场准入，这有助港商开拓格鲁吉亚和"一带一路"倡议所涵盖的高加索地区市场。中央政府发起并主办的中国—葡语国家经贸合作论坛常设澳门特区，澳门特区政府连续承办中国—葡语国家经贸合作论坛以及澳门国际贸易投资展览会，为葡语国家产品及服务提供展示及推广的平台，助力澳门参与"一带一路"建设。同时，港澳特区还举办各类"一带一路"贸易展会，促进与"一带一路"国家的经贸往来。2018年6月26日香港举办首届"一带一路"国际食品展，为国际农业和食品业搭建了"一站式"的商贸对接和投资合作平台。

在资金融通方面，作为国际金融中心，香港正逐渐探索"一带一路"多元化融资服务。香港债券市场在"一带一路"国家主权债和政策性金融债领域积极探索，2017年5月31日，交银国际在香港为马尔代夫共和国发行2亿美元的主权债券，这是马尔代夫共和国首次在国际市场发行主权债券，也是中资投行首次以独家全球协调人的身份在国际市场承销他国主权债券。2017年10月26日，国家财政部在香港成功发行20亿美元主权债券，受到市场欢迎，彰显了国际投资者对中国经济的信心，有助于推动"一带一路"项目赴港融资。2017年12月20日，国家开发银行在香港首次以私募方式成功发行3.5亿美元5年期固息"一带一路"专项债。债券在香港联交所上市，募集资金将用于支持国开行在"一带一路"沿线支持的项目建设。除了利用现有金融市场为"一带一路"建设融资，香港特区政府还设立专门机构促进"一带一路"国家投融资。2016年7月，香港特区金融管理局成立"基建融资促进办公室"（IFFO），有利于促进香港参与"一带一路"沿线基础设施及房屋等开发投资活动。

在人文相通方面，通过放宽对"一带一路"沿线国家的就业、求学、旅游等方面的签证要求，增进香港与"一带一路"国家的人文交流。中国香港特区政府与白俄罗斯政府间互免签证制度协议已于2018年2月13日生效，根据协议，白俄罗斯和中国香港特区公民将获得14日免签进出、停留对方境内或过境的权利。同时，特区政府也放宽对柬埔寨国民的签证安排，容许他们申请到香港工作和求学。此外，2017年起，特区政府组织"一带一路"推广团，到伊朗、印度尼西亚、马来西亚、印度等有潜力的国家宣传推广"一带一路"有关项目。特别是与"一带一路"国家推动教育合作和交流，把2017年到内地的丝绸之路沿线的学生交流团名额增加至5600名，增设"一带一路"印度尼西亚奖学金以及以私人捐款设立的马来西亚及泰国"一带一路"奖学金，透过优质教育基金推动学生到内地及"一带一路"沿线国家地区交流。不仅如此，香港特区政府入境处继续到海外推广各项人才入境计划，争取世界各地的人才到香港发展，为香港经济做出贡献。澳门特区则通过建设中葡人才培养基地、设立中葡文化交流中心和中葡青年创新创业交流中心等方式，增进中国与葡语系国家的人文交流。

四、深化粤港澳合作的体制机制创新取得了新进展

通过粤港澳大湾区建设和广东自贸试验区制度创新服务粤港澳携手"一带一路"建设。粤港澳大湾区建设是促进三地要素融合，共同打造国际竞争合作新优势，助力三地共同参与"一带一路"建设，促进港澳融入国家发展大局的重要举措。《深化粤港澳合作　推进大湾区建设框架协议》签署一年以来，粤港澳大湾区建设的蓝图正化为脚步坚实地行动。广深港高铁香港段，以及港珠澳大桥的通车增强了湾区三地的基建互联；取消港澳居民内地就业许可制度，推出港澳台居民居住证制度，以及微信钱包双向跨境支付功能的开拓，系列制度创新和政策措施在很大程度上促进了粤港澳大湾区要素更为便捷的流通，为粤港澳携手参与"一带一路"建设提供了保障。港澳特区纳入国家科技创新体系，如港澳高校开通中央财政科技计划申请，落马洲河套地区规划建设"港深创新及科技园"，港澳青年内地创新创业平台建设，在科技合作领域的这些措施有利于粤港澳三地携手"一带一路"科技创

新能力合作，共建粤港澳大湾区国际科技创新中心。广东自贸试验区作为粤港澳紧密合作示范区，通过在市场准入、制度协调、规划对接、市场环境、社会管理等方面探索先行先试，突破粤港澳深度融合的体制机制障碍，建设一流营商环境高地，成为面向"一带一路"的门户枢纽。

第三节　粤港澳携手"一带一路"建设的路径分析

对标"五通"任务与需求，服务国家"一带一路"建设，粤港澳发挥各自优势可在公共关系与全球治理、基础设施建设、贸易投资促进与贸易便利化、"走出去"与国际产能对接、人文交流与旅游服务等多个领域开展合作携手参与"一带一路"建设。因此，要建立粤港澳携手参与"一带一路"建设的联动机制，设计好科学的合作路径。

一、携手参与服务"一带一路"的公共关系与全球治理

粤港澳区域应发挥"一国两制"的制度优势和高度开放的市场化优势，积极参与"一带一路"政策沟通，构建多层次政策沟通平台，服务"一带一路"的公共关系与全球治理。

第一，以"一国两制"和文化多元优势，推进"一带一路"沿线国家政治互信。政治互信是政策沟通与政策协作的重要基础。在"一国两制"下，发挥香港国际组织和跨国公司地区总部众多的优势，以香港为平台深化与欧美发达经济体的政治互信，发挥澳门与葡语系国家政治互信平台的功能，发挥粤港澳整体区域与东南亚、南亚、非洲等21世纪海上丝绸之路沿线社会主义国家和农耕文明国家的政策沟通优势。以粤港澳协同发展共同助推"一带一路"沿线国家的政策沟通交流。

第二，共建"一带一路"城市联盟，提供政策沟通平台。以现有的海丝

港口城市联盟为基础，香港国际城市、澳门国际化城市、广州国家重要中心城市和深圳国家中心城市，发挥粤港澳大湾区"一国两制"制度和文化多元优势，与"一带一路"沿线重点城市联合创建"一带一路"城市联盟，配合"一带一路"发展战略，粤港澳联合发起与"一带一路"沿线国家相关的国际会议，承接亚投行和丝路基金相关主题的金融会议，承办"一带一路"沿线政府间高级别的政策协商会议。

第三，建设"一带一路"智库国际合作网络。发挥有国际影响力的高端智库参与决策服务的功能，完善智库、政府、企业和媒体多方互动的政策沟通机制，以智库合作服务政策沟通。粤港澳三地的高端智库要深化合作，与"一带一路"沿线国家的高端智库联合搭建智库国际合作网络，多频次举办以"一带一路"政策为主题的智库研讨、交流活动，为"一带一路"沿线各国开展政策对话和协商提供公共平台，宣传国家"一带一路"的全球化理念与全球治理规则，服务国家参与全球治理。

二、携手参与基础设施建设助推"一带一路"互联互通

以粤港澳区域港口、空港和发达的现代基础设施网络为基础，发挥广东基础设施装备制造业和香港的融资、专业服务和运营管理等优势，强强联合，参与"一带一路"沿线基础设施建设，推动"一带一路"互联互通。

第一，联合参与"一带一路"基础设施建设。发挥香港建筑测量、工程设计、监理服务、法律规则以及项目融资的优势，以及广东在基础设施装备制造业的优势，联合参与"一带一路"沿线的重要港口、产业园区、能源与通信设施、经济走廊等项目建设。助推"一带一路"沿线国家发展临空临港经济、高铁经济、铁路集装箱运输等，实现沿线经济的可持续发展。

第二，推动"一带一路"设施联程联运。发挥香港、广州、深圳等城市在基础设施运营、管理体系和项目标准等方面的优势，推进"一带一路"沿线交通基础设施、运输装备的标准化，以综合交通枢纽为载体，加强区域设施一体化和运营组织衔接，推进集装箱铁水联运，建设江海联运服务中心，

推动客运"一票式"和货运"一单制"联程服务。推进建立统一的全程运输协调机制,促进国际通关、换装、多式联运有机衔接,逐步形成兼容规范的运输规则,实现"一带一路"运输便利化和互联互通。

第三,深化港口分工合作,加强粤港澳大湾区国际航运中心建设,稳定香港国际航运中心地位。由于国内外环境的变化,香港航运业的发展面临着多重挑战。推动香港贸易航运业创新发展,根据内地进出口结构性变化适时转变角色,深化与南沙贸易航运业分工合作,大力发展高增值航运服务业,提升香港国际航运中心的竞争力。同时,南沙港口要发挥腹地优势和成本优势,开辟更多的"一带一路"沿线的国际航线,提升航运竞争力。

第四,健全珠三角铁路公路交通网络,完善综合交通运输系统。发挥以广州为核心的珠三角铁路和公路网络发达的优势,建立铁海、铁水、公铁、空铁等多式联运的立体交通网络,形成联通国际的铁、水、公、空立体大通道,对接中欧班列和丝绸之路市场。

第五,加强粤港澳大湾区的基础设施规划与建设。对接"一带一路"设施互联互通,要加强粤港澳三地的基础设施对接,形成港澳与珠三角的互联互通。尤其要利用广深港高速铁路香港段与国家高铁网连接以及港珠澳大桥建成通车的契机,加速港澳联结全国乃至"一带一路"国家的陆海空信息基础设施建设,夯实大湾区与"一带一路"国家的基础设施连接。

三、携手参与"一带一路"经贸投资合作

发挥广东对外贸易投资大省和香港国际贸易中心的优势,扩大与"一带一路"沿线经贸合作,积极参与沿线国家和地区的自由贸易区建设,助推"一带一路"投资贸易便利化,消除投资和贸易壁垒,构建沿线良好的营商环境。

第一,深化与"一带一路"国家的贸易投资合作。粤港澳大湾区经济发达,经贸投资活跃,外贸空间密集度大大高于"一带一路"沿线许多国家的水平。因此,粤港澳三地应发挥各自优势,强强联合,携手拓展"一带

一路"市场。要发挥香港自由港和广东开放型经济的规则优势和体制机制优势，向沿线推广产业园区、科技园区和自由贸易园区等平台体制机制创新的经验，推动"一带一路"沿线开放型经济发展，提升"一带一路"沿线经贸合作水平。

第二，共建"一带一路"贸易投资政策信息服务平台。贸易投资政策信息的公开化、透明化是粤港澳助推"一带一路"贸易便利化的前提和基础。只有及时掌握粤港澳最新贸易政策，才能减少贸易中的障碍。尤其要发挥香港贸易发展局海外贸易服务网络的优势，构建贸易政策信息服务平台，通过大数据工具和"互联网+"，可以及时收集、整理、分析与"一带一路"沿线国家和地区相关的贸易政策信息，能有效提高贸易政策的透明度，实现粤港澳推动"一带一路"贸易便利化的政策对接。

第三，合作共建跨境电商交易平台。跨境电商已成为未来带动贸易增长的新方式，要发挥香港、澳门两个自由港，以及广东自贸试验区三大片区的优势，共建跨境电商交易与物流平台，包括交易网络的硬软件设施以及仓储物流的配套设施等。积极推进南沙、前海和横琴三大平台的保税区域功能拓展，发挥"境内关外"政策优势，允许国外货物可以自由进出自由贸易园区，区内货物进入国内视同进口，国内货物进入自由贸易园区视同出口。通过保税港在形态、资源上整合集成，促进货物在境内外快速集拼、快速流动、快速集运，带动商品流、资金流和信息流集聚和辐射，使三大合作平台逐步扩展国际贸易、国际中转、国际配送、国际会展采购等四大功能，建设成为全球供应链管理中心的重要枢纽。

第四，联手参与"一带一路"贸易便利化合作。发挥香港自由港的贸易监管优势和广东自贸试验区贸易便利化改革经验优势，与"一带一路"国家在贸易政策与法规的透明度、基础设施投资与建设、海关现代化改进与跨境制度、贸易手续与信息流动的简化、通关的高效性与便利、物流与运输服务的管理规范化与竞争力、通道便利与过境贸易便利化、多式联运货物贸易以及运输安全等各个领域开展贸易便利化合作，提升贸易便利化水平。

《CEPA的投资贸易便利化安排》建立了以政府为主导的多渠道交流合作机制，具有双向广义的特点，简单、透明、协调以及既兼顾现实需要又着眼于长远发展等优势。因此，粤港澳大湾区可共同在"一带一路"沿线推广CEPA贸易便利化合作经验。

四、携手参与"一带一路"金融合作服务"走出去"

发挥香港国际金融中心、离岸人民币中心和广东实体经济规模大的优势，深化粤港澳金融合作，打造"走出去"与"引进来"的国际资金通道，推动人民币作为全球资源配置的重要工具，助推人民币国际化。

第一，培育粤港澳大湾区"走出去"投资融服务体系。依托粤港澳资金融通优势进行金融产品创新，建立中小企业国际投资的联合担保机制，在政府层面建设中小企业国际投资的引导基金，做好中小企业国际投资与合作的沟通；支持"一带一路"沿线国家企业在港澳、深圳的证券交易所上市融资，探索在深圳证交所挂牌交易基于东盟国家股票指数、债券等产品的ETF（交易所交易基金）等，推动与"一带一路"沿线国家开展深度合作。

第二，培育粤港澳大湾区"人民币债券"交易枢纽。人民币作为近年来的强势货币，在东盟国家的外汇资产储备中的地位不断得到提升，但是区域性人民币债券定价与交易中心并未形成，人民币强势货币的制度性套利明显不足。要发挥香港和澳门的国际金融市场平台和广东经济强省的作用，面向"一带一路"沿线国家，开展人民币债券发行与交易。特别是鼓励粤港澳金融机构通过并购与重组，进入"一带一路"沿线国家的金融市场，优先选择开展监管敏感度不高的社区银行和结算服务机构等；通过设立人民币海外投资基金，将外币实时支付系统的服务范围延伸至东盟国家，充分发挥人民币产品在东盟国家的资金融通功能。

第三，合作建立面向"一带一路"国家重点项目的资金融通平台。以重点项目合作为契机推进粤港澳资金融通，既符合"走出去"的政策导向，又有利于拓展粤港澳三地金融合作。对于广东参与的"一带一路"沿线重点项目，涉及的建设周期长，资金需求大，在建设过程中可以加强粤港澳三地在金融产品设计、金融监管制度等层面进行协调合作。粤港澳内部可以依靠政府联合基金作为种子基金，广泛吸收各方社会资本共同参与；以航运金融、供应链金融和大湾区基础设施投资银行的培育和完善为契机，依托港澳金融市场地位，打造世界级的金融资产价格发现中心和金融产品设计中心。

第四，借力亚洲基础设施投资银行。基础设施的便利和完备是开展深度项目合作的前提和基础，亚洲投资银行旨在促进亚洲区域的建设互联互通化和经济一体化的进程，并且加强我国及其他亚洲国家和地区的合作。粤港澳拥有港澳和澳门两大国际性城市，有着相对成熟的金融市场和丰富的金融资源，以大湾区为据点开展金融创新，加强与"一带一路"沿线国家合作，借助亚投行成立运行的巨大机遇，联合申报"基础设施建设基金"，作为政府引导基金来吸引社会资本共同参与，用高水平、高标准、高质量来完善沿线国家的基础设施。

第五，充分利用丝路基金。以市场化、国际化、专业化原则设立的丝路基金，将重点扶持"一带一路"沿线国家，在国际合作进程中寻找投资机会并提供相应的投融资服务。粤港澳大湾区在国际投资方面有着较好的基础，可以探索联合沿线国家政府部门，在减少融资制度障碍与增强投资者保护方面，做出实质性的努力和合作，一方面可以通过丝路基金，加快本国投资环境的改善和融资体系的完善，另一方面通过借助国际资本的流入，引进先进管理和建设经验，从而实现互利合作，开拓共赢的良好局面。

五、携手参与"一带一路"人文交流

发挥粤港澳区域人文资源丰富的优势，携手与"一带一路"国家广泛开展文化交流、学术往来、人才交流合作、媒体合作、青年和妇女交往、旅游等人文合作交流，弘扬友好合作精神，为深化双、多边合作奠定坚实的民意基础。

第一，促进人文文化交流。以粤港澳华侨为媒，加强与"一带一路"尤其是东南亚国家的华侨华人的沟通和联系。围绕地方产品、智库、文化、出版、教育、法律等人文领域设立多种形式的贸易展览会、恳亲大会、同乡联谊会，引导侨资企业或华侨华人回乡开展经贸和文化交流合作。另一方面，要充分发挥华侨华人的桥梁作用，为粤港澳企业走出去提供支持。通过华侨的推介，让海上丝绸之路沿线国家了解我国、了解我国政策、了解岭南文化。通过梳理港澳珠三角的整体开放新形象，提升粤港澳在21世纪海上丝绸之路沿线各国的知名度和影响力。要以世遗申报为契机，打包申请海上丝绸之路世界文化遗产，在粤港澳地区轮流举办海上丝绸之路文化节，全方位展示海上丝绸之路的风土人情和文化艺术，增强粤港澳在海上丝绸之路建设中的主导地位。

第二，以人才培养促进人文相通。依托粤港澳高校已有的人才储备优势，进一步加强专业人才培养和专业人才集聚；将广东丝路基金的资金资助范围覆盖到粤港澳大湾区三地重点高校、重点专业，建设"一带一路"沿线国家国际法研究中心、宗教和文化研究中心，建设"一带一路"沿线国家留学生奖励计划，建设"一带一路"沿线国家语言研究中心和政策研究中心，充分发挥粤港澳跨区域人才培养优势，储备政策沟通所需专业人才。

第三，强化媒体传播。利用广东粤语频道的优势，争取让广东电视台、珠江电视台、东莞电视台、佛山电视台、中山电视台等媒体机构制作的粤语节目落地港澳地区，进一步走向海外。粤港澳还可以合作借助CEPA和前海、南沙、横琴自贸试验区的制度创新优势，探索在影视、音乐、出版物制作和发行合作方面取得制度性突破。要充分用好粤港澳的媒体宣传"一带一路"建设，联合制作"一带一路"纪录片，通过"一带一路"沿线国家华侨华人提供素材，颂扬华侨华人在"一带一路"沿线国家经济建设中的贡献。

第四，加强民生互助合作。利用香港、澳门、广州、深圳等城市的医疗技术和完整的医疗服务体系，联合开展"一带一路"国家，特别是东南亚、南亚、西亚、中亚和非洲欠发达国家的医疗援助；通过派遣医疗人员进驻当地、医学生交流培养项目、传染病监测中心建设、中医药种植和开发基地等形式，把粤港澳医疗服务传递到"一带一路"沿线国家。鉴于"一带一路"沿线一些国家的妇女和儿童地位不高的现象，通过广东妇女联合会、港澳妇女中心协会、国际儿童教育协会等NGO，对"一带一路"沿线欠发达国家的妇女进行知识普及和生存技能培训，提升其个人能力和社会地位。发挥港澳青少年协会运作成熟的优势，以港澳地区为引导，联合珠三角地区青少年协会，以夏令营、志愿者、赛事等形式加强对"一带一路"沿线青少年成长的帮持。

第五，扩大"一带一路"沿线旅游合作。以打造粤港澳国际旅游圈为目标，实现粤港澳三地更加便利化的"自由行"。以广州南沙、珠海、深圳游艇码头建设为契机，对接港澳和澳门两地的游艇码头，把粤港澳游艇自由行做出品牌，探索把旅游路线拓展到海上丝绸之路沿线。联手开拓"一带一路"国家著名的旅游市场，在广东、港澳和澳门联合或轮流举办"一带一路"旅游文化节，推介"一带一路"国家旅游城市的旅游景点和旅游产品，通过旅游文化传播增加各国之间的文化认知和认同。联合开发境外旅游产业集聚区，探索以粤港澳大型旅游企业为主体的境外旅游景区合作开发模式，实现旅游消费引进来，旅游投资走出去。

第四节　粤港澳携手"一带一路"建设的问题与挑战

粤港澳区域参与"一带一路"建设具有许多独特的优势，"一带一路"建设五年来中央大力支持粤港澳三地紧密合作携手参与"一带一路"建设，并且建立了合作框架，初步形成了制度保障，取得了很好的成效，携手参与"一带一路"建设也具备现实的可行路径。但是，粤港澳合作参与"一带一路"建设仍然面临一些重要的问题和挑战。

首先，"一带一路"沿线国家多数不属于粤港澳区域传统的经贸合作对象，三地缺乏参与"一带一路"建设的经验。根据广东省商务厅的统计数据，2013年广东与"一带一路"沿线国家（64国）的进出口贸易额为1791.1亿美元，占全省进出口总额的16.4%，至2017年进出口总额为2219.2亿美元，相应的占比为22.0%。但是，2017年与东盟十国的进出口贸易总额达到1281.6亿美元，占广东与"一带一路"沿线国家进出口总额的57.8%。从投资来看，2017年广东在"一带一路"沿线国家实际投资2.9亿美元，占全省的3.4%；实际使用沿线国家外资4.7亿美元，占全省的2.3%。因此，广东与"一带一路"沿线国家的直接经贸往来还比较有限，经贸合作仍处于初级阶段，广东的传统经贸对象仍然是香港、东南亚和欧美等市场。港澳特区与"一带一路"沿线国家的经贸往来同样面临比重较低、数额较小的问题。根据香港贸易发展局的资料，2017年香港主要的出口市场（包含货物出口与服务出口）是中国内地（占总出口54.3%）、欧盟（9%）以及美国（8.5%），与"一带一路"沿线的发展中经济体的贸易往来相对较少。事实上，内地改革开放40年来，粤港澳三地形成的"前店后厂"分工模式，表现为以香港资本和技术结合珠三角土地和劳动力，共同服务以欧美为主的发达经济体市场。粤港澳合作参与"一带一路"沿线国家经贸合作的经验有限，且集中于东盟。例如，东盟是香港的第四大出口市场及第二大贸易伙伴。"一带一路"倡议提出以来，虽然广东、香港与"一带一路"沿线国家的经贸往来以两位数百分比的年增速增长，但由于较低的基数和较为薄弱的合作基础，粤港澳三地仍然需要探索在"一带一路"倡议中成功的合作模式。

其次，粤港澳区域要素流通存在障碍，影响三地合作携手参与"一带一路"建设。"一带一路"倡议是内涵丰富的中国版全球化方案。如前所述，在"一带一路"倡议实施过程中，粤港澳区域都可以发挥各自优势，形成互补合力，在"一带一路"五个任务领域中发挥重要作用。然而，这首先需要粤港澳区域率先形成要素相对便捷流通的一体化市场，作为一个整体参与国际竞争与合作。无论是广东制造业与香港专业服务业互相结合，还是"拼船出海"投资"一带一路"沿线国家；抑或香港作为国际金融中心助力"一带一路"投融资，还是粤港澳区域形成"一带一路"文化旅游中心，粤港澳三地合力参与"一带一路"建设的种种可行路径都需要粤港澳区域先行形成互补性要素跨境便捷流通的局面。然而，粤港澳区域是"一国两制、三个独立关税区域和三种法律制度"下的合作，人流、物流、资金流和信息流等跨境便捷流通仍然存在着很大的障碍。具体流通障碍包括：在人员流通方面的通关障碍、内地人才在港澳就业障碍、行业准入资质障碍、公共服务和身份认证障碍；在物资流通方面的口岸信息互换机制不健全、跨境关境合作机制创新不足等障碍。在资金流通方面的内地资金出境审核程序障碍、内地金融服务业开放不足、小额跨境移动支付障碍。在信息流通方面的缺乏权威统一公共信息平台、跨境数据存储与数据访问政策模糊、网络资源访问双向壁垒、政务信息缺乏互通等障碍。人员、物资、信息、资金等要素在区域流通的障碍，阻碍了粤港澳三地发挥优势互补的整体优势携手"一带一路"建设。

再者，粤港澳三地关于携手"一带一路"的合作共识存在难以落实的风险。虽然CEPA及其系列协议的签订、《粤港合作框架协议》和《粤港合作框架协议》的签订以及粤港合作联席会议和粤澳合作联席会议的相继设立，推动了粤港澳三地合作进入了制度性框架和政府间合作的新阶段。同时，《深化粤港澳合作　推进大湾区建设框架协议》以及《支持香港全面参与和助力"一带一路"建设的安排》等文件也构成了港澳与广东（乃至整个内地）加强沟通协调，共同参与"一带一路"建设的合作机制。《粤港携手参与国家"一带一路"建设合作意向书》和《粤港携手参与国家"一带一路"建设合作意向书》更明确了粤港澳参与"一带一路"建设的合作共识。然而，粤港澳三地关于"一带一路"的合作机制存在前期协议多，后续跟踪少；原则共识多，实施细则少；政府合作多，民间参与少等问题。长期以来，粤港合作联席会议、粤澳合作联席会议的会面频度低、会期时间短，导致三方不可能就具体事项和问题进行深入讨论和研究。会议的决定限于基本的合作原则和意向，很少有深入具体的实施细则。同样，目前的粤港澳大湾区领导小组机制也需要进一步落实好三地紧密合作的实施细则问题，尤其是要强化粤港澳携手"一带一路"建设的社会民意沟通以及相关的制度安排基础，提高三地政府关于携手"一带一路"建设的沟通机制、议程、程序、甚至部分商谈结果的透明度。只有让粤港澳三地居民和企业了解携手参与"一带一路"建设的相关政策，才能够真正将三地的共识转变成为落地的行动。

最后，粤港澳三地支持参与"一带一路"建设的相关保障政策呈现"单打独斗"的现象。例如，广东省依赖进出口银行和中信保等政策性金融机构协调企业"走出去"融资，较少对接港澳金融平台以及香港贸发局的"一带一路"信息平台。而香港特区政府也较少发挥招商局等大型中资机构在参与"一带一路"建设中的平台作用，特区政府的相关部门也较少对接广东省境内企业。"香港贸发局组织13位上海企业家考察泰国和越南的投资项目"，这样的跨境合作佳话，反而没有出现在粤港之间。

第五节　粤港澳携手"一带一路"建设的体制机制创新

改革开放40年来，粤港澳合作共同参与全球经济分工与国际竞争合作，"前店后厂"的经典合作模式为粤港澳三地的经济发展、产业转型和合作机制创新产生了重大影响。尤其是2003年以来，CEPA系列协议、《粤港合作框架协议》、《粤澳合作框架协议》和广东自贸试验区建设等体制机制建设从经贸协议、府际合作以及营商环境制度创新试验等多个层面不断充实与完善粤港澳区域协调发展的制度框架。中国特色社会主义进入新时代，内地经济由高速度增长进入到高质量发展阶段，建设粤港澳大湾区，粤港澳携手参与"一带一路"建设，打造"一带一路"重要支撑区域，将助力国家构建全面开放新格局，加快形成国际竞争合作新优势。

首先，加速湾区贸易投资便利化，实现要素便捷跨境流通。粤港澳大湾区一体化市场的形成是实现要素顺畅跨境流通、携手"一带一路"国际产能合作、培育国际竞合新优势的重要基础。因此,中央部委和粤港澳三地要加快研究破解市场一体化的体制机制障碍,推进湾区人才、物资、资金、信息等要素的顺畅流动。在人才流动方面,广东省要逐步提升港澳居民在省内就业创业的社会服务便利化,争取实现湾区跨境医疗、养老的"钱随人走",扩大港澳居民税收优惠的试点范围;香港、澳门两个特区政府要扩大内地人才入境签注的发放额度,加快审核程序,增加许可逗留时间;探索发放新类别入境签注,扩展创新从业人员"一签多行"签注发放范围。在物资流动方面,湾区要完善两地口岸执法机构的机制化合作。推进检验检疫、认证认可、标准计量等方面的合作,增设特殊物品(生物医药、电池、海外返修品)海关特殊监管区域;在资金流通方面,广东省应深化跨境金融基础设施和监管制度建设,继续推进跨境人民币业务创新,推动跨境贸易和跨境投资人民币结算业务,深化外汇管理体制改革,率先试点限额内资本项目可兑换,推动建立与自贸试验区发展相适应的自由贸易账户管理体系;在信息联通方面,粤港两地应逐步降低粤港澳移动电话漫游通话资费,逐步实现通信一体化。探索在广东自贸试验区三大片区针对科研、金融等用途建设国际通信专用数据通道,构建与港澳直连互通的国际互联网环境。

其次,加快完善携手"一带一路"建设的制度化机制。在已有携手"一带一路"的政治共识和制度安排的基础上,要加强三地携手"一带一路"建设的制度化机制。一方面,要建立粤港澳三地"一带一路"合作的长效机制。抓住粤港澳大湾区建设机遇,发挥中央粤港澳大湾区建设领导小组的协调优势,在国家发改委成立粤港澳大湾区服务"一带一路"建设专门委员会,并明确会议频次、磋商决策机制、细则制定机制、实施机制和反馈机制。同时,借鉴港珠澳大桥共建共管的成功经验与模式,探索设立粤港澳携手"一带一路"建设专责小组和三地联合工作委员会,形成高效的议题沟通、协调、决策和处置机制。另一方面,要建立粤港澳携手"一带一路"建设的公众参与机制,扩大合作参与"一带一路"建设在群众基础。粤港澳三地经济社会紧密相连,具有互补性的优势,是携手"一带一路"建设的天然伙伴。粤港澳三地各类市场主体积极参与"一带一路"建设，是粤港澳大湾区成为"一带一路"建设重要支撑区域的重要保证和根本动力。粤港澳大湾区三地要提升"一带一路"相关合作事宜和政策的透明度，积极鼓励企业、科研机构和广大湾区居民了解"一带一路"相关政策和建设进展，积极参与粤港澳大湾区合作和"一带一路"建设。

最后，加强粤港澳三地在"一带一路"具体政策推进中的合作对接。设立湾区共建"一带一路"的统一信息平台，鼓励在粤港资企业、在港央企、政策性金融机构的驻粤港澳三地分支机构等跨境市场主体积极发挥作用，融合粤港澳三地信息，对接粤港澳三地要素，积极参与"一带一路"建设。广东省要鼓励进出口银行和中信保等在"一带一路"投融资中发挥重要作用的政策性金融机构对接港澳金融企业、专业服务业机构以及在粤港澳资企业。香港贸发局要积极对接广东企业和在港央企，通过共享金融、信息和专业服务资源，增进粤港澳三地市场主体在"一带一路"建设中的合作，共建打造粤港澳大湾区"一带一路"重要支撑区域。

（本章作者：荣健欣，中山大学粤港澳发展研究院副研究员，经济学博士，主要研究方向为机制设计理论、国际贸易、区域经济学；毛艳华，中山大学粤港澳发展研究院教授，海上丝绸之路与粤港澳国际合作研究中心主任，主要从事区域经济学、国际贸易、粤港澳区域合作等领域的教学与研究工作。）